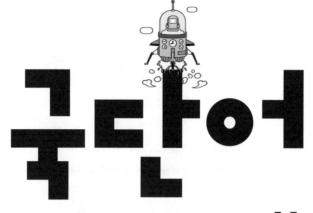

국단어

완전 정복

4·1

기획 및 집필

전위성

공주교육대학교를 졸업하고 2006년부터 대전에서 교사 생활을 시작했습니다. 우등생 공부법을 연구하여 세 권의 책(엄마가 알아야 아이가 산다!, 초등 6년이 자녀교육의 전부다, 엄마의 수학 공부)을 펴냈습니다. 15년 동안 학생들을 가르치면서 많은 학생이 국어 교과서에 나오는 낱말을 전혀 공부하지 않는다는 놀라운 사실을 알게 되었습니다. 더더욱 놀라운 사실은 국어 교과서의 낱말을 공부할 수 있는 책이 전무(全無)했다는 것입니다.

「국단어 완전 정복」은 저자가 지난 2년 동안 초등학교 3~6학년 국어 교과서에 나오는 모든 낱말을 연구하고 정리하여, 초등학생의 눈높이에 맞추어 펴낸 '국어 낱말 전문 학습서' 입니다.

모든 공부는 기초가 중요하고, 모든 공부의 기초는 국어입니다. 모든 공부의 기초가 되는 국어 공부의 기초는 단연 국단어(국어 낱말)입니다. 고로 모든 공부의 기초는 국단어를 공부하는 것입니다. 「국단어 완전 정복」과 함께 세상 모든 공부를 완전 정복할 수 있길 소망합니다.

국단어 완전 정복 | 초등 국어 4-1

초판   1쇄 발행   2019년 12월 17일
개정판   3쇄 발행   2021년 3월 11일

기획 및 집필 전위성

펴낸이   최남식
개발책임   전현영
디자인   조민서, 최병호
일러스트   유재영, Shutterstock(zzveillust, Beresnev)
스태프   김을섭
제작책임   이용호
펴낸곳   오리진에듀
출판등록   2010년 3월 23일 제313-2010-87호
주 소   인천시 서구 고산후로121번안길 28, 206호
전 화   02-335-6612   **팩 스** 0303-3440-6612
이메일   originhouse@naver.com
블로그   blog.naver.com/originhouse

값 18,000원ⓒ2021, 전위성 & 오리진에듀
ISBN 979-11-88128-17-4 63710 : 18000

국단어 완전 정복

《공부에서 가장 중요한 것은?》

건물을 지을 때 가장 먼저 하는 중요한 일이 있습니다.
건물의 토대가 되는 바닥을 튼튼히 다지는 것입니다.
바닥이 튼튼해야 건물을 높고 튼튼하게 지을 수 있습니다.

공부도 마찬가지입니다.
공부라는 건물을 높고 튼튼하게 짓고 싶다면
공부의 토대가 되는 기초를 튼튼히 다져야 합니다.

《공부에서 가장 중요한 것은, 기초 다지기》

영어 공부의 기초는 영단어(영어 단어)입니다.
수학 공부의 기초는 수학 개념입니다.
그럼 국어 공부의 기초는 무엇일까요?

학습지나 문제집 풀기일까요? 독서일까요?

《국어의 기초 = 국단어 완전 정복》

영어 단어와 수학 개념처럼
국어에도 가장 먼저 공부해야 할 기초가 있습니다.
그건 바로 **국어 단어**, 다시 말해 **국단어**입니다.

국어 공부의 기초를 쌓고 싶다면
학습지와 문제집 풀기, 독서에 앞서
국단어를 철저히! 완벽히! 공부해야 합니다.

이 책을 구입한 학부모님께

**"낱말 뜻을 손수 찾아서 공부하지 않으면
정확한 뜻을 영영 알 수 없습니다."**

이 문장이 무슨 뜻인지 모르는 사람은 드뭅니다. 그와 동시에 이 문장이 무슨 뜻인지 잘 아는 사람도 드뭅니다. 손수는 '남의 힘을 빌리지 않고 제 손으로 직접'이라는 뜻이고, 영영은 '영원히 언제까지나'라는 뜻입니다.

우리는 일상에서 수많은 글을 읽고 쓰고, 무수한 말을 듣고 합니다. 하지만 그 글과 말의 뜻을 정확히 알지 못합니다. 정확히 아는 것과 감으로 아는 것은 큰 차이가 있습니다. 물론 일상생활에서는 그 차이가 별로 드러나지 않습니다. 딱히 손해 볼 일도 없습니다. 하지만 학습의 영역이라면 이야기가 전혀 달라집니다. 뜻을 정확하게 아는 학생과 어렴풋이 아는 학생의 미래는 사뭇 다른 인생을 살아갈 만큼 어마어마한 차이가 있습니다.

**"만권의 책을 읽더라도
낱말을 공부하지 않으면
그 정확한 뜻을
죽을 때까지 알 수 없습니다."**

다소 과격하게 들릴 수도 있겠습니다. 하나 틀린 말은 아닙니다. 과장도 아닙니다. 일례로 앞선 문장에서 '만권'은 단순히 10000을 뜻하는 숫자가 아닙니다. '만권'은 사전적 의미로 '매우 많은 책'을 뜻합니다. 이런 사례는 셀 수 없을 만큼 비일비재합니다(비근합니다, 흔합니다).

많은 아이들이 영단어(영어 단어)는 목숨 걸고 외우지만, 국단어(국어 단어)는 죽어도 공부하지 않습니다. 안타까운 현실입니다. 더 안타까운 현실은 영어 단어를 공부할 수 있는 책은 넘쳐나지만, 국어 단어를 공부할 수 있

는 책은 거의 없다는 것입니다. 무엇보다도 국어 교과서의 단어를 체계적으로 공부할 수 있는 책이 세상에 존재하지 않았습니다. 필자가 「국단어 완전 정복」을 필히(무슨 일이 있어도 반드시) 써야겠다고 결심한 이유입니다.

이 책이 출간됨으로써 국어 교과서 단어를 체계적으로 공부할 수 있는 책이 세상에 존재하게 되었습니다. 이 책을 자찬(自撰)한[1] 것이 참으로 다행스럽고 기쁜 일이라고 자찬(自讚)해[2] 봅니다. 덧붙여 필자는 전작 「초등 6년이 자녀교육의 전부다」에서 "국어 공부의 시작과 끝은 교과서에 나오는 낱말을 공부하는 것"이라고 역설한 바 있습니다. 이 책, 「국단어 완전 정복」을 출간함으로써 그 중대 발언이 무책임한 구호와 공허한 메아리로 소멸되지 않게 되었고, 제 단언에 대한 책임을 이제야 다했다고 여겨져서, 재삼(再三) 기쁩니다.

국단어의 뜻을 적확하게(정확하게 맞아 조금도 틀리지 않게) 아는 아이만이 책과 교과서를 정확히 읽고, 충분히 이해하고, 오래 기억하고, 자기 생각을 글로 온전히 담아낼 수 있습니다. 지금부터 자녀에게 「국단어 완전 정복」을 4년(3~6학년) 동안 공부시키십시오. 혹여 시기를 놓쳤더라도 3학년 1학기부터 6학년 2학기까지 전 과정을 차근차근 공부시키십시오. 어휘력이 완성되고, 독해력이 강화되고, 논술력과 사고력이 향상되어 자녀가 상위 1퍼센트 우등생으로 거듭나는 광경을 목격하게 될 것입니다.

공부가 전부라는 말이 아닙니다. 공부 잘하는 우등생으로 키우는 것이 자녀 교육의 최우선 과제라는 말도 아닙니다. 제가 줄기차게 주장하는 자기주도학습과 우등의 끝에는 '행복'이 자리잡고 있습니다. 세상 모든 자녀와 부모가 행복한 오늘을 보내고, 희망찬 내일을 맞이하는 데, 「국단어 완전 정복」이 미약하게나마 보탬이 되길 간절히 기원합니다.

초등 교사, 작가 **전위성**

---

[1]
손수 책을 편찬하다

[2]
자기가 한 일 또는 자기 자신을 스스로 칭찬하다

이 책의 구성과 특징

지금부터 「국단어 완전 정복」과 함께
10641 프로젝트에 도전하세요!

구성 1 | **교과서 완전 학습**

낱말이 나오는 국어 교과서의 단원명을
알 수 있어요!

3일 **1. 생각과 느낌을 나누어요**

3월 1, 2주

학교 진도 시기를 확인할 수 있어요!
교과서를 배우기 전에 미리 낱말을 공부해요.

무슨 요일에 공부하는지 알 수 있어요!
1일 월요일, 2일 화요일, 3일 수요일,
4일 목요일, 5일 금요일에 공부해요.

뜻 말·글·행동 따위로 나타내는 / 속마음 또는 일의 *내용
예 친구가 나에게 한쪽 눈을 깜박거리며 *눈짓을 했지만,
무슨 **뜻**인지 *도통 알 수가 없었다.
* 내용 사물의 속내(걸으로 드러나지 아니한 속마음이나 일의 내막)를 이루는 것
* 눈짓 눈을 움직여 상대방에게 어떤 뜻을 나타내거나 넌지시 알리는 동작
* 도통 도무지, 전혀

담기다 생각·감정이 / 들어 있다
예 어제 친구와 다퉜는데, 오늘 *화해의 뜻이 담긴
편지를 주고받았다.
* 화해 싸움을 멈추고 서로 가지고 있던 안 좋은 감정을 풀어 없앰

낱말과 관련된 그림을 함께 살펴봐요!
낱말의 뜻을 더 재밌게 알 수 있어요.

교과서 쪽수와 주제가 적혀 있어요!
지금 공부하는 낱말이 교과서 어디
에 있는지 알 수 있어요.

석 곡식을 셀 때 쓰는 / 단위
한자 들 석 石 예 최 부잣집은 쌀 삼천 **석** 가운데 천 석을 불쌍한 사람들을 돕는 데 썼다.

대대로 여러 *대를 이어서 / 계속
한자 대신할 대 代 예 최 부잣집은 할아버지의 함이
대신할 대 代 부자였다.
* 대 한 집안에서 이어져 내려오는

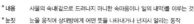

끊어 읽기(/)와 빨간색 글씨!
뜻풀이가 정확하고 완벽한 장기 기억으로
이어져요.

낱말의 한자 뜻을 알 수 있어요!
낱말이 만들어진 한자의 뜻을 알면
낱말의 뜻을 더 쉽게 이해할 수 있어요.

곳간 *식량·물건 따위를 / *보관하는 곳
한자 곳집 고 庫 예 **곳간**에 쌀가마니가 차곡차곡 쌓여
사이 간 間 * 식량(양식) 살아가는 데 필요한 먹을거리
* 보관하다 물건을 맡아서 잘 간직하다(잘 간수하여 두다)
비 광, 창고, 곳집

어마어마하다 매우 놀랍고 · *엄청나고 · *대단하다
(어마하다) 예 최 부잣집은 곳간도 **어마어마하게** 크고, 논도 **어마어마**
* 엄청나다 양이나 정도가 생각보다 대단하거나 아주 심하다
* 대단하다 수준이나 정도가 매우 특별하고 뛰어나다
비 대단하다

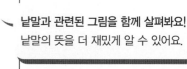

낱말과 비슷한 뜻을 가진 다른 낱말을
함께 익힐 수 있어요!

뜻풀이와 예문에 나오는 어려운 낱말을
정리했어요!
더 많은 낱말들을 공부할 수 있어요.

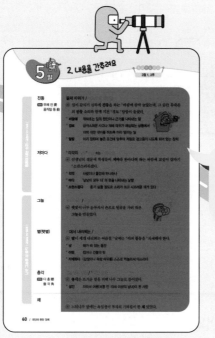

구성 2 빨간 책갈피 활용하기

부록으로 제공되는 빨간 책갈피를 대어보세요!
빨간색 글씨가 마법처럼 사라져서 낱말 뜻을
재미있게 복습할 수 있어요.

구성 3 칭찬 사과 스티커 활용 하기

사과 스티커로 열심히 공부한 나를 칭찬해요!
하루 공부를 잘 마쳤다면 나에게 칭찬 사과를 선
물하세요. 선물 받은 사과 스티커는 월별 첫 쪽에
있는 사과 나무에 붙여요. 사과 나무에 사과가 주
렁주렁 열릴 때까지 열심히 공부합시다!

구성 4 일일, 주말, 월말, 학기말 평가

네 차례 평가를 통해서 잘 공부했는지 확인해요!
일일 평가, 주말 평가, 월말 평가, 학기말 평가가
있어요. 공부한 국단어들을 틈틈이 복습해서
100점에 도전하세요!

차례

	단원명	쪽	주말 평가	학교 진도 시기
1주	1. 생각과 느낌을 나누어요	12~21	22~25	3월 1, 2주
2주		26~35	36~39	3월 1, 2주
3주		40~49	50~53	3월 1, 2주
4주		54~63	64~67	3월 1, 2주
월말 평가			68~71	
5주	2. 내용을 간추려요	74~83	84~87	3월 3, 4주
6주	3. 느낌을 살려 말해요	88~97	98~101	3월 4주, 4월 1, 2주
7주		102~111	112~115	3월 4주, 4월 1, 2주
8주	4. 일에 대한 의견	116~125	126~129	4월 2, 3주
월말 평가			130~133	
9주		136~145	146~149	4월 2, 3주
10주	5. 내가 만든 이야기	150~159	160~163	4월 4주, 5월 1주
11주	6. 회의를 해요	164~173	174~177	5월 2, 3주
12주	7. 사전은 내 친구	178~187	188~191	5월 3, 4주
월말 평가			192~195	

	단원명	쪽	주말 평가	학교 진도 시기
13주	7. 사전은 내 친구	198~207	208~211	5월 3, 4주
14주		212~221	222~225	5월 3, 4주
15주		226~235	236~239	5월 3, 4주
16주	8. 이런 제안 어때요	240~249	250~253	6월 1, 2주
월말 평가			254~257	
17주	9. 자랑스러운 한글	260~269	270~273	6월 2, 3, 4주
18주		274~283	284~287	6월 2, 3, 4주
19주		288~297	298~301	6월 2, 3, 4주
20주	10. 인물의 마음을 알아봐요	302~305	306~307	6월 4주, 7월 1주
월말 평가			308~311	
학기말 평가			312~317	
바른 답 확인하기			02~18(별책)	
색인(찾아보기)			19~27(별책)	
국어 교과서 작품 목록			28~29(별책)	

※ 학교 진도 시기는 학교나 학급의 지도 계획에 따라 변경될 수 있습니다.

1~4주

1. 생각과 느낌을 나누어요 　학교 진도 시기 3월 1~2주

칭찬 사과 스티커

하루 공부를 잘 마쳤다면 나에게 칭찬 사과를 선물하세요.
사과 나무에 사과가 주렁주렁 열릴 때까지 열심히 공부합시다!

■ 스티커는 별책 바른답 및 색인 마지막 페이지에 있습니다.

밤새(밤사이)

밤이 지나는 / •동안

예 **밤새** 함박눈이 내려서 온 세상이 하얗다.

• **동안(사이)** 어느 때부터 어느 때까지의 시간의 길이

깜박깜박

불빛 · 별빛 따위가 / 잠깐 어두워졌다 밝아지는 모양

예 밤하늘의 별들이 밤새 **깜박깜박** 반짝거렸다.

몰래

남이 알지 못하게 / 살짝

예 냉장고 안에 있던 아이스크림을 동생이 자고 있을 때 **몰래** 꺼내 먹었다.

빠끔

작은 구멍 · 틈 사이로 / 조금만 보이는 모양

예 숨바꼭질을 하는 아이들은 몸을 벽에 기댄 채 얼굴만 **빠끔** 내밀었다.

얄밉다

말 · 행동이 / •거슬리고 · 밉다

예 과자를 혼자 다 먹겠다고 •떼쓰는 동생이 **얄밉다**.

• **거슬리다** 언짢은 느낌이 들며 기분이 상하다

• **떼쓰다** 부당한 일을 해 줄 것을 억지로 요구하거나 고집하다

굽다

한쪽으로 / 휘어져 있다

예 학교 화단에 길가 쪽으로 등이 **굽은** 나무 한 그루가 서 있다.

• **휘어지다** (곧은 물체가) 어떤 힘을 받아서 구부러지게 되다

1 문장을 읽고, 알맞은 낱말을 써 넣어 봅시다.

1) 밤이 지나는 동안 　　　　□□

2) 불빛·별빛 따위가 잠깐 어두워졌다 밝아지는 모양 　　□□□□

3) 남이 알지 못하게 살짝 　　　　□□

4) 작은 구멍·틈 사이로 조금만 보이는 모양 　　□□

5) 말·행동이 거슬리고·밉다 　　□□□

6) 한쪽으로 휘어져 있다 　　□□

2 밑줄 친 곳에 알맞은 낱말을 써 넣어 문장을 완성해 봅시다.

1) _____ 함박눈이 내려서 온 세상이 하얗다.

2) 밤하늘의 별들이 밤새 _____ 반짝거렸다.

3) 냉장고 안에 있던 아이스크림을 동생이 자고 있을 때 _____ 꺼내 먹었다.

4) 숨바꼭질을 하는 아이들은 몸을 벽에 기댄 채 얼굴만 _____ 내밀었다.

5) 과자를 혼자 다 먹겠다고 떼쓰는 동생이 _____ .

6) 학교 화단에 길가 쪽으로 등이 _____ 나무 한 그루가 서 있다.

구부리다

한쪽으로 휘어지게 / 굽히다

예 운동장 *가에 있는 나무가 한쪽으로 심하게 **구부러져서** 쓰러질 것처럼 보인다.

* 가　　　　바깥쪽 경계가 되는 가장자리 부분이나 그 부근

얼른

시간을 끌지 않고 / 바로

예 *급식을 받자마자 **얼른** *먹어 치우고 운동장에 나가서 친구들과 놀았다.

* 급식(給 줄 급, 食 밥·먹을 식)　　식사를 줌. 또는 그 식사

* 먹어 치우다　　먹을 것을 다 먹어서 없애다

비 냉큼, 빨리, 어서, 속히(速 빠를 속)

내밀다

신체·물체의 일부분을 / 밖이나·앞으로 / 나가게 하다

예 달리는 *차창 밖으로 손이나 얼굴을 **내미는** 것은 위험한 행동이다.

* 차창(車 수레 차, 窓 창 창) 기차나 자동차 등의 창문

짓다

시·소설·편지·노래 가사 따위의 / 글을 쓰다

예 *부슬부슬 내리는 빗소리를 듣고 *감상에 젖어 시 한 편을 **지었다**.

* 부슬부슬　눈·비가 조용히 듬성듬성 내리는 모양

* 감상(感 느낄 감, 傷 다칠 상)　　사물에 대해 느낀 바가 있어 마음속으로 슬퍼하거나 아파함. 또는 그러한 마음

도령(도련님)

아직 장가를 들지 않은 양반 남자 또는 나이 어린 남자아이

예 「춘향전」은 기생의 딸 춘향이 양반집 **도령**인 이몽룡과 어려움을 이기고 결혼한다는 이야기이다.

비 총각(總 다·거느릴 총, 角 뿔 각)

가훈

한자 집 가 家
　　　가르칠 훈 訓

한 집안의 조상·어른이 / *자손들에게 주는 / 가르침

예 옛날 경주 최씨 부잣집의 **가훈**은 '사방 백 리 안에 굶어 죽는 사람이 없게 하라'였다고 한다.

* 자손(子 아들 자, 孫 손자 손)　　자식과 손자. 또는 자신의 세대에서 여러 세대가 지난 뒤의 자녀를 통틀어 이르는 말

1 문장을 읽고, 알맞은 낱말을 써 넣어 봅시다.

1) 한쪽으로 휘어지게 굽히다

2) 시간을 끌지 않고 바로

3) 신체 · 물체의 일부분을 밖이나 · 앞으로 나가게 하다

4) 시 · 소설 · 편지 · 노래 가사 따위의 글을 쓰다

5) 아직 장가를 들지 않은 양반 남자 또는 나이 어린 남자아이

6) 한 집안의 조상 · 어른이 자손들에게 주는 가르침

2 밑줄 친 곳에 알맞은 낱말을 써 넣어 문장을 완성해 봅시다.

1) 운동장 가에 있는 나무가 한쪽으로 심하게 _____ 쓰러질 것처럼 보인다.

2) 급식을 받자마자 _____ 먹어 치우고 운동장에 나가서 친구들과 놀았다.

3) 달리는 차창 밖으로 손이나 얼굴을 _____ 것은 위험한 행동이다.

4) 부슬부슬 내리는 빗소리를 듣고 감상에 젖어 시 한 편을 _____ .

5) 「춘향전」은 기생의 딸 춘향이 양반집 _____ 인 이몽룡과 어려움을 이기고 결혼한다는 이야기이다.

6) 옛날 경주 최씨 부잣집의 _____ 은 '사방 백 리 안에 굶어 죽는 사람이 없게 하라'였다고 한다.

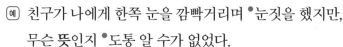

뜻

말 · 글 · 행동 따위로 나타내는 / 속마음 또는 일의 *내용

예 친구가 나에게 한쪽 눈을 깜빡거리며 *눈짓을 했지만,
무슨 뜻인지 *도통 알 수가 없었다.

* 내용　　사물의 속내(겉으로 드러나지 아니한 속마음이나 일의 내막)를 이루는 것

* 눈짓　　눈을 움직여 상대방에게 어떤 뜻을 나타내거나 넌지시 알리는 동작

* 도통(都 도읍 도, 統 거느릴 통)　　도무지. 전혀

담기다

생각 · 감정이 / 들어 있다

예 어제 친구와 다퉜는데, 오늘 *화해의 뜻이 담긴
편지를 주고받았다.

* 화해(和 화할 화, 解 풀 해) 싸움을 멈추고 서로 가지고 있던 안 좋은 감정을 풀어 없앰

석
한자 돌 석 石

곡식을 셀 때 쓰는 / 단위

예 심청이는 아버지의 눈을 뜨게 하려고 *공양미 300석에 팔려 갔다.

* 공양미(供 이바지할 공, 養 기를 양, 米 쌀 미)　　부처나 보살에게 바치는 쌀

대대로
한자 대신할 대 代
　　대신할 대 代

여러 *대를 이어서 / 계속

예 제사를 지내는 것은 조상 대대로 전해 내려온 *풍습이다.

* 대(代 대신할 대) 한 집안에서 이어져 내려오는 계통의 한 단계

* 풍습(風 바람 풍, 習 익힐 습)　　예로부터 그 사회에 전하여 오는 생활에 관한 습관

곳간
한자 곳집 고 庫
　　사이 간 間

*식량 · 물건 따위를 / *보관하는 곳

예 곳간에 쌀가마니가 차곡차곡 쌓여 있다.

* 식량(양식) (食 밥 식, 糧 양식 량)　　살아가는 데 필요한 먹을거리

* 보관하다(保 지킬 보, 管 대롱 관)　　물건을 맡아서 잘 간직하다(잘 간수하여 두다)

비 광, 창고(倉 곳집곳간으로 지은 집 창, 庫 곳집 고), 곳집

어마어마하다
(어마하다)

매우 놀랍고 · *엄청나고 · *대단하다

예 최 부잣집은 곳간도 어마어마하게 크고, 논도 어마어마하게 많았다.

* 엄청나다 양이나 정도가 생각보다 대단하거나 아주 심하다

* 대단하다 수준이나 정도가 매우 특별하고 뛰어나다

1 문장을 읽고, 알맞은 낱말을 써 넣어 봅시다.

1) 말·글·행동 따위로 나타내는 속마음 또는 일의 내용 ☐

2) 생각·감정이 들어 있다 ☐☐☐

3) 곡식을 셀 때 쓰는 단위 ☐

4) 여러 대를 이어서 계속 ☐☐☐

5) 식량·물건 따위를 보관하는 곳 ☐☐

6) 매우 놀랍고·엄청나고·대단하다 ☐☐☐☐☐

2 밑줄 친 곳에 알맞은 낱말을 써 넣어 문장을 완성해 봅시다.

1) 친구가 나에게 한쪽 눈을 깜빡거리며 눈짓을 했지만, 무슨 _____ 인지 도통 알 수가 없었다.

2) 어제 친구와 다퉜는데, 오늘 화해의 뜻이 _____ 편지를 주고받았다.

3) 심청이는 아버지의 눈을 뜨게 하려고 공양미 300 _____ 에 팔려 갔다.

4) 제사를 지내는 것은 조상 _____ 전해 내려온 풍습이다.

5) _____ 에 쌀가마니가 차곡차곡 쌓여 있다.

6) 최 부잣집은 곳간도 _____ 크고, 논도 _____ 많았다.

1. 생각과 느낌을 나누어요

부리다

사람 · 말 · 소 따위에게 / 일을 / 시키다

㉠ 청소 시간에 반장이 "여기 청소해! 저거 치워!"하며 나를 **부리는** ˙바람에 무척 피곤했다.

˙**바람에** 뒤따르는 일의 원인이나 근거를 나타내는 말

하인(종)

한자 아래 하 下
사람 인 人

주인의 집에 ˙매여 살면서 / 주인집의 일을 맡아서 하는 / 사람

㉠ '배부른 ˙상전이 배고픈 **하인** 사정 모른다'는 속담은 '고생을 해 보지 않은 사람은 고생하는 사람의 사정을 모른다'는 뜻이다.

˙**매이다** 남에게 딸려 있어서 자유로운 행동을 할 수 없게 되다

˙**상전(上 윗 상, 典 법 전)** 예전에 하인(종)에 상대하여, 그 주인을 이르던 말

대감마님

한자 클 대 大
볼 감 監

예전에, 높은 지위에 있는 ˙벼슬아치를 / 높여 부르던 말

㉠ 하인은 사랑채에 있는 상전을 찾아가 "˙**대감마님**, 급히 전해 드릴 말씀이 있습니다"라고 말했다.

˙**벼슬아치** 예전에, 관청(나랏일을 하는 기관)에 나가서 나랏일을 맡아보는 사람

˙**대감** 조선시대 때, 정이품 이상의 벼슬아치를 높여 부르던 말

˙**마님** 나리 · 대감 · 영감 따위에 붙어 존대(존경하여 받들어 대접하거나 대함)의 뜻을 나타내는 말. 또는 상전(上典)을 높여 이르는 말

북적이다

많은 사람이 / 한곳에 모여 / ˙수선스럽게 움직이다

㉠ 휴일을 맞아 영화를 보러 나온 사람들로 극장이 **북적였다.**

˙**수선스럽다** 정신이 어지럽게 떠들어 대는 듯하다

사랑채

한자 집 사 舍
사랑채 랑 廊

여러 채로 된 집 가운데 / ˙바깥주인이 ˙생활하면서 / 손님들을 맞이하는 / ˙집채

㉠ 대감마님의 **사랑채**는 매일 많은 손님이 드나들어서 항상 북적였다.

˙**바깥주인(바깥양반)** 한 집안의 남자 주인 또는 남자 어른을 이르는 말

˙**생활하다(生 날 생, 活 살 활)** 일정한 환경에서 활동하며 살아가다

˙**집채** 여러 채(집을 세는 단위)로 된 집에서, 낱낱의 집을 일컫는 말

안채

안팎의 두 채 이상으로 된 / 한집에서 / 안에 있는 / 집채

㉠ 조선 시대에 양반들이 살던 집은 남성들이 쓰는 사랑채와 여성들이 지내는 **안채**로 나뉘어져 있었다.

1 문장을 읽고, 알맞은 낱말을 써 넣어 봅시다.

1) 사람·말·소 따위에게 일을 시키다 ☐☐☐

2) 주인의 집에 매여 살면서 주인집의 일을 맡아서 하는 사람 ☐☐

3) 예전에, 높은 지위에 있는 벼슬아치를 높여 부르던 말 ☐☐☐☐

4) 많은 사람이 한곳에 모여 수선스럽게 움직이다 ☐☐☐

5) 여러 채로 된 집 가운데 바깥주인이 생활하면서 손님들을 맞이하는 집채 ☐☐☐

6) 안팎의 두 채 이상으로 된 한집에서 안에 있는 집채 ☐☐

2 밑줄 친 곳에 알맞은 낱말을 써 넣어 문장을 완성해 봅시다.

1) 청소 시간에 반장이 "여기 청소해! 저거 치워!"하며 나를 _____ 바람에 무척 피곤했다.

2) '배부른 상전이 배고픈 _____ 사정 모른다'는 속담은 '고생을 해 보지 않은 사람은 고생하는 사람의 사정을 모른다'는 뜻이다.

3) 하인은 사랑채에 있는 상전을 찾아가 " _____ , 급히 전해 드릴 말씀이 있습니다"라고 말했다.

4) 휴일을 맞아 영화를 보러 나온 사람들로 극장이 _____ .

5) 대감마님의 _____ 는 매일 많은 손님이 드나들어서 항상 북적였다.

6) 조선 시대에 양반들이 살던 집은 남성들이 쓰는 사랑채와 여성들이 지내는 _____ 로 나뉘어져 있었다.

1. 생각과 느낌을 나누어요

함부로
*조심하거나 · 깊이 생각하지 않고 / 마음 내키는 대로 / 아무렇게나
(예) 말을 **함부로** 하면 다른 사람에게 상처를 줄 수 있으니 항상 말을 조심해야 한다.
*조심하다(操 잡을 조, 心 마음 심)   잘못 · 실수가 없도록 말과 행동에 신경쓰다

야단맞다
한자 이끌 야 惹 끝 단 端
*꾸지람을 듣다
(예) 동생에게 말을 함부로 해서 엄마한테 **야단맞았다**.
*꾸지람(꾸중)   아랫사람의 잘못을 꾸짖는 말

들키다
숨기려던 것이 / 남에게 알려지다
(예) 엄마 몰래 게임을 하다가 **들켜서** *호되게 야단맞았다.
*호되다   정도가 매우 심하다

뉘엿뉘엿
해가 곧 지려고 / 산이나 *지평선 *너머로 / 조금씩 넘어가는 모양
(예) 해가 **뉘엿뉘엿** *저물자 놀이터에서 놀던 아이들은 하나둘 집으로 돌아갔다.
*지평선(地 땅 지, 平 평평할 평, 線 줄 선)   편평한 대지(넓고 큰 땅)의 끝과 하늘이 맞닿아 보이는 경계선
*너머   산 · 고개 · 무지개같이 높은 것의 저쪽. 또는 그 공간
*저물다   해가 져서 어두워지다

뒤지다
무엇을 찾으려고 / *샅샅이 들추다 또는 곳곳을 *살피다
(예) 온 집안을 다 **뒤졌지만** 잃어버린 지갑을 찾을 수 없었다.
*샅샅이   틈이 있는 곳마다 모조리. 또는 빈틈없이 모조리
*살피다   주의하여 두루두루 자세히 보다

빼곡히
사람 · 물건이 / 어떤 공간에 / 빈틈없이 꽉 찬 모양
(예) 도서관에는 여러 가지 책들이 **빼곡히** 꽂혀 있다.

1 **문장을 읽고, 알맞은 낱말을 써 넣어 봅시다.**

1) 조심하거나 · 깊이 생각하지 않고 마음 내키는 대로 아무렇게나

2) 꾸지람을 듣다

3) 숨기려던 것이 남에게 알려지다

4) 해가 곧 지려고 산이나 지평선 너머로 조금씩
    넘어가는 모양

5) 무엇을 찾으려고 샅샅이 들추다 또는 곳곳을 살피다

6) 사람 · 물건이 어떤 공간에 빈틈없이 꽉 찬 모양

2 **밑줄 친 곳에 알맞은 낱말을 써 넣어 문장을 완성해 봅시다.**

1) 말을 _____ 하면 다른 사람에게 상처를 줄 수 있으니 항상 말을 조심해야
    한다.

2) 동생에게 말을 함부로 해서 엄마한테 _____ .

3) 엄마 몰래 게임을 하다가 _____ 호되게 야단맞았다.

4) 해가 _____ 저물자 놀이터에서 놀던 아이들은 하나둘 집으로 돌아갔다.

5) 온 집안을 다 _____ 잃어버린 지갑을 찾을 수 없었다.

6) 도서관에는 여러 가지 책들이 _____ 꽂혀 있다.

1 **문장을 읽고, 알맞은 낱말을 써 넣어 봅시다.**

1) 무엇을 찾으려고 샅샅이 들추다 또는 곳곳을 살피다 _____

2) 작은 구멍·틈 사이로 조금만 보이는 모양 _____

3) 사람·말·소 따위에게 일을 시키다 _____

4) 꾸지람을 듣다 _____

5) 주인의 집에 매여 살면서 주인집의 일을 맡아서 하는 사람 _____

6) 여러 대를 이어서 계속 _____

7) 예전에, 높은 지위에 있는 벼슬아치를 높여 부르던 말 _____

8) 사람·물건이 어떤 공간에 빈틈없이 꽉 찬 모양 _____

9) 많은 사람이 한곳에 모여 수선스럽게 움직이다 _____

10) 조심하거나·깊이 생각하지 않고 마음 내키는 대로
아무렇게나 _____

11) 곡식을 셀 때 쓰는 단위 _____

12) 안팎의 두 채 이상으로 된 한집에서 안에 있는 집채 _____

13) 밤이 지나는 동안 _____

14) 한쪽으로 휘어지게 굽히다 _____

15) 불빛·별빛 따위가 잠깐 어두워졌다 밝아지는 모양 _____

16) 해가 곧 지려고 산이나 지평선 너머로 조금씩
　　넘어가는 모양 _____

17) 한쪽으로 휘어져 있다 _____

18) 남이 알지 못하게 살짝 _____

19) 말 · 행동이 거슬리고 밉다 _____

20) 시간을 끌지 않고 바로 _____

21) 여러 채로 된 집 가운데 바깥주인이 생활하면서
　　손님들을 맞이하는 집채 _____

22) 말 · 글 · 행동 따위로 나타내는 속마음 또는 일의 내용 _____

23) 매우 놀랍고 엄청나고 대단하다 _____

24) 생각 · 감정이 들어 있다 _____

25) 한 집안의 조상 · 어른이 자손들에게 주는 가르침 _____

26) 아직 장가를 들지 않은 양반 남자 또는 나이 어린 남자아이 _____

27) 숨기려던 것이 남에게 알려지다 _____

28) 신체 · 물체의 일부분을 밖이나 앞으로 나가게 하다 _____

29) 식량 · 물건 따위를 보관하는 곳 _____

30) 시 · 소설 · 편지 · 노래 가사 따위의 글을 쓰다 _____

2 밑줄 친 곳에 알맞은 낱말을 써 넣어 문장을 완성해 봅시다.

1) 엄마 몰래 게임을 하다가 _____ 호되게 야단맞았다.

2) _____ 함박눈이 내려서 온 세상이 하얗다.

3) 운동장 가에 있는 나무가 한쪽으로 심하게 _____ 쓰러질 것처럼 보인다.

4) 최 부잣집은 곳간도 _____ 크고, 논도 _____ 많았다.

5) 부슬부슬 내리는 빗소리를 듣고 감상에 젖어 시 한 편을 _____ .

6) '배부른 상전이 배고픈 _____ 사정 모른다'는 속담은 '고생을 해 보지 않은 사람은 고생하는 사람의 사정을 모른다'는 뜻이다.

7) 어제 친구와 다퉜는데, 오늘 화해의 뜻이 _____ 편지를 주고받았다.

8) 해가 _____ 저물자 놀이터에서 놀던 아이들은 하나둘 집으로 돌아갔다.

9) 밤하늘의 별들이 밤새 _____ 반짝거렸다.

10) 온 집안을 다 _____ 잃어버린 지갑을 찾을 수 없었다.

11) 숨바꼭질을 하는 아이들은 몸을 벽에 기댄 채 얼굴만 _____ 내밀었다.

12) 도서관에는 여러 가지 책들이 _____ 꽂혀 있다.

13) 옛날 경주 최씨 부잣집의 _____ 은 '사방 백 리 안에 굶어 죽는 사람이 없게 하라'였다고 한다.

14) 하인은 사랑채에 있는 상전을 찾아가 "_____ , 급히 전해 드릴 말씀이 있습니다"라고 말했다.

15) 과자를 혼자 다 먹겠다고 떼쓰는 동생이 _____ .

16) 대감마님의 _____ 는 매일 많은 손님이 드나들어서 항상 북적였다.

17) 심청이는 아버지의 눈을 뜨게 하려고 공양미 300 _____ 에 팔려 갔다.

18) 급식을 받자마자 _____ 먹어 치우고 운동장에 나가서 친구들과 놀았다.

19) 학교 화단에 길가 쪽으로 등이 _____ 나무 한 그루가 서 있다.

20) 달리는 차창 밖으로 손이나 얼굴을 _____ 것은 위험한 행동이다.

21) 말을 _____ 하면 다른 사람에게 상처를 줄 수 있으니 항상 말을 조심해야 한다.

22) 「춘향전」은 기생의 딸 춘향이 양반집 _____ 인 이몽룡과 어려움을 이기고 결혼한다는 이야기이다.

23) 동생에게 말을 함부로 해서 엄마한테 _____ .

24) 친구가 나에게 한쪽 눈을 깜빡거리며 눈짓을 했지만, 무슨 _____ 인지 도통 알 수가 없었다.

25) 휴일을 맞아 영화를 보러 나온 사람들로 극장이 _____ .

26) 조선 시대에 양반들이 살던 집은 남성들이 쓰는 사랑채와 여성들이 지내는 _____ 로 나뉘어져 있었다.

27) 제사를 지내는 것은 조상 _____ 전해 내려온 풍습이다.

28) 청소 시간에 반장이 "여기 청소해! 저거 치워!"하며 나를 _____ 바람에 무척 피곤했다.

29) _____ 에 쌀가마니가 차곡차곡 쌓여 있다.

30) 냉장고 안에 있던 아이스크림을 동생이 자고 있을 때 _____ 꺼내 먹었다.

기본 속담과 관용어

새근새근
*곤히 잠들어 / 조용하게 자꾸 / 숨 쉬는 소리
예 아기가 **새근새근**하는 숨소리를 내며 *세상모르고 잠에 빠졌다.
*곤히(困 곤할기운 없이 나른하다 곤)　　　　몹시 고단하여 잠든 상태가 깊다
*세상모르다　(의식하지 못할 만큼) 깊은 잠에 빠져 아무것도 모르다

헐레벌떡
숨을 / *가쁘고 · 거칠게 / *몰아쉬는 모양
예 수업 종이 울리자 운동장에서 놀던 아이들이 **헐레벌떡**
　　교실로 뛰어 들어왔다.
*가쁘다　숨이 몹시 차다
*몰아쉬다　숨 따위를 한꺼번에 모아 세게 또는 길게 쉬다

애쓰다
마음과 힘을 다하여 / 어떤 일에 / *힘쓰다
예 엄마는 화난 얼굴을 **애써** 감추며 아이의 거짓말을 계속 들어 주었다.
*힘쓰다　어려움을 참아 가며 꾸준히 노력하다
비 애면글면하다, 노심하다(勞 일할 노, 心 마음 심), 노력하다(努 힘쓸 노, 力 힘 력)

야속하다
한자 들 야 野
　　풍속 속 俗
*무정한 행동 또는 그런 행동을 한 사람이 / *언짢고 · *섭섭하다
예 항상 동생을 먼저 챙기는 엄마가 **야속했다**.
*무정하다(無 없을 무, 情 뜻 정)　(성격이나 행동이) 따뜻한 정이 없고 차갑다
*언짢다　마음에 들지 않거나 불쾌하다(기분이 좋지 않다)
*섭섭하다　기대에 어그러져 마음이 서운하거나 불만스럽다

틈
어떤 행동을 할 만한 / *기회
예 아이는 수업 시간에 공부는 하지 않고 장난칠 **틈**만 *노리고 있었다.
*기회(機 틀 기, 會 모일 회)　무엇을 하기에 가장 좋은 때나 경우
*노리다　무엇을 이루려고 모든 마음을 쏟아서 눈여겨보다

내팽개치다
하던 일 따위에서 / *손을 놓다 또는 *그만두다
예 숙제를 **내팽개치고** 게임만 하다가 엄마한테 들켜서 야단맞았다.
*손을 놓다　하던 일을 그만두거나 잠시 멈추다
*그만두다　(하던 일이나 하려던 일을) 멈추고 더이상 하지 않다.
비 팽개치다, 그만두다, 중단하다(中 가운데 중, 斷 끊을 단)

1 문장을 읽고, 알맞은 낱말을 써 넣어 봅시다.

1) 곤히 잠들어 조용하게 자꾸 숨 쉬는 소리

2) 숨을 가쁘고 · 거칠게 몰아쉬는 모양

3) 마음과 힘을 다하여 어떤 일에 힘쓰다

4) 무정한 행동 또는 그런 행동을 한 사람이
언짢고 · 섭섭하다

5) 어떤 행동을 할 만한 기회

6) 하던 일 따위에서 손을 놓다 또는 그만두다

2 밑줄 친 곳에 알맞은 낱말을 써 넣어 문장을 완성해 봅시다.

1) 아기가 _____ 하는 숨소리를 내며 세상모르고 잠에 빠졌다.

2) 수업 종이 울리자 운동장에서 놀던 아이들이 _____ 교실로 뛰어 들어왔다

3) 엄마는 화난 얼굴을 _____ 감추며 아이의 거짓말을 계속 들어 주었다.

4) 항상 동생을 먼저 챙기는 엄마가 _____ .

5) 아이는 수업 시간에 공부는 하지 않고 장난칠 _____ 만 노리고 있었다.

6) 숙제를 _____ 게임만 하다가 엄마한테 들켜서 야단맞았다.

|기본어 속담 편| 4~6학년 |

타다

기회나 때를 / *이용하다

예 아이는 엄마가 낮잠을 자는 *틈을 **타** 숙제를 내팽개치고 밖으로 놀러 나갔다.

*이용하다(利 이로울 이, 用 쓸 용) 자신의 이익을 위한 수단으로 쓰다

*틈타다 때나 기회를 얻다

흉년

한자 흉할 흉 凶
해 년 年

농사가 잘되지 않아 / *농작물의 *수확량이 / 매우 적은 해

예 몇 년째 계속된 **흉년**으로 많은 사람들이 굶주림에 *허덕이고 있다.

*농작물(農 농사 농, 作 지을 작, 物 물건 물) 논이나 밭에 심어서 가꾸는 곡식·채소 따위

*수확량(收 거둘 수, 穫 거둘 확, 量 헤아릴 량) 농작물을 거두어들인 양

*허덕이다 힘에 겨워서 괴로워하다

헐값

한자 쉴 헐 歇

그 물건이 지니는 *값어치보다 / 매우 싼 *값

예 갑자기 *큰돈이 필요해서 *고가의 자동차를 **헐값**에 팔았다.

*값어치 일정한 값에 해당하는 가치

*값 사고파는 물건에 일정하게 매겨진 액수

*고가(高 높을 고, 價 값 가) 비싼 가격. 또는 값이 비싼 것

허다하다

한자 허락할 허 許
많을 다 多

매우 많고 / 흔하다

예 옛날에는 큰 흉년이 들면 굶어 죽는 사람이 **허다했다.**

비 많다, 수두룩하다

낫

곡식·나무·풀 등을 베는 데 쓰는 / 'ㄱ' 자 모양의 농기구

예 농부들은 *무성하게 *웃자란 풀을 **낫**으로 베어 냈다.

*무성하다(茂 무성할 무, 盛 성할 성) 풀이나 나무 따위가 잘 자라서 빽빽하다

*웃자라다 식물의 줄기나 잎이 지나치게 많이 자라서 연약하게 되다

헐벗다

가난하여 / 옷이 / *헐어 벗다시피 하다

예 **헐벗고** 굶주린 아프리카 어린이들을 돕기 위해 용돈을 *기부했다.

*헐다 물건 따위가 오래되거나 많이 써서 낡아지다

*기부하다(寄 부칠 기, 附 붙을 부) 남을 돕기 위하여 돈이나 물건을 내놓다

1   **문장을 읽고, 알맞은 낱말을 써 넣어 봅시다.**

1) 기회나 때를 이용하다

2) 농사가 잘되지 않아 농작물의 수확량이 매우 적은 해

3) 그 물건이 지니는 값어치보다 매우 싼 값

4) 매우 많고 흔하다

5) 곡식·나무·풀 등을 베는 데 쓰는 'ㄱ'자 모양의 농기구

6) 가난하여 옷이 헐어 벗다시피 하다

2   **밑줄 친 곳에 알맞은 낱말을 써 넣어 문장을 완성해 봅시다.**

1) 아이는 엄마가 낮잠을 자는 틈을 _____ 숙제를 내팽개치고 밖으로 놀러 나갔다.

2) 몇 년째 계속된 _____ 으로 많은 사람들이 굶주림에 허덕이고 있다.

3) 갑자기 큰돈이 필요해서 고가의 자동차를 _____ 에 팔았다.

4) 옛날에는 큰 흉년이 들면 굶어 죽는 사람이 _____ .

5) 농부들은 무성하게 웃자란 풀을 _____ 으로 베어 냈다.

6) _____ 굶주린 아프리카 어린이들을 돕기 위해 용돈을 기부했다.

가로 속에 담긴 뜻 | 교과서 4~15쪽 |

연일

한자 잇닿을 연 連
날 일 日

여러 날을 / 계속해

예 장마철에 태풍까지 오는 바람에 **연일** *큰비가 내렸다.

* **큰비**　　오래도록 많이 쏟아지는 비

비 날마다, 매일(每 늘 · 항상 매, 日 날 일)

우쭐하다

***의기양양하여** / 기를 펴고 · 잘난 체하다

예 반장은 선생님의 칭찬을 듣고 **우쭐한** 표정을 지었다.

* **의기양양**(意 뜻 의, 氣 기운 기, 揚 날릴 양, 揚 날릴 양)

뜻한 바를 이루어 만족한 마음이 얼굴에 나타난 모양

문득

생각 · 느낌 따위가 / 갑자기 *떠오르는 모양

예 수업 시간에 **문득** 어젯밤에 꿨던 꿈이 떠올랐다.

* **떠오르다**　기억이 되살아나거나 생각이 나다

비 불현듯, 언뜻, 얼핏

이맘때(요맘때)

이만한 정도에 *이른 / 때

예 작년 **이맘때** 가족과 함께 제주도로 여행을 갔던 일이 문득 생각났다.

* **이르다**　　시간이 어떤 시점(시간의 흐름 가운데 어떤 한 순간)에 도달하여 닿다

호되다

매우 심하다

예 아이는 친구를 자꾸 괴롭히다가 선생님께 **호되게** *혼났다.

* **혼나다**(魂 넋 혼)　호되게 꾸지람을 듣거나 벌을 받다

비 혹독하다(酷 심할 혹, 毒 독 독), 심하다(甚 심할 심), 되다

제값

물건이 가지고 있는 / *가치에 맞는 / *가격

예 할아버지는 "물건을 살 때는 아침에 가서 **제값**을 주고 사 오라고 했거늘
　　어찌 끝날 때쯤 헐값을 주고 사 오느냐?"며 하인을 호되게 혼냈다.

* **가치**(價 값 가, 値 값 치)　사물이 지니고 있는 값(값어치)이나 쓸모

* **가격**(價 값 가, 格 격식 격) 물건이 지니고 있는 가치를 돈으로 나타낸 것

1 문장을 읽고, 알맞은 낱말을 써 넣어 봅시다.

1) 여러 날을 계속해

2) 의기양양하여 기를 펴고 · 잘난 체하다

3) 생각 · 느낌 따위가 갑자기 떠오르는 모양

4) 이만한 정도에 이른 때

5) 매우 심하다

6) 물건이 가지고 있는 가치에 맞는 가격

2 밑줄 친 곳에 알맞은 낱말을 써 넣어 문장을 완성해 봅시다.

1) 장마철에 태풍까지 오는 바람에 _____ 큰비가 내렸다.

2) 반장은 선생님의 칭찬을 듣고 _____ 표정을 지었다.

3) 수업 시간에 _____ 어젯밤에 꿨던 꿈이 떠올랐다.

4) 작년 _____ 가족과 함께 제주도로 여행을 갔던 일이 문득 생각났다.

5) 아이는 친구를 자꾸 괴롭히다가 선생님께 _____ 혼났다.

6) 할아버지는 "물건을 살 때는 아침에 가서 _____ 을 주고 사 오라고 했거늘 어찌 끝날 때쯤 헐값을 주고 사 오느냐?"며 하인을 호되게 혼냈다.

장사치	*장사하는 사람을 / *낮잡아 이르는 말

⟨예⟩ 동물원 입구에는 풍선, 장난감, 음료수 따위를 파는 **장사치**들이 늘어서 있었다.

* **장사** 돈을 벌기 위해 물건을 사서 파는 일
* **낮잡다** 실제로 지닌 가치보다 낮추어 보다

슬며시

감정 따위가 / 마음속으로 천천히 *은밀하게

⟨예⟩ 친구가 계속 자기 자랑을 *늘어놓아서 **슬며시** 짜증이 났다.

* **은밀하다(隱 숨을 은, 密 빽빽할 밀)** 숨어 있어서 겉으로 드러나지 않다
* **늘어놓다** 수다스럽게 말을 많이 하다

제사
한자 제사 제 祭
제사 사 祀

*신령 또는 **죽은 사람**의 *넋에게 / 음식을 바쳐 / *정성을 나타내는 / 의식

⟨예⟩ 추석이 되면 사람들은 조상에게 **제사**를 지내기 위해 고향을 찾는다.

* **신령(神 귀신 신, 靈 신령 령)** 풍습(옛날부터 그 사회에 전해 오는 생활 전반의 습관이나 버릇)으로 섬기는 모든 신
* **넋(혼)** 사람의 몸에 있어 마음의 작용을 다스린다고 생각되는 것으로 예로부터 몸이 죽어도 영원히 남아 있다고 생각되고 있음
* **정성(精 정할 정, 誠 정성 성)** 온갖 힘을 다하려는 참되고 성실한 마음

영문

일이 돌아가는 까닭

⟨예⟩ 수업 중에 엄마가 교실로 찾아오셨는데, 무슨 **영문**인지 몰라서 *어리둥절했다.

* **어리둥절하다** 뜻밖의 일 때문에 정신을 차릴 수 없을 정도로 얼떨떨하다

절

*공경의 뜻으로 / 몸을 굽혀 *정중히 하는 / 인사

⟨예⟩ 설날 아침에 할아버지, 할머니께 **절**을 올렸다.

* **공경(恭 공손할 공, 敬 공경 경)** 남을 대할 때 몸가짐을 조심스럽게 하고 예의 바르고 겸손하게 받들어 모심
* **정중히(鄭 나라 이름 정, 重 무거울 중)** 태도가 점잖고 예의가 있다

양반
한자 두 양 兩
나눌 반 班

고려·조선 시대에 / *지배층을 이루던 *상류 계급에 속한 / 사람

⟨예⟩ 아이는 **양반**인 할아버지가 죽은 하인들에게 절을 하는 것을 보고 이상하다고 생각했다.

* **지배층(支 지탱할 지, 配 나눌 배, 層 층 층)** 남을 복종시키고 다스리는 계급에 속한 계층
* **상류 계급(上 윗 상, 流 흐를 류, 階 섬돌 계, 級 등급 급)** 사회적 지위나 생활수준이 높은 계급(신분·재산 따위가 비슷한 사람들로 형성되는 집단)

가로 속에 담긴 뜻 | 교과서 3~4학년 5단원

1 문장을 읽고, 알맞은 낱말을 써 넣어 봅시다.

2주
4일

1) 장사하는 사람을 낮잡아 이르는 말 ☐☐☐

2) 감정 따위가 마음속으로 천천히 은밀하게 ☐☐☐

3) 신령 또는 죽은 사람의 넋에게 음식을 바쳐 정성을 나타내는 의식 ☐☐

4) 일이 돌아가는 까닭 ☐☐

5) 공경의 뜻으로 몸을 굽혀 정중히 하는 인사 ☐

6) 고려·조선 시대에 지배층을 이루던 상류 계급에 속한 사람 ☐☐

2 밑줄 친 곳에 알맞은 낱말을 써 넣어 문장을 완성해 봅시다.

1) 동물원 입구에는 풍선, 장난감, 음료수 따위를 파는 _____ 들이 늘어서 있었다.

2) 친구가 계속 자기 자랑을 늘어놓아서 _____ 짜증이 났다.

3) 추석이 되면 사람들은 조상에게 _____ 를 지내기 위해 고향을 찾는다.

4) 수업 중에 엄마가 교실로 찾아오셨는데, 무슨 _____ 인지 몰라서 어리둥절했다.

5) 설날 아침에 할아버지, 할머니께 _____ 을 올렸다.

6) 아이는 _____ 인 할아버지가 죽은 하인들에게 절을 하는 것을 보고 이상하다고 생각했다.

가로 속담과 교과서 속 어휘 4~5등

리
한자 마을 리 里

거리의 단위로, 1리는 약 393미터

⑩ 아리랑의 노랫말인 "나를 버리고 가시는 임은 십 **리**도 못 가서 발병 난다"에 나오는 '십 **리**'는 *약 4킬로미터쯤 된다.

* 약(約 맺을 약) 어떤 수량에 거의 가까운 정도를 표시하는 말

희한하다
한자 드물 희 稀
드물 한 罕

매우 드물거나 · *신기하다

⑩ 오월에 눈이 내리다니 정말로 **희한한** 일이다.

* 신기하다(神 귀신 신, 奇 기특할 기) (사물 · 현상 따위가) 낯선 것이어서 새롭고 이상하다

뒤주

*곡식을 담기 위해 / 나무로 만든 / 네모난 통

⑩ 계속된 흉년으로 집집마다 **뒤주**의 바닥이 드러났다.

* 곡식(穀 곡식 곡, 食 밥 식) 쌀, 보리, 콩, 조, 기장, 수수, 밀, 옥수수 따위를 통틀어 이르는 말

오히려

보통의 *예상 · 짐작 · *기대와는 / 전혀 반대가 되거나 · 다르게

⑩ 몸이 아파서 며칠째 집에만 있다 보니 **오히려** 학교에 가고 싶어졌다.

* 예상(豫 미리 예, 想 생각 상) (어떤 일이 벌어지기 전에 앞으로 어찌될지) 미리 생각해 봄
* 기대(期 기약할 기, 待 기다릴 대) (어떤 일이 이루어지기를) 바라고 기다림

이야기 교과서 4~5등

의심
한자 의심할 의 疑
마음 심 心

확실히 알 수 없거나 · 믿지 못해 / 이상하게 *여기는 / 마음

⑩ 동생이 밖에서 돈을 잃어버리고 와서는 나에게 **의심**의 *눈초리를 보내서 몹시 *황당했다.

* 여기다 마음속으로 그러하다고 생각하다
* 눈초리 어떤 대상을 바라볼 때 눈에 나타나는 표정
* 황당하다(荒 거칠 황, 唐 당황할 당) 말이나 행동이 어처구니없고 터무니없다

어쩌다가

뜻밖에 *우연히

⑩ 생각지 못한 복권을 **어쩌다가** 한 장 얻었는데, 1등에 당첨되었다.

* 우연히(뜻밖에)(偶 짝 우, 然 그럴 연)   뜻하지 않게

1 **문장을 읽고, 알맞은 낱말을 써 넣어 봅시다.**

2주
5일

1) 거리의 단위로, 1리는 약 393미터

2) 매우 드물거나 · 신기하다

3) 곡식을 담기 위해 나무로 만든 네모난 통

4) 보통의 예상 · 짐작 · 기대와는 전혀 반대가 되거나 · 다르게

5) 확실히 알 수 없거나 · 믿지 못해 이상하게 여기는 마음

6) 뜻밖에 우연히

2 **밑줄 친 곳에 알맞은 낱말을 써 넣어 문장을 완성해 봅시다.**

1) 아리랑의 노랫말인 "나를 버리고 가시는 임은 십 _____ 도 못 가서 발병 난다"에 나오는 '십 _____ '는 약 4킬로미터쯤 된다.

2) 오월에 눈이 내리다니 정말로 _____ 일이다.

3) 계속된 흉년으로 집집마다 _____ 의 바닥이 드러났다.

4) 몸이 아파서 며칠째 집에만 있다 보니 _____ 학교에 가고 싶어졌다.

5) 동생이 밖에서 돈을 잃어버리고 와서는 나에게 _____ 의 눈초리를 보내서 몹시 황당했다.

6) 생각지 못한 복권을 _____ 한 장 얻었는데, 1등에 당첨되었다.

1 **문장을 읽고, 알맞은 낱말을 써 넣어 봅시다.**

1)   곡식을 담기 위해 나무로 만든 네모난 통   _____

2)   가난하여 옷이 헐어 벗다시피 하다   _____

3)   일이 돌아가는 까닭   _____

4)   숨을 가쁘고 거칠게 몰아쉬는 모양   _____

5)   농사가 잘되지 않아 농작물의 수확량이 매우 적은 해   _____

6)   거리의 단위로, 1리는 약 393미터   _____

7)   그 물건이 지니는 값어치보다 매우 싼 값   _____

8)   매우 드물거나 신기하다   _____

9)   곤히 잠들어 조용하게 자꾸 숨 쉬는 소리   _____

10)   이만한 정도에 이른 때   _____

11)   감정 따위가 마음속으로 천천히 은밀하게   _____

12)   뜻밖에 우연히   _____

13)   무정한 행동 또는 그런 행동을 한 사람이 언짢고 섭섭하다   _____

14)   기회나 때를 이용하다   _____

15)   공경의 뜻으로 몸을 굽혀 정중히 하는 인사   _____

16) 장사하는 사람을 낮잡아 이르는 말 　　　　　　　

17) 여러 날을 계속해 　　　　　　　

18) 매우 심하다 　　　　　　　

19) 보통의 예상 · 짐작 · 기대와는 전혀 반대가 되거나 · 다르게 　　　　　　　

20) 하던 일 따위에서 손을 놓다 또는 그만두다 　　　　　　　

21) 매우 많고 흔하다 　　　　　　　

22) 마음과 힘을 다하여 어떤 일에 힘쓰다 　　　　　　　

23) 확실히 알 수 없거나 · 믿지 못해 이상하게 여기는 마음 　　　　　　　

24) 의기양양하여 기를 펴고 잘난 체하다 　　　　　　　

25) 어떤 행동을 할 만한 기회 　　　　　　　

26) 생각 · 느낌 따위가 갑자기 떠오르는 모양 　　　　　　　

27) 곡식 · 나무 · 풀 등을 베는 데 쓰는 'ㄱ'자 모양의 농기구 　　　　　　　

28) 신령 또는 죽은 사람의 넋에게 음식을 바쳐 정성을
나타내는 의식 　　　　　　　

29) 물건이 가지고 있는 가치에 맞는 가격 　　　　　　　

30) 고려 · 조선 시대에 지배층을 이루던 상류 계급에 속한 사람

2 밑줄 친 곳에 알맞은 낱말을 써 넣어 문장을 완성해 봅시다.

1) 아이는 친구를 자꾸 괴롭히다가 선생님께 _____ 혼났다.

2) 동물원 입구에는 풍선, 장난감, 음료수 따위를 파는 _____ 들이 늘어서 있었다.

3) 갑자기 큰돈이 필요해서 고가의 자동차를 _____ 에 팔았다.

4) 추석이 되면 사람들은 조상에게 _____ 를 지내기 위해 고향을 찾는다.

5) 장마철에 태풍까지 오는 바람에 _____ 큰비가 내렸다.

6) 항상 동생을 먼저 챙기는 엄마가 _____ .

7) 아리랑의 노랫말인 "나를 버리고 가시는 임은 십 _____ 도 못 가서 발병 난다"에 나오는 '십 _____ '는 약 4킬로미터쯤 된다.

8) 아이는 수업 시간에 공부는 하지 않고 장난칠 _____ 만 노리고 있었다.

9) 작년 _____ 가족과 함께 제주도로 여행을 갔던 일이 문득 생각났다.

10) 농부들은 무성하게 웃자란 풀을 _____ 으로 베어 냈다.

11) 수업 중에 엄마가 교실로 찾아오셨는데, 무슨 _____ 인지 몰라서 어리둥절했다.

12) 오월에 눈이 내리다니 정말로 _____ 일이다.

13) 할아버지는 "물건을 살 때는 아침에 가서 _____ 을 주고 사 오라고 했거늘 어찌 끝날 때쯤 헐값을 주고 사 오느냐?"며 하인을 호되게 혼냈다.

14) 설날 아침에 할아버지, 할머니께 _____ 을 올렸다.

15) 반장은 선생님의 칭찬을 듣고 _____ 표정을 지었다.

16) 계속된 흉년으로 집집마다 _____ 의 바닥이 드러났다.

17) 아이는 엄마가 낮잠을 자는 틈을 _____ 숙제를 내팽개치고 밖으로 놀러 나갔다.

18) 몸이 아파서 며칠째 집에만 있다 보니 _____ 학교에 가고 싶어졌다.

19) 아기가 _____ 하는 숨소리를 내며 세상모르고 잠에 빠졌다.

20) 수업 시간에 _____ 어젯밤에 꿨던 꿈이 떠올랐다.

21) 수업 종이 울리자 운동장에서 놀던 아이들이 _____ 교실로 뛰어 들어왔다

22) 동생이 밖에서 돈을 잃어버리고 와서는 나에게 _____ 의 눈초리를 보내서 몹시 황당했다.

23) 엄마는 화난 얼굴을 _____ 감추며 아이의 거짓말을 계속 들어 주었다.

24) 아이는 _____ 인 할아버지가 죽은 하인들에게 절을 하는 것을 보고 이상하다고 생각했다.

25) _____ 굶주린 아프리카 어린이들을 돕기 위해 용돈을 기부했다.

26) 친구가 계속 자기 자랑을 늘어놓아서 _____ 짜증이 났다.

27) 숙제를 _____ 게임만 하다가 엄마한테 들켜서 야단맞았다.

28) 몇 년째 계속된 _____ 으로 많은 사람들이 굶주림에 허덕이고 있다.

29) 옛날에는 큰 흉년이 들면 굶어 죽는 사람이 _____ .

30) 생각지 못한 복권을 _____ 한 장 얻었는데, 1등에 당첨되었다.

아무리	자꾸 *거듭해서
	예 수학 문제를 **아무리** 풀어 봐도 답이 나오지 않았다.
	*거듭하다 다시 한 번, 또는 반복적으로 되풀이하다

흘리다	*부주의로 물건 따위를 / 엉뚱한 곳에 떨어뜨려서 / *잃다
	예 동생이 길에 돈을 **흘리고** 와서 나에게 돈을 내놓으라고 해서 *기가 찼다.
	*부주의(不 아닐 부, 注 부을 주, 意 뜻 의) 조심을 하지 아니함
	*잃다 가졌던 사물이 없어지다
	*기(가)차다(氣 기운 기) 하도 어이가 없어 말이 나오지 않다
	비 떨어뜨리다, 빠뜨리다

우물둔덕	*우물 둘레의 / 작은 *둑 모양으로 된 / 곳
	예 **우물둔덕**에서 내려다 본 우물 안은 끝이 없을 것처럼 깊고 어두웠다. 
	*우물 물을 긷기 위해 땅을 파서 지하수를 고이게 한 시설
	*둑 하천, 호수, 바다의 둘레를 돌이나 흙 따위로 높이 막아 쌓은 언덕

연기 한자 연기 연 煙 기운 기 氣	무엇이 / 불에 탈 때에 생기는 / 흐릿한 *기체
	예 저 멀리서 피어오르는 **연기**를 보고 불이 난 게 틀림없다고 생각했다.
	*기체(氣 기운 기, 體 몸 체) 모양과 부피가 일정하지 않으며, 액체처럼 흐르는 성질이 있고, 힘을 가하면 부피가 줄어드는 상태의(공기, 산소 따위의) 물질

모퉁이	꺾어져 돌아간 / *자리
	예 복도 끝에 있는 **모퉁이**를 돌다가 옆 반 아이와 부딪쳐 넘어졌다. 
	*자리 사람이나 물체가 차지하고 있는 공간

여전히 한자 같을 여 如 앞 전 前	전과 다름없이
	예 집을 나설 때 동생이 스마트폰을 보고 있었는데, 두 시간 후에 집에 돌아왔을 때까지도 **여전히** 스마트폰을 잡고 있었다.

1 문장을 읽고, 알맞은 낱말을 써 넣어 봅시다.

1) 자꾸 거듭해서

2) 부주의로 물건 따위를 엉뚱한 곳에 떨어뜨려서 잃다

3) 우물 둘레의 작은 둑 모양으로 된 곳

4) 무엇이 불에 탈 때에 생기는 흐릿한 기체

5) 꺾어져 돌아간 자리

6) 전과 다름없이

2 밑줄 친 곳에 알맞은 낱말을 써 넣어 문장을 완성해 봅시다.

1) 수학 문제를 _____ 풀어 봐도 답이 나오지 않았다.

2) 동생이 길에 돈을 _____ 와서 나에게 돈을 내놓으라고 해서 기가 찼다.

3) _____ 에서 내려다 본 우물 안은 끝이 없을 것처럼 깊고 어두웠다.

4) 저 멀리서 피어오르는 _____ 를 보고 불이 난 게 틀림없다고 생각했다.

5) 복도 끝에 있는 _____ 를 돌다가 옆 반 아이와 부딪쳐 넘어졌다.

6) 집을 나설 때 동생이 스마트폰을 보고 있었는데, 두 시간 후에 집에 돌아왔을 때까지도 _____ 스마트폰을 잡고 있었다.

3주 1일

선선히

성질·태도가 / *쾌활하고·시원스럽게

㉮ 친구에게 도화지와 물감을 빌려달라는 말을 꺼내기가 *망설여졌는데, 생각과 달리 친구는 도화지와 물감을 **선선히** 빌려주었다.

* 쾌활하다(快 쾌할 쾌, 活 살 활) 성격이 시원스럽고 마음이 넓다
* 망설이다 이리저리 생각만 하고 태도를 결정하지 못하다

거짓부렁

거짓말을 / *속되게 이르는 말

㉮ "네 돈에 손 댄 적 없다"고 말하자, 동생은 "**거짓부렁**을 하지 말라"며 *고함을 질러댔다.

* 속되다 고상하지 못하고 천하다(생긴 모양이나 언행이 품위가 낮다)
* 고함(高 높을 고, 喊 소리칠 함) 소리 높여 크게 떠들거나 외치는 소리

도랑

물이 흐르도록 / 땅을 좁고 길게 판 / 작은 *개울

㉮ *장대비가 *내리쏟아지더니 물이 불어나서 **도랑**이 흔적도 없이 사라졌다.

* 개울 골짜기나 들에서 흘러내리는 작은 물줄기
* 장대비(長 길 장) 장대같이 굵고 세차게 좍좍 내리는 비
* 내리쏟아지다 (비, 햇빛 따위가) 한꺼번에 아래로 떨어져 내리다

을러메다

무서운 말·행동으로 / *겁을 주다

㉮ 거짓말을 한 나를 때릴 듯이 **을러메는** 엄마의 표정이 정말 무서웠다.

* 겁 무서워하거나 두려워하는 마음
비 을러대다, 위협하다(威 위엄 위, 脅 위협할 협), 으르다

캐묻다

끈질기고·자세하게 / *묻다

㉮ 엄마는 나에게 학원에 안 가고 어디를 갔었냐고 **캐물었다**.

* 묻다 무엇을 밝히거나 알아내기 위하여 상대편의 대답이나 설명을 요구하는 내용으로 말하다

가끔씩

시간·공간의 / *간격이 얼마쯤씩 있게 / 계속

㉮ 나와 친구는 4학년이 되면서 다른 반이 되었지만 요즘도 **가끔씩** 만나서 놀곤 한다.

* 간격(間 사이 간, 隔 사이 뜰 격) 일과 일 사이의 시간적 거리. 또는 두 대상 사이의 공간적 거리

1 문장을 읽고, 알맞은 낱말을 써 넣어 봅시다.

1) 성질·태도가 쾌활하고·시원스럽게

2) 거짓말을 속되게 이르는 말

3) 물이 흐르도록 땅을 좁고 길게 판 작은 개울

4) 무서운 말·행동으로 겁을 주다

5) 끈질기고·자세하게 묻다

6) 시간·공간의 간격이 얼마쯤씩 있게 계속

3주

2일

2 밑줄 친 곳에 알맞은 낱말을 써 넣어 문장을 완성해 봅시다.

1) 친구에게 도화지와 물감을 빌려달라는 말을 꺼내기가 망설여졌는데, 생각과 달리 친구는 도화지와 물감을 _____ 빌려주었다.

2) "네 돈에 손 댄 적 없다"고 말하자, 동생은 " _____ 을 하지 말라"며 고함을 질러댔다.

3) 장대비가 내리쏟아지더니 물이 불어나서 _____ 이 흔적도 없이 사라졌다.

4) 거짓말을 한 나를 때릴 듯이 _____ 엄마의 표정이 정말 무서웠다.

5) 엄마는 나에게 학원에 안 가고 어디를 갔었냐고 _____ .

6) 나와 친구는 4학년이 되면서 다른 반이 되었지만 요즘도 _____ 만나서 놀곤 한다.

단단히   사물의 모양이 / 쉽게 변하거나 · 부서지지 않을 만큼 / 튼튼하게

⟦예⟧ 그림을 걸기 위해 *거실 벽에 못을 **단단히** 박았다.

* **거실**(居 살 거, 室 집 실)   아파트나 주택 따위에서, 손님을 접대하거나 가족들이 함께 모여 생활하는 넓은 공간

콘크리트   시멘트에 / 모래와 자갈을 섞고, 물을 부어 / 반죽한 것 또는 그것을 굳힌 것

영어 concrete

⟦예⟧ 나무 벽은 못이 쉽게 박히지만, **콘크리트** 벽은 너무 단단해서 못이 잘 박히지 않는다.

수평   *기울지 않고 / *평평한 상태

한자 물 수 水
평평할 평 平

⟦예⟧ 친구와 시소를 탔는데, 몸무게가 똑같은지 시소가 **수평**을 *이루었다.

* **기울다**   비스듬하게 한쪽이 낮아지거나 비뚤어지다
* **평평하다**(平 평평할 평)   바닥이 (높낮이가 없이) 고르고 넓다
* **이루다**   어떤 상태나 결과가 되게 하다

반듯하다   물건이 / *비뚤어지거나 · 굽지 않고 / 똑바르고 · 곧다

⟦예⟧ 태극기가 칠판 위에 비뚤게 걸려 있었는데, 선생님의 *손길이 닿자 **반듯해**졌다.

* **비뚤다**   (바르지 않고) 한쪽으로 기울어져 있다
* **손길**   내밀거나 잡거나 닿거나 만지거나 할 때의 손

살림집   *가정을 이루어 / *생활하는 / 집

⟦예⟧ 이 건물의 일층은 가게로 쓰고 이층은 주인의 **살림집**으로 사용한다.

* **가정**(家 집 가, 庭 뜰 정)   부부를 중심으로 그 부모나 자녀를 포함한 집단
* **생활하다**   사람이나 동물이 일정한 환경에서 활동하며 살아가다

그냥   그 상태 그대로

⟦예⟧ 여름철에는 *음식을 냉장고에 넣지 않고 밖에 **그냥** 두면 상한다.

* **음식**(飲 마실 음, 食 밥 식) (밥 · 국 · 반찬 따위의) 사람이 먹을 수 있도록 만든 것

1 **문장을 읽고, 알맞은 낱말을 써 넣어 봅시다.**

1) 사물의 모양이 쉽게 변하거나 · 부서지지 않을 만큼 튼튼하게

2) 시멘트에 모래와 자갈을 섞고, 물을 부어 반죽한 것
   또는 그것을 굳힌 것

3) 기울지 않고 평평한 상태

4) 물건이 비뚤어지거나 · 굽지 않고 똑바르고 곧다

5) 가정을 이루어 생활하는 집

6) 그 상태 그대로

2 **밑줄 친 곳에 알맞은 낱말을 써 넣어 문장을 완성해 봅시다.**

1) 그림을 걸기 위해 거실 벽에 못을 _____ 박았다.

2) 나무 벽은 못이 쉽게 박히지만, _____ 벽은 너무 단단해서 못이 잘 박히지
   않는다.

3) 친구와 시소를 탔는데, 몸무게가 똑같은지 시소가 _____ 을 이루었다.

4) 태극기가 칠판 위에 비뚤게 걸려 있었는데, 선생님의 손길이 닿자 _____.

5) 이 건물의 일층은 가게로 쓰고 이층은 주인의 _____ 으로 사용한다.

6) 여름철에는 음식을 냉장고에 넣지 않고 밖에 _____ 두면 상한다.

4일

화실

한자 그림 화 畫
집 실 室

그림을 그리거나 · *조각하는 따위의 / 일을 하는 / 방

예 그림 그리기를 좋아하는 그녀는 거실을 **화실**로 꾸몄다.

* 조각하다(彫 새길 조, 刻 새길 각) 재료를 새기거나 깎아서 입체적으로 형상(물건의
생긴 모양이나 상태)을 만들다

널빤지

넓고 *판판하게 / 세로로 자른 / 나뭇조각

예 아이는 기울어진 **널빤지** 위쪽에 장난감 자동차를
올려놓고 아래로 굴렸다.

* 판판하다 물건의 표면이 (높낮이가 없이) 고르고 넓다

쓸모

쓸 만한 / 가치

예 우산은 비가 올 때는 **쓸모**가 있지만, 비가 오지 않으면 **쓸모**가 없다.

분수

한자 나눌 분 分
셈 수 數

자신의 *신분 · *처지에 맞는 / *한도

예 그는 분수에 넘치게 돈을 *마구 써서 가난뱅이가 되고 말았다.

* 신분(身 몸 신, 分 나눌 분) 개인의 사회적 지위나 자격
* 처지(處 곳 처, 地 땅 지) 처하여 있는 사정이나 형편
* 한도(限 한할 한, 度 법도 도) 일정하게 정한 정도. 그 이상 넘을 수 없는 범위
* 마구 아주 심하게. 몹시 세차게

못마땅하다

마음에 들지 않아 / 기분이 좋지 않다

예 엄마가 사 온 옷을 보고 아이는 **못마땅한** 표정을 지었다.

비 시원찮다, 불만스럽다(不 아닐 불, 滿 가득 찰 만)

파르스름하다

조금 파랗다

예 봄이 되자 새싹들이 **파르스름하게** 돋아났다.

기초 비온 비출 | 교과서 52~62쪽 |

1 문장을 읽고, 알맞은 낱말을 써 넣어 봅시다.

3주
4일

1) 그림을 그리거나 · 조각하는 따위의 일을 하는 방 ☐☐

2) 넓고 판판하게 세로로 자른 나뭇조각 ☐☐☐

3) 쓸 만한 가치 ☐☐

4) 자신의 신분 · 처지에 맞는 한도 ☐☐

5) 마음에 들지 않아 기분이 좋지 않다 ☐☐☐☐

6) 조금 파랗다 ☐☐☐☐☐

2 밑줄 친 곳에 알맞은 낱말을 써 넣어 문장을 완성해 봅시다.

1) 그림 그리기를 좋아하는 그녀는 거실을 _____ 로 꾸몄다.

2) 아이는 기울어진 _____ 위쪽에 장난감 자동차를 올려놓고 아래로 굴렸다.

3) 우산은 비가 올 때는 _____ 가 있지만, 비가 오지 않으면 _____ 가 없다.

4) 그는 _____ 에 넘치게 돈을 마구 써서 가난뱅이가 되고 말았다.

5) 엄마가 사 온 옷을 보고 아이는 _____ 표정을 지었다.

6) 봄이 되자 새싹들이 _____ 돋아났다.

휘

•주위를 / 대충 한 번 / •둘러보는 모양

예 그 사람은 방 한가운데 서서 방 안을 한번 **휘** 둘러보더니 고개를 끄덕끄덕하였다.

• 주위(周 두루 주, 圍 에워쌀 · 둘레 위)
  사물이나 사람을 둘러싸고 있는 것. 또는 그 환경

• 둘러보다 주위를 빠짐없이 이리저리 살펴보다

뼘

길이의 단위. 한 뼘은 엄지손가락과 다른 손가락을 •한껏 벌린 길이

예 우리 반에서 키가 가장 큰 나는 친구들보다 한 **뼘**이나 두 **뼘** 정도 더 크다.

• 한껏 할 수 있는 데까지. 한도에 미치는 데까지

걸리적거리다

자꾸 / •거슬리거나 · •방해가 되다

예 집안을 대청소하시는 엄마를 피해서 이곳저곳을 옮겨다니던 내게 엄마는 "**걸리적거리니까** 놀이터에 가서 놀다 오라"고 말씀하셨다.

• 거슬리다 언짢은 느낌이 들며 기분이 상하다

• 방해(妨 방해할 방, 害 해할 해)   남의 일을 간섭하고 막아 해를 끼침

비 거치적거리다

으스대다

어울리지 않게 / •으쓱거리며 / 뽐내다

예 백점을 맞았다고 자꾸 •자랑질하는 동생에게 "시험 한 번 잘 봤다고 너무 **으스대지** 말라"고 •쏘아붙였다.

• 으쓱거리다   어깨를 자꾸 들어올렸다 내렸다 하다

• 자랑질하다   썩 훌륭하거나 남에게 칭찬을 받을 만한 것임을 드러내어 말하다

• 쏘아붙이다   날카로운 말투로 상대방을 몰아붙이듯이 공격하다

금

갈라지지 않고 / •터지기만 한 / 흔적

예 설거지를 하다가 컵을 떨어뜨려서 손잡이가 깨지고 여기저기 **금**이 갔다.

• 터지다   물체의 겉 부분이 벌어져 갈라지다

묘목

한자 모 묘 苗
   나무 목 木

옮겨 심기 위해 가꾼 / •어린나무

예 아빠는 할머니 댁 앞마당에 사과 **묘목**을 심으셨다.

• 어린나무(유목 幼 어릴 유)   나서 한두 해쯤 자란 나무

1 문장을 읽고, 알맞은 낱말을 써 넣어 봅시다.

1) 주위를 대충 한 번 둘러보는 모양 ▢

2) 길이의 단위. 한 뼘은 엄지손가락과 다른 손가락을 한껏 벌린 길이 ▢

3) 자꾸 거슬리거나 · 방해가 되다 ▢▢▢▢▢▢

4) 어울리지 않게 으쓱거리며 뽐내다 ▢▢▢▢

5) 갈라지지 않고 터지기만 한 흔적 ▢

6) 옮겨 심기 위해 가꾼 어린나무 ▢▢

2 밑줄 친 곳에 알맞은 낱말을 써 넣어 문장을 완성해 봅시다.

1) 그 사람은 방 한가운데 서서 방 안을 한번 _____ 둘러보더니 고개를 끄덕끄덕하였다.

2) 우리 반에서 키가 가장 큰 나는 친구들보다 한 _____ 이나 두 _____ 정도 더 크다.

3) 집안을 대청소하시는 엄마를 피해서 이곳저곳을 옮겨다니던 내게 엄마는 " _____ 놀이터에 가서 놀다 오라"고 말씀하셨다.

4) 백점을 맞았다고 자꾸 자랑질하는 동생에게 "시험 한 번 잘 봤다고 너무 _____ 말라"고 쏘아붙였다.

5) 설거지를 하다가 컵을 떨어뜨려서 손잡이가 깨지고 여기저기 _____ 이 갔다.

6) 아빠는 할머니 댁 앞마당에 사과 _____ 을 심으셨다.

1 **문장을 읽고, 알맞은 낱말을 써 넣어 봅시다.**

1) 자꾸 거슬리거나 방해가 되다 _____

2) 주위를 대충 한 번 둘러보는 모양 _____

3) 사물의 모양이 쉽게 변하거나 · 부서지지 않을 만큼
    튼튼하게 _____

4) 어울리지 않게 으쓱거리며 뽐내다 _____

5) 기울지 않고 평평한 상태 _____

6) 성질 · 태도가 쾌활하고 시원스럽게 _____

7) 끈질기고 자세하게 묻다 _____

8) 물이 흐르도록 땅을 좁고 길게 판 작은 개울 _____

9) 그 상태 그대로 _____

10) 길이의 단위. 한 뼘은 엄지손가락과 다른 손가락을
    한껏 벌린 길이 _____

11) 넓고 판판하게 세로로 자른 나뭇조각 _____

12) 가정을 이루어 생활하는 집 _____

13) 쓸 만한 가치 _____

14) 그림을 그리거나 · 조각하는 따위의 일을 하는 방 _____

15) 자신의 신분 · 처지에 맞는 한도 _____

3주
평가

16) 자꾸 거듭해서 _____

17) 무서운 말·행동으로 겁을 주다 _____

18) 무엇이 불에 탈 때에 생기는 흐릿한 기체 _____

19) 우물 둘레의 작은 둑 모양으로 된 곳 _____

20) 꺾어져 돌아간 자리 _____

21) 부주의로 물건 따위를 엉뚱한 곳에 떨어뜨려서 잃다 _____

22) 전과 다름없이 _____

23) 마음에 들지 않아 기분이 좋지 않다 _____

24) 물건이 비뚤어지거나·굽지 않고 똑바르고 곧다 _____

25) 조금 파랗다 _____

26) 시멘트에 모래와 자갈을 섞고 물을 부어 반죽한 것 또는 그것을 굳힌 것 _____

27) 갈라지지 않고 터지기만 한 흔적 _____

28) 거짓말을 속되게 이르는 말 _____

29) 시간·공간의 간격이 얼마쯤씩 있게 계속 _____

30) 옮겨 심기 위해 가꾼 어린나무 _____

2 밑줄 친 곳에 알맞은 낱말을 써 넣어 문장을 완성해 봅시다.

1) 저 멀리서 피어오르는 _____ 를 보고 불이 난 게 틀림없다고 생각했다.

2) 그림 그리기를 좋아하는 그녀는 거실을 _____ 로 꾸몄다.

3) 엄마는 나에게 학원에 안 가고 어디를 갔었냐고 _____ .

4) 이 건물의 일층은 가게로 쓰고 이층은 주인의 _____ 으로 사용한다.

5) 수학 문제를 _____ 풀어 봐도 답이 나오지 않았다.

6) 우산은 비가 올 때는 _____ 가 있지만, 비가 오지 않으면 _____ 가 없다.

7) 그림을 걸기 위해 거실 벽에 못을 _____ 박았다.

8) 봄이 되자 새싹들이 _____ 돋아났다.

9) 나무 벽은 못이 쉽게 박히지만, _____ 벽은 너무 단단해서 못이 잘 박히지 않는다.

10) 동생이 길에 돈을 _____ 와서 나에게 돈을 내놓으라고 해서 기가 찼다.

11) 친구에게 도화지와 물감을 빌려달라는 말을 꺼내기가 망설여졌는데, 생각과 달리 친구는 도화지와 물감을 _____ 빌려주었다.

12) 엄마가 사 온 옷을 보고 아이는 _____ 표정을 지었다.

13) "네 돈에 손 댄 적 없다"고 말하자, 동생은 " _____ 을 하지 말라"며 고함을 질러댔다.

14) 친구와 시소를 탔는데, 몸무게가 똑같은지 시소가 _____ 을 이루었다.

15) 우리 반에서 키가 가장 큰 나는 친구들보다 한 _____ 이나 두 _____ 정도 더 크다.

16) 거짓말을 한 나를 때릴 듯이 _____ 엄마의 표정이 정말 무서웠다.

17) 아이는 기울어진 _____ 위쪽에 장난감 자동차를 올려놓고 아래로 굴렸다.

18) 나와 친구는 4학년이 되면서 다른 반이 되었지만 요즘도 _____ 만나서 놀곤
한다.

19) 태극기가 칠판 위에 비뚤게 걸려 있었는데, 선생님의 손길이 닿자 _____ .

20) 여름철에는 음식을 냉장고에 넣지 않고 밖에 _____ 두면 상한다.

21) 그는 _____ 에 넘치게 돈을 마구 써서 가난뱅이가 되고 말았다.

22) 장대비가 내리쏟아지더니 물이 불어나서 _____ 이 흔적도 없이 사라졌다.

23) _____ 에서 내려다 본 우물 안은 끝이 없을 것처럼 깊고 어두웠다.

24) 그 사람은 방 한가운데 서서 방 안을 한번 _____ 둘러보더니 고개를
끄덕끄덕하였다.

25) 복도 끝에 있는 _____ 를 돌다가 옆 반 아이와 부딪쳐 넘어졌다.

26) 집안을 대청소하시는 엄마를 피해서 이곳저곳을 옮겨다니던 내게 엄마는
" _____ 놀이터에 가서 놀다 오라"고 말씀하셨다.

27) 아빠는 할머니 댁 앞마당에 사과 _____ 을 심으셨다.

28) 설거지를 하다가 컵을 떨어뜨려서 손잡이가 깨지고 여기저기 _____ 이 갔다.

29) 집을 나설 때 동생이 스마트폰을 보고 있었는데, 두 시간 후에 집에 돌아왔을
때까지도 _____ 스마트폰을 잡고 있었다.

30) 백점을 맞았다고 자꾸 자랑질하는 동생에게 "시험 한 번 잘 봤다고 너무
_____ 말라"고 쏘아붙였다.

1. 생각과 느낌을 나누어요

오지
(오지그릇 · 도기)

붉은 진흙으로 *빚은 후에 / 볕에 말리거나 · 약간 구운 다음 / *윤이 나도록 하는 *잿물을 입혀 / 다시 구운 / 그릇

㉾ **오지**는 간장이나 고추장 등을 담는 항아리 그릇으로 많이 사용되고 있다.

* **빚다**　흙 따위의 재료를 이겨서 어떤 형태를 만들다
* **윤(윤기)(潤 물에 불을 · 젖을 윤)**　반질반질하고 매끄러운 기운
* **잿물**　도자기를 구울 때, 도자기에 액체나 기체가 스며들지 못하게 하며 겉면이 번쩍이도록 덧씌우는 약

화초
(꽃나무 · 화훼)
한자 꽃 화 花
　　풀 초 草

꽃이 피는 / 풀과 나무 또는 *관상용이 되는 / 모든 식물

㉾ 식물의 꽃과 잎을 보는 걸 즐기는 그는 *화분에 많은 **화초**를 키우고 있다..

* **관상용(觀 볼 관, 賞 상줄 상, 用 쓸 용)**　두고 보면서 즐기는 데 씀. 또는 그런 물건
* **화분(花 꽃 화, 盆 동이큰 질그릇 분)**　꽃을 심어 가꾸는 그릇

가닥

*낱낱의 줄을 세는 / 단위

㉾ 노랑, 파랑, 빨강 *색실 **가닥**을 꼬아서 팔찌를 만들었다.

* **낱낱**　여럿 가운데의 하나하나
* **색실(색사 色 빛 색, 絲 실 사)**　색 물감을 들인 실

꼬다

가는 줄 따위의 여러 가닥을 / 비비면서 *엇감아 / 한 줄로 만들다

㉾ 그는 철사 몇 가닥을 이리저리 **꼬아서** 화분이 들어갈 바구니를 만들었다.

* **엇감다**　어떤 물체를 다른 물체에 엇갈리게 말거나 빙 두르다

듬뿍

넘칠 정도로 / 가득 담겨 있거나 · 쌓여 있는 모양

㉾ 아침부터 해가 *쨍쨍 *내리쬐어서 화분에 물을 **듬뿍** 주었다.

* **쨍쨍**　볕이 몹시 내리쬐는 모양
* **내리쬐다(내리쪼이다)**　볕이 위에서 아래로 세차게 비치다

뭉근해지다

적당히 따뜻해지다

㉾ 아침에 일어나서 창문을 열면 밤새 갇혀 **뭉근해진** 공기들이 창밖으로 빠져 나가고, 밖에 있던 공기들이 방 안으로 들어온다.

1 **문장을 읽고, 알맞은 낱말을 써 넣어 봅시다.**

1) 붉은 진흙으로 빚은 후에 볕에 말리거나·약간 구운 다음
   윤이 나도록 하는 잿물을 입혀 다시 구운 그릇

2) 꽃이 피는 풀과 나무 또는 관상용이 되는 모든 식물

3) 낱낱의 줄을 세는 단위

4) 가는 줄 따위의 여러 가닥을 비비면서 엇감아 한 줄로 만들다

5) 넘칠 정도로 가득 담겨 있거나·쌓여 있는 모양

6) 적당히 따뜻해지다

4주
1일

2 **밑줄 친 곳에 알맞은 낱말을 써 넣어 문장을 완성해 봅시다.**

1) _____ 는 간장이나 고추장 등을 담는 항아리 그릇으로 많이 사용되고 있다.

2) 식물의 꽃과 잎을 보는 걸 즐기는 그는 화분에 많은 _____ 를 키우고 있다.

3) 노랑, 파랑, 빨강 색실 _____ 을 꼬아서 팔찌를 만들었다.

4) 그는 철사 몇 가닥을 이리저리 _____ 화분이 들어갈 바구니를 만들었다.

5) 아침부터 해가 쨍쨍 내리쬐어서 화분에 물을 _____ 주었다.

6) 아침에 일어나서 창문을 열면 밤새 갇혀 _____ 공기들이 창밖으로
   빠져나가고, 밖에 있던 공기들이 방 안으로 들어온다.

마디

풀 · 나무 따위의 *줄기에서 / 가지 · 잎이 자라나는 / *부분

㉠ 묘목에 새 **마디**가 생겨나더니 어느새 가지와 잎이 돋고 있다.

*줄기　　뿌리와 잎을 이어 주며 양분을 전달하는 식물의 한 부분

*부분(部 떼 · 거느릴 부, 分 나눌 분) 전체를 몇 개로 나눈 것 중에서 하나

발

가늘고 긴 *막대를 / 줄로 엮거나 · 줄 따위를 여러 개 나란히 늘어뜨려 만든 / 물건

㉠ 여름날 창문에 **발**을 쳐서 햇볕을 가리는 데 쓰거나, 땅에 발을 펴서 농작물을 말리는 데 쓰기도 한다.

*막대　　가늘고 기다란 나무나 대나무의 토막(긴 물건이 작고 짤막하게 잘라지거나 쓰다 남아 작게 된 것)

부슬부슬

눈 · 비가 / 조용히 *듬성듬성 / 내리는 모양

㉠ *종일 맑다가 저녁 무렵부터 비가 **부슬부슬** 내리기 시작했다.

*듬성듬성　촘촘하지 않고 간격이 벌어진 모양

*종일(온종일)(終 마칠 종, 日 날 일)　아침부터 저녁까지의 사이. 하루의 낮 동안

물끄러미

*우두커니 / *한곳만 / 바라보는 모양

㉠ 갑자기 소나기 내리는 소리가 들려서 **물끄러미** 창밖을 *내다보았다.

*우두커니　넋이 나간 듯이 가만히 한 자리에 서 있거나 앉아 있는 모양

*한곳　　어떤 일정한 곳 또는 같은 곳

*내다보다　안에서 밖을 보다

창턱

한자 창 창 窓

창문의 / *문지방에 있는 / *턱

㉠ 날씨가 좋아서 볕이 잘 드는 **창턱**에 화초를 올려놓았다.

*문지방(門 문 문, 地 땅 지, 枋 다목콩과의 작은 나무 방)　문 양쪽에 세운 기둥 아래에 가로 댄 나무

*턱　　평평한 곳에 갑자기 조금 높이 된 자리

매듭짓다

실 · 끈을 잡아매어 / *마디를 만들다

㉠ 바느질을 끝낸 할머니는 실의 한쪽 끝을 잡아서 **매듭지었다**.

*마디　　실 따위가 엉키거나 맺힌 곳

1 **문장을 읽고, 알맞은 낱말을 써 넣어 봅시다.**

1) 풀·나무 따위의 줄기에서 가지·잎이 자라나는 부분 ☐☐

2) 가늘고 긴 막대를 줄로 엮거나·줄 따위를 여러 개 나란히
   늘어뜨려 만든 물건 ☐

3) 눈·비가 조용히 듬성듬성 내리는 모양 ☐☐☐☐

4) 우두커니 한곳만 바라보는 모양 ☐☐☐☐

5) 창문의 문지방에 있는 턱 ☐☐

6) 실·끈을 잡아매어 마디를 만들다 ☐☐☐☐

2 **밑줄 친 곳에 알맞은 낱말을 써 넣어 문장을 완성해 봅시다.**

1) 묘목에 새 _____ 가 생겨나더니 어느새 가지와 잎이 돋고 있다.

2) 여름날 창문에 _____ 을 쳐서 햇볕을 가리는 데 쓰거나, 땅에 _____ 을
   펴서 농작물을 말리는 데 쓰기도 한다.

3) 종일 맑다가 저녁 무렵부터 비가 _____ 내리기 시작했다.

4) 갑자기 소나기 내리는 소리가 들려서 _____ 창밖을 내다보았다.

5) 날씨가 좋아서 볕이 잘 드는 _____ 에 화초를 올려놓았다.

6) 바느질을 끝낸 할머니는 실의 한쪽 끝을 잡아서 _____ .

일기

한자 날 일 日
기운 기 氣

그날그날의 비 · 구름 · 바람 · 기온 따위가 나타나는 / *기상 상태

예) 오늘은 아침에는 맑았고, 오후에는 비가 왔고, 밤에는 눈이 내렸던, **일기**의 *변덕이 심한 하루였다.

* **기상**(氣 기운 기, 象 코끼리 상)   비 · 눈 · 바람 · 안개 · 구름 · 기온 따위의 대기(지구를 둘러싸고 있는 공기층) 중에서 일어나는 모든 현상

* **변덕**(變 변할 변, 德 큰 덕) 이랬다저랬다 변하기 잘하는 성질이나 태도

예보

한자 미리 예 豫
갚을 보 報

앞으로 일어날 일을 / 미리 알림

예) 오후에 비가 온다는 일기 **예보**를 듣고 아침에 우산을 챙겨서 집을 나섰다.

비 예고(豫 미리 예, 告 고할 · 알릴 고)

전개

한자 펼 전 展
열 개 開

어떤 내용 · *논리를 / 차례대로 / 펴 나감

예) 내용을 *간추리는 방법은 글의 **전개** *방법에 따라 달라진다.

* **논리**(論 논할 논, 理 다스릴 리)   말이나 글에서 자기 생각을 이치에 맞게 이끌어 가는 과정이나 규칙

* **간추리다** (글 따위에서 중요한 점만을 골라) 간단히 정리하다

* **방법**(方 네모 방, 法 법 법) (어떤 일을 해 나가거나, 목적을 이루기 위한) 수단이나 방식

성대

한자 소리 성 聲
띠 대 帶

소리를 내는 / 몸의 *기관

예) 사람마다 목소리가 다른 이유는 목소리가 나오는 **성대**의 생김새가 사람마다 다르기 때문이다.

* **기관**(器 그릇 기, 官 벼슬 관)   생물의 몸에서 폐나 위 등과 같이 일정한 형태를 갖추고 특정한 기능을 수행하는 부분

부위

한자 떼 부 部
자리 위 位

*전체에 대하여 / 어떤 부분이 *차지하는 / 자리

예) 삼겹살은 돼지의 배 **부위**로 살코기와 지방이 세 겹으로 되어 있어 맛이 부드럽고 고소하다.

* **전체(전부)**(全 온전할 전, 體 몸 체) 하나하나 또는 부분의 집합으로 구성된 것을 몰아서 하나의 대상으로 삼는 경우에 바로 그 대상

* **차지하다** 사물 · 공간 · 지위 따위를 자기 몫으로 가지다

위협하다

한자 위엄 위 威
위협할 협 脅

두려움 · 위험을 / 느끼게 하다

예) 환경오염이 날로 심각해지면서 인류의 생존을 **위협하고** 있다.

1 문장을 읽고, 알맞은 낱말을 써 넣어 봅시다.

1) 그날그날의 비 · 구름 · 바람 · 기온 따위가 나타나는 기상 상태　☐☐

2) 앞으로 일어날 일을 미리 알림　☐☐

3) 어떤 내용 · 논리를 차례대로 펴 나감　☐☐

4) 소리를 내는 몸의 기관　☐☐

5) 전체에 대하여 어떤 부분이 차지하는 자리　☐☐

6) 두려움 · 위험을 느끼게 하다　☐☐☐

2 밑줄 친 곳에 알맞은 낱말을 써 넣어 문장을 완성해 봅시다.

1) 오늘은 아침에는 맑았고, 오후에는 비가 왔고, 밤에는 눈이 내렸던, _____ 의
   변덕이 심한 하루였다.

2) 오후에 비가 온다는 일기 _____ 를 듣고 아침에 우산을 챙겨서 집을 나섰다.

3) 내용을 간추리는 방법은 글의 _____ 방법에 따라 달라진다.

4) 사람마다 목소리가 다른 이유는 목소리가 나오는 _____ 의 생김새가
   사람마다 다르기 때문이다.

5) 삼겹살은 돼지의 배 _____ 로 살코기와 지방이 세 겹으로 되어 있어 맛이
   부드럽고 고소하다.

6) 환경오염이 날로 심각해지면서 인류의 생존을 _____ 있다.

4일 2. 내용을 간추려요

학교 진도 시기
3월 1, 2주

동물이 내는 소리 | 교과서 70~74쪽 |

발음
한자 필 발 發
소리 음 音

소리를 / 냄

㉠ 매미는 소리를 내는 ˙**발음**막, 소리를 만드는 ˙**발음**근, ˙공기주머니를 이용해 소리를 만든다.

˙ **발음막(膜 꺼풀 막)** 진동(흔들려 움직임)하여 소리를 내는 막
˙ **발음근(筋 힘줄 근)** (발음막을 빠르게 진동시켜서) 소리를 만드는 근육
˙ **공기주머니** 새의 가슴과 배에 있어 허파와 통하는 얇은 막의 주머니

움푹

물체의 가운데가 / 동글게 푹 들어간 모양

㉠ 소나기가 내려서 **움푹** 꺼진 땅에 빗물이 ˙가들막가들막 고여 있다.

˙ **가들막가들막** 거의 가득하거나 매우 가득한 모양

부레

물고기의 뱃속에 있는 / 얇은 ˙혁질의 공기주머니

㉠ 물고기의 몸속에는 얇은 공기 주머니인 **부레**가 있는데, 물고기는 이 기관으로 여러 가지 소리를 내다.

˙ **혁질(革 가죽 혁, 質 바탕 질)** 가죽처럼 질기고 단단한 성질

근육
한자 힘줄 근 筋
고기 육 肉

동물의 운동을 맡은 기관으로 / 힘줄과 살을 / 통틀어 이르는 말

㉠ 운동을 오래 한 그의 팔에는 **근육**이 불뚝불뚝 튀어나와 있다.

수축
한자 둘 수 收
줄일 축 縮

근육 따위가 / ˙오그라듦

㉠ ˙혈관의 **수축**에 의해 혈액의 ˙공급이 적어지게 되면 여러 가지 질병이 생기게 된다.

˙ **오그라들다** 물체가 안쪽으로 쪼그라져서 움푹 들어가다
˙ **혈관(血 피 혈, 管 대롱 관)** 혈액이 흐르는 관
˙ **공급(供 이바지할 공, 給 줄 급)** 요구나 필요에 따라 무엇을 제공함(내주거나 갖다 바침)

막
한자 꺼풀 막 膜

생물체 ˙내부에서 / ˙기관을 감싸고 있거나 · ˙경계를 이루는 / 얇은 층

㉠ 물고기는 부레의 얇은 **막**을 진동시켜서 소리를 낸다.

˙ **내부(內 안 내, 部 떼 · 거느릴 부)** 물건이나 공간의 안쪽 부분
˙ **경계(境 지경ᵗᵗᵗ의 가장자리 경, 界 지경 계)** 사물이 어떠한 기준에 의하여 나누어지는 한계

1 **문장을 읽고, 알맞은 낱말을 써 넣어 봅시다.**

1) 소리를 냄

2) 물체의 가운데가 동글게 푹 들어간 모양

3) 물고기의 뱃속에 있는 얇은 혁질의 공기주머니

4) 동물의 운동을 맡은 기관으로 힘줄과 살을 통틀어 이르는 말

5) 근육 따위가 오그라듦

6) 생물체 내부에서 기관을 감싸고 있거나·경계를 이루는 얇은 층

4주
4일

2 **밑줄 친 곳에 알맞은 낱말을 써 넣어 문장을 완성해 봅시다.**

1) 매미는 소리를 내는 _____ 막, 소리를 만드는 _____ 근, 공기주머니를
    이용해 소리를 만든다.

2) 소나기가 내려서 _____ 꺼진 땅에 빗물이 가들막가들막 고여 있다.

3) 물고기의 몸속에는 얇은 공기 주머니인 _____ 가 있는데,
    물고기는 이 기관으로 여러 가지 소리를 내다.

4) 운동을 오래 한 그의 팔에는 _____ 이 불뚝불뚝 튀어나와 있다.

5) 혈관의 _____ 에 의해 혈액의 공급이 적어지게 되면 여러 가지 질병이
    생기게 된다.

6) 물고기는 부레의 얇은 _____ 을 진동시켜서 소리를 낸다.

동물이 내는 소리 | 교과서 70~74쪽

진동

물체 따위가 / 흔들려서 움직임

예 집이 갑자기 심하게 **진동**을 하는 *바람에 깜짝 놀랐는데, 그 순간 휴대폰의 **진동** 소리와 함께 지진 *경보 *알람이 울렸다.

* **바람에** 뒤따르는 일의 원인이나 근거를 나타내는 말

* **경보** 급작스러운 사고나 재해 따위가 예상되는 상황에서 이에 대한 대비를 하도록 미리 알리는 일

* **알람(alarm)** 미리 정하여 놓은 조건에 맞추어 저절로 경고음이 나도록 되어 있는 장치

저마다

*각각의 / 사람*마다 또는 사물마다

예 선생님의 질문에 학생들이 **저마다** 한마디씩 하는 바람에 교실이 갑자기 *소란스러워졌다.

* **각각(各 각자 각, 各 각자 각)** 사람이나 물건의 하나하나

* **마다** 낱낱이 모두 다

* **소란스럽다** 듣기 싫을 정도로 소리가 크고 시끄러운 데가 있다

내 그림일기 만들기 | 교과서 75~82쪽

그늘(음영)

한자 陰 그늘 음
影 그림자 영

빛이 가려 / 어두운 부분

예 햇빛이 너무 눈부셔서 손으로 얼굴을 가려 작은 그늘을 만들었다.

볕(햇볕)

해에서 내리쬐는 / 뜨거운 기운

예 **볕**이 세게 내리쬐는 여름철 낮에는 *야외 활동을 *자제해야 한다.

* **야외(野 들판 야, 外 바깥 외)** 집이나 건물의 밖

* **자제하다** (감정이나 욕망 따위를) 스스로 억눌러서 다스리다

총각

한자 다·거느릴 총 總
뿔 각 角

결혼하지 않은 / *성인 남자

예 옛날에 결혼하지 않은 남자는 머리를 두 갈래로 땋아 묶었는데, 그 모습을 보고 '**총각**'이라고 불렀다.

* **성인(成 이룰 성, 人 사람 인)** 자라서 어른(만 19세 이상의 남녀)이 된 사람

채

집을 세는 / 단위

예 느티나무 앞에는 욕심쟁이 부자의 *기와집이 한 **채** 있었다.

* **기와집** 기와(흙이나 시멘트 따위로 만든, 지붕을 이는 데 쓰는 물건)로 지붕을 이어 올린 집

1 **문장을 읽고, 알맞은 낱말을 써 넣어 봅시다.**

1) 물체 따위가 흔들려서 움직임

2) 각각의 사람마다 또는 사물마다

3) 빛이 가려 어두운 부분

4) 해에서 내리쬐는 뜨거운 기운

5) 결혼하지 않은 성인 남자

6) 집을 세는 단위

4주
5일

2 **밑줄 친 곳에 알맞은 낱말을 써 넣어 문장을 완성해 봅시다.**

1) 집이 갑자기 심하게 _____ 을 하는 바람에 깜짝 놀랐는데, 그 순간 휴대폰의
_____ 소리와 함께 지진 경보 알람이 울렸다.

2) 선생님의 질문에 학생들이 _____ 한마디씩 하는 바람에 교실이 갑자기
소란스러워졌다.

3) 햇빛이 너무 눈부셔서 손으로 얼굴을 가려 작은 _____ 을 만들었다.

4) _____ 이 세게 내리쬐는 여름철 낮에는 야외 활동을 자제해야 한다.

5) 옛날에 결혼하지 않은 남자는 머리를 두 갈래로 땋아 묶었는데, 그 모습을 보고
'_____'이라고 불렀다.

6) 느티나무 앞에는 욕심쟁이 부자의 기와집이 한 _____ 있었다.

1 문장을 읽고, 알맞은 낱말을 써 넣어 봅시다.

1) 물고기의 뱃속에 있는 얇은 혁질의 공기주머니 _____

2) 생물체 내부에서 기관을 감싸고 있거나·경계를
    이루는 얇은 층 _____

3) 그날그날의 비·구름·바람·기온 따위가 나타나는
    기상 상태 _____

4) 창문의 문지방에 있는 턱 _____

5) 눈·비가 조용히 듬성듬성 내리는 모양 _____

6) 근육 따위가 오그라듦 _____

7) 넘칠 정도로 가득 담겨 있거나·쌓여 있는 모양 _____

8) 적당히 따뜻해지다 _____

9) 해에서 내리쬐는 뜨거운 기운 _____

10) 소리를 내는 몸의 기관 _____

11) 물체의 가운데가 동글게 푹 들어간 모양 _____

12) 전체에 대하여 어떤 부분이 차지하는 자리 _____

13) 물체 따위가 흔들려서 움직임 _____

14) 두려움·위험을 느끼게 하다 _____

15) 집을 세는 단위 _____

16) 붉은 진흙으로 빚은 후에 볕에 말리거나 · 약간 구운 다음 윤이 나도록 하는 잿물을 입혀 다시 구운 그릇 _____

17) 결혼하지 않은 성인 남자 _____

18) 꽃이 피는 풀과 나무 또는 관상용이 되는 모든 식물 _____

19) 풀 · 나무 따위의 줄기에서 가지 · 잎이 자라나는 부분 _____

20) 동물의 운동을 맡은 기관으로 힘줄과 살을 통틀어 이르는 말 _____

21) 빛이 가려 어두운 부분 _____

22) 앞으로 일어날 일을 미리 알림 _____

23) 가늘고 긴 막대를 줄로 엮거나 · 줄 따위를 여러 개 나란히 늘어뜨려 만든 물건 _____

24) 각각의 사람마다 또는 사물마다 _____

25) 실 · 끈을 잡아매어 마디를 만들다 _____

26) 어떤 내용 · 논리를 차례대로 펴 나감 _____

27) 낱낱의 줄을 세는 단위 _____

28) 가는 줄 따위의 여러 가닥을 비비면서 엇감아 한 줄로 만들다 _____

29) 우두커니 한곳만 바라보는 모양 _____

30) 소리를 냄 _____

2 밑줄 친 곳에 알맞은 낱말을 써 넣어 문장을 완성해 봅시다.

1) 종일 맑다가 저녁 무렵부터 비가 _____ 내리기 시작했다.

2) 집이 갑자기 심하게 _____ 을 하는 바람에 깜짝 놀랐는데, 그 순간 휴대폰의
_____ 소리와 함께 지진 경보 알람이 울렸다.

3) 오늘은 아침에는 맑았고, 오후에는 비가 왔고, 밤에는 눈이 내렸던, _____ 의
변덕이 심한 하루였다.

4) 옛날에 결혼하지 않은 남자는 머리를 두 갈래로 땋아 묶었는데, 그 모습을 보고
'_____'이라고 불렀다.

5) 물고기의 몸속에는 얇은 공기 주머니인 _____ 가 있는데, 물고기는 이 기관
으로 여러 가지 소리를 내다.

6) 내용을 간추리는 방법은 글의 _____ 방법에 따라 달라진다.

7) 날씨가 좋아서 볕이 잘 드는 _____ 에 화초를 올려놓았다.

8) 사람마다 목소리가 다른 이유는 목소리가 나오는 _____ 의 생김새가
사람마다 다르기 때문이다.

9) 노랑, 파랑, 빨강 색실 _____ 을 꼬아서 팔찌를 만들었다.

10) 환경오염이 날로 심각해지면서 인류의 생존을 _____ 있다.

11) 오후에 비가 온다는 일기 _____ 를 듣고 아침에 우산을 챙겨서 집을 나섰다.

12) 햇빛이 너무 눈부셔서 손으로 얼굴을 가려 작은 _____ 을 만들었다.

13) 매미는 소리를 내는 _____ 막, 소리를 만드는 _____ 근, 공기주머니
를 이용해 소리를 만든다.

14) 선생님의 질문에 학생들이 _____ 한마디씩 하는 바람에 교실이 갑자기
소란스러워졌다.

15) 식물의 꽃과 잎을 보는 걸 즐기는 그는 화분에 많은 _____ 를 키우고 있다.

16) 혈관의 _____ 에 의해 혈액의 공급이 적어지게 되면 여러 가지 질병이 생기게 된다.

17) 운동을 오래 한 그의 팔에는 _____ 이 불뚝불뚝 튀어나와 있다.

18) 물고기는 부레의 얇은 _____ 을 진동시켜서 소리를 낸다.

19) _____ 이 세게 내리쬐는 여름철 낮에는 야외 활동을 자제해야 한다.

20) 묘목에 새 _____ 가 생겨나더니 어느새 가지와 잎이 돋고 있다.

21) 아침부터 해가 쨍쨍 내리쬐어서 화분에 물을 _____ 주었다.

22) 여름날 창문에 _____ 을 쳐서 햇볕을 가리는 데 쓰거나, 땅에 _____ 을 펴서 농작물을 말리는 데 쓰기도 한다.

23) 아침에 일어나서 창문을 열면 밤새 갇혀 _____ 공기들이 창밖으로 빠져나가고, 밖에 있던 공기들이 방 안으로 들어온다.

24) 강느티나무 앞에는 욕심쟁이 부자의 기와집이 한 _____ 있었다.

25) _____ 는 간장이나 고추장 등을 담는 항아리 그릇으로 많이 사용되고 있다.

26) 갑자기 소나기 내리는 소리가 들려서 _____ 창밖을 내다보았다.

27) 소나기가 내려서 _____ 꺼진 땅에 빗물이 가들막가들막 고여 있다.

28) 삼겹살은 돼지의 배 _____ 로 살코기와 지방이 세 겹으로 되어 있어 맛이 부드럽고 고소하다.

29) 바느질을 끝낸 할머니는 실의 한쪽 끝을 잡아서 _____ .

30) 그는 철사 몇 가닥을 이리저리 _____ 화분이 들어갈 바구니를 만들었다.

1 문장을 읽고, 알맞은 낱말을 써 넣어 봅시다.

1) 많은 사람이 한곳에 모여 수선스럽게 움직이다   (   )

2) 곡식을 담기 위해 나무로 만든 네모난 통   (   )

3) 한 집안의 조상·어른이 자손들에게 주는 가르침   (   )

4) 매우 심하다   (   )

5) 자꾸 거슬리거나 방해가 되다   (   )

6) 조심하거나·깊이 생각하지 않고 마음 내키는 대로
아무렇게나   (   )

7) 물고기의 뱃속에 있는 얇은 혁질의 공기주머니   (   )

8) 여러 대를 이어서 계속   (   )

9) 어울리지 않게 으쓱거리며 뽐내다   (   )

10) 숨을 가쁘고 거칠게 몰아쉬는 모양   (   )

11) 무서운 말·행동으로 겁을 주다   (   )

12) 생각·감정이 들어 있다   (   )

13) 우물 둘레의 작은 둑 모양으로 된 곳   (   )

14) 붉은 진흙으로 빚은 후에 볕에 말리거나·약간 구운 다음
윤이 나도록 하는 잿물을 입혀 다시 구운 그릇   (   )

15) 조금 파랗다   (   )

16) 확실히 알 수 없거나 · 믿지 못해 이상하게 여기는 마음 　　　(　　　　　)

17) 풀 · 나무 따위의 줄기에서 가지 · 잎이 자라나는 부분 　　　(　　　　　)

18) 해가 곧 지려고 산이나 지평선 너머로 조금씩 넘어가는 모양 (　　　　　)

19) 고려 · 조선 시대에 지배층을 이루던 상류 계급에 속한 사람 (　　　　　)

20) 감정 따위가 마음속으로 천천히 은밀하게 　　　　　　(　　　　　)

21) 옮겨 심기 위해 가꾼 어린나무 　　　　　　　　(　　　　　)

22) 생각 · 느낌 따위가 갑자기 떠오르는 모양 　　　　　(　　　　　)

23) 마음에 들지 않아 기분이 좋지 않다 　　　　　　(　　　　　)

24) 두려움 · 위험을 느끼게 하다 　　　　　　　　(　　　　　)

25) 식량 · 물건 따위를 보관하는 곳 　　　　　　　(　　　　　)

26) 가늘고 긴 막대를 줄로 엮거나 · 줄 따위를 여러 개 나란히
　　 늘어뜨려 만든 물건 　　　　　　　　　　　(　　　　　)

27) 어떤 내용 · 논리를 차례대로 펴 나감 　　　　　(　　　　　)

28) 말 · 행동이 거슬리고 밉다 　　　　　　　　　(　　　　　)

29) 우두커니 한곳만 바라보는 모양 　　　　　　　(　　　　　)

30) 물이 흐르도록 땅을 좁고 길게 판 작은 개울 　　　(　　　　　)

2 밑줄 친 곳에 알맞은 낱말을 써 넣어 문장을 완성해 봅시다.

1) 휴일을 맞아 영화를 보러 나온 사람들로 극장이 _____ .

2) 해가 _____ 저물자 놀이터에서 놀던 아이들은 하나둘 집으로 돌아갔다.

3) 엄마는 나에게 학원에 안 가고 어디를 갔었냐고 _____ .

4) 아이는 친구를 자꾸 괴롭히다가 선생님께 _____ 혼났다.

5) 거짓말을 한 나를 때릴 듯이 _____ 엄마의 표정이 정말 무서웠다.

6) 수학 문제를 _____ 풀어 봐도 답이 나오지 않았다.

7) 엄마는 화난 얼굴을 _____ 감추며 아이의 거짓말을 계속 들어 주었다.

8) 숨바꼭질을 하는 아이들은 몸을 벽에 기댄 채 얼굴만 _____ 내밀었다.

9) 노랑, 파랑, 빨강 색실 _____ 을 꼬아서 팔찌를 만들었다.

10) 학교 화단에 길가 쪽으로 등이 _____ 나무 한 그루가 서 있다.

11) 갑자기 큰돈이 필요해서 고가의 자동차를 _____ 에 팔았다.

12) _____ 굶주린 아프리카 어린이들을 돕기 위해 용돈을 기부했다.

13) 청소 시간에 반장이 "여기 청소해! 저거 치워!"하며 나를 _____ 바람에 무척 피곤했다.

14) 항상 동생을 먼저 챙기는 엄마가 _____ .

15) 물고기는 부레의 얇은 _____ 을 진동시켜서 소리를 낸다.

16) 대감마님의 _____ 는 매일 많은 손님이 드나들어서 항상 북적였다.

17) 동생이 길에 돈을 _____ 와서 나에게 돈을 내놓으라고 해서 기가 찼다.

18) 혈관의 _____ 에 의해 혈액의 공급이 적어지게 되면 여러 가지 질병이
생기게 된다.

19) 수업 중에 엄마가 교실로 찾아오셨는데, 무슨 _____ 인지 몰라서
어리둥절했다.

20) 작년 _____ 가족과 함께 제주도로 여행을 갔던 일이 문득 생각났다.

21) 백점을 맞았다고 자꾸 자랑질하는 동생에게 "시험 한 번 잘 봤다고 너무
_____ 말라"고 쏘아붙였다.

22) 말을 _____ 하면 다른 사람에게 상처를 줄 수 있으니 항상 말을 조심해야
한다.

23) 친구와 시소를 탔는데, 몸무게가 똑같은지 시소가 _____ 을 이루었다.

24) _____ 함박눈이 내려서 온 세상이 하얗다.

25) 복도 끝에 있는 _____ 를 돌다가 옆 반 아이와 부딪쳐 넘어졌다.

26) 아침에 일어나서 창문을 열면 밤새 갇혀 _____ 공기들이 창밖으로
빠져나가고, 밖에 있던 공기들이 방 안으로 들어온다.

27) 반장은 선생님의 칭찬을 듣고 _____ 표정을 지었다.

28) 종일 맑다가 저녁 무렵부터 비가 _____ 내리기 시작했다.

29) 아기가 _____ 하는 숨소리를 내며 세상모르고 잠에 빠졌다.

30) 소나기가 내려서 _____ 꺼진 땅에 빗물이 가들막가들막 고여 있다.

5~8주

2. 내용을 간추려요 학교 진도 시기 3월 3, 4주

3. 느낌을 살려 말해요 학교 진도 시기 3월 4주, 4월1, 2주

4. 일에 대한 의견 학교 진도 시기 4월 2, 3주

칭찬 사과 스티커

하루 공부를 잘 마쳤다면 나에게 칭찬 사과를 선물하세요.
사과 나무에 사과가 주렁주렁 열릴 때까지 열심히 공부합시다!

■ 스티커는 별책 바른답 및 색인 마지막 페이지에 있습니다.

버럭버럭

화를 내면서 / 소리를 지르는 모양 또는 매우 억지스럽게 /
자꾸 기를 쓰는 모양

㉠ 자기 물건에 손을 댔다고 동생이 **버럭버럭** °악을 쓰며
덤볐다.

° **악을 쓰다 (악쓰다)**   (사람이) 몹시 성을 내거나 모질게 행동하다

허락

한자 허락할 허 許
허락할 락 諾

°청하는 일을 / 들어줌

㉠ 동생이 **허락**도 없이 내 샤프를 써서 동생에게 버럭버럭 소리를 질렀다.

° **청(請 청할 청)**   어떤 일을 이루기 위해 남에게 부탁함. 또는 그 부탁

비 승낙(承 이을 승), 허가(可 옳을 가), 응낙(應 응할 응)

부스스

누웠거나 · 앉았다가 / 느리게 슬그머니 / 일어나는 모양

㉠ 내가 버럭버럭 소리를 지르니, 잠들었던 동생이
눈을 뜨고 **부스스** 일어났다.

당연히

한자 마땅 당 當
그럴 연 然

일의 앞뒤 사정을 놓고 볼 때 / 마땅히 그렇게

㉠ 성적표를 받고 실망한 나에게 친구는 "수업도 안 듣고 공부도 안 했으니까
점수가 **당연히** 잘 안 나오지!"라며 °얄밉게 °훈수했다.

° **얄밉다**   말과 행동이 거슬리고 밉다

° **훈수하다(訓 가르칠 훈, 手 손 수)**   남의 일에 끼어들어 이래라저래라 말을 하다

기(가)막히다

한자 기운 기 氣

너무 놀랍거나 · °언짢아서 / 할 말이 없다

㉠ 허락도 안 받고 내 샤프를 쓴 동생이 "그깟 걸 허락받아야 하냐?"고
°되받아쳐서 정말 **기가 막혔다.**

° **언짢다**   마음에 들지 않거나 불쾌하다(기분이 좋지 않다)

° **되받아치다**   남의 행동이나 말에 맞서며 대들다

비 어이없다, 어처구니없다

솔깃하다

그럴듯해 보여 / 마음이 끌리다

㉠ 백점을 맞으면 휴대폰을 사주겠다는 엄마의 °제안에 귀가 **솔깃했다.**

° **제안(提 끌 제, 案 책상 · 생각 안)**   다른 사람에게 어떤 일을 하자고 의견을 내어놓음

1 문장을 읽고, 알맞은 낱말을 써 넣어 봅시다.

1) 화를 내면서 소리를 지르는 모양 또는 매우
   억지스럽게 자꾸 기를 쓰는 모양

2) 청하는 일을 들어줌

3) 누웠거나·앉았다가 느리게 슬그머니 일어나는 모양

4) 일의 앞뒤 사정을 놓고 볼 때 마땅히 그렇게

5) 너무 놀랍거나·언짢아서 할 말이 없다

6) 그럴듯해 보여 마음이 끌리다

2 밑줄 친 곳에 알맞은 낱말을 써 넣어 문장을 완성해 봅시다.

1) 자기 물건에 손을 댔다고 동생이 _____ 악을 쓰며 덤볐다.

2) 동생이 _____ 도 없이 내 샤프를 써서 동생에게 버럭버럭 소리를 질렀다.

3) 내가 버럭버럭 소리를 지르니, 잠들었던 동생이 눈을 뜨고 _____ 일어났다.

4) 성적표를 받고 실망한 나에게 친구는 "수업도 안 듣고 공부도 안 했으니까 점수가
   _____ 잘 안 나오지!"라며 얄밉게 훈수했다.

5) 허락도 안 받고 내 샤프를 쓴 동생이 "그깟 걸 허락받아야 하냐?"고 되받아쳐서
   정말 _____ .

6) 백점을 맞으면 휴대폰을 사주겠다는 엄마의 제안에 귀가 _____ .

2. 내용을 간추려요

멍청하다	생각 · 말 · 행동이 / *어리석고 · *무디다
	예 *말귀를 못 알아듣는 친구에게 **멍청하다**고 말했다가 선생님께 혼났다.
	* 어리석다 슬기롭지 못하고 둔하다
	* 무디다 느끼어 깨닫는 힘이 모자라다
	* 말귀 말이 뜻하는 내용
	비 어리석다, 미련하다, 바보스럽다, 어벙하다, 꺼벙하다, 아둔하다, 어리숙하다, 띨 띨하다

억지로	*내키지 않은 일을 / *무리하게
	예 엄마의 *성화에 못 이겨 **억지로** 낱말 공부를 시작했는데, 하다 보니 나름 재미도 있고 공부에도 꽤 도움이 되는 것 같다.
	* 내키다 하고 싶은 마음이 생기다
	* 무리하다(無 없을 무, 理 다스릴 리) 자기 힘에 부치는 일을 힘겹게 하다
	* 성화(成 이룰 성, 火 불 화) 몹시 조르거나 귀찮게 구는 일
	비 우격으로

무르다	이미 사거나 바꾼 물건을 / 원래 주인에게 돌려주고 / 돈이나 · 물건을 / 되찾다
	예 아이는 문구점에 가서 어제 잘못 샀던 학용품을 **물렀다**.

냥 한자 두 양 兩	예전에, *엽전을 세던 / 단위
	예 총각은 열 **냥**을 주고 나무 그늘을 샀다.
	* 엽전(葉 잎 엽, 錢 돈 전) 옛날 돈으로, 둥글고 납작하며 가운데에 네모진 구멍이 있다

벌렁(벌러덩)	팔이나 다리를 활짝 벌리고 / 뒤로 눕거나 · 넘어지는 모양
	예 운동장을 세 바퀴 *힘껏 돌고 힘이 빠진 아이들은 땅바닥에 **벌렁** *드러누웠다.
	* 힘껏 있는 힘을 다하여 또는 힘이 닿는 데까지
	* 드러눕다 편하게 눕다

슬슬	어떤 일을 / *비로소 *시작하려는 모양
	예 운동장을 몇 바퀴 뛰고 땅바닥에 벌렁 드러누웠던 아이들이 하나둘씩 슬슬 일어나기 시작했다.
	* 비로소 (어떤 일이 있고 나서) 기다림 끝에 처음으로
	* 시작하다(始 비로소 시, 作 지을 · 만들 작) (일 · 행동 · 현상 따위의) 첫 부분이 행 해지거나 이루어지다

1 문장을 읽고, 알맞은 낱말을 써 넣어 봅시다.

1) 생각·말·행동이 어리석고·무디다

2) 내키지 않은 일을 무리하게

3) 이미 사거나 바꾼 물건을 원래 주인에게 돌려주고
   돈이나 물건을 되찾다

4) 예전에, 엽전을 세던 단위

5) 팔이나 다리를 활짝 벌리고 뒤로 눕거나·넘어지는 모양

6) 어떤 일을 비로소 시작하려는 모양

2 밑줄 친 곳에 알맞은 낱말을 써 넣어 문장을 완성해 봅시다.

1) 말귀를 못 알아듣는 친구에게 _____ 고 말했다가 선생님께 혼났다.

2) 엄마의 성화에 못 이겨 _____ 낱말 공부를 시작했는데, 하다 보니 나름
   재미도 있고 공부에도 꽤 도움이 되는 것 같다.

3) 아이는 문구점에 가서 어제 잘못 샀던 학용품을 _____ .

4) 총각은 열 _____ 을 주고 나무 그늘을 샀다.

5) 운동장을 세 바퀴 힘껏 돌고 힘이 빠진 아이들은 땅바닥에 _____ 드러누웠다.

6) 운동장을 몇 바퀴 뛰고 땅바닥에 벌렁 드러누웠던 아이들이 하나둘씩 _____
   일어나기 시작했다.

성큼성큼

발 · 다리를 *잇따라 높이 들어 / 크게 걸음을 내딛는 모양

㉠ 지각한 아이는 *초조한 표정을 지으며 교문 안으로 **성큼성큼** 걸어 들어갔다.

*잇따라　(어떤 사건이나 행동 따위가) 이어서 일어나다

*초조하다(焦 탈 초, 燥 마를 조)　마음속이 타는 듯 몹시
　　　　　　　　　　　　　　　불안하고 걱정되다

휘두르다

이리저리 *마구 / 흔들거나 · 돌리다

㉠ 아이들은 두 팔을 **휘두르며** 운동장을 *잽싸게 달렸다.

*마구　아주 심하게. 몹시 세차게

*잽싸다　동작이 나는 듯이 매우 빠르다

부글부글

기분이 몹시 언짢아서 / 끓는 듯 화가 / *치밀어 오르는 모양

㉠ 친구가 내 별명을 자꾸 불러서 **부글부글** 속이 끓었다.

*치밀다　욕심, 분노, 슬픔, 연기 따위가 세차게 복받쳐 오르다

속(이) 끓다

화가 나거나 · 억울한 일을 당하여 / *격한 마음이 속에서 / 치밀어 오르다

㉠ 아이는 자신을 놀리는 친구의 말장난에 부글부글 **속이 끓었다.**

*격하다(激 격할 · 심할 격)　갑자기 화를 내다. 몹시 흥분하다

안방
한자 방 방 房

집의 제일 안쪽에 *위치하며 · *안주인이 *거처하는 / 방

㉠ 옛날에는 안주인이 **안방**에서 지내는 동안, 바깥주인은 사랑방으로 가서 책
　을 읽거나 손님과 이야기를 나누었다.

*위치하다(位 자리 위, 置 둘 치)　(사물이 어디에) 자리를 차지하다

*안주인(主 임금 · 주인 주, 人 사람 인)　집안의 여자 주인

*거처하다(居 살 거, 處 곳 처)　일정하게 자리를 잡고 살다

얼른

시간을 끌지 않고 / 바로

㉠ 점심 급식을 **얼른** 먹고 친구들과 운동장에서 놀았다.

비 냉큼, 빨리, 속히(速 빠를 속), 급히(急 급할 급)

1 **문장을 읽고, 알맞은 낱말을 써 넣어 봅시다.**

1) 발·다리를 잇따라 높이 들어 크게 걸음을 내딛는 모양 ☐☐☐☐

2) 이리저리 마구 흔들거나·돌리다 ☐☐☐☐

3) 기분이 몹시 언짢아서 끓는 듯 화가 치밀어 오르는 모양 ☐☐☐

4) 화가 나거나·억울한 일을 당하여 격한 마음이 속에서 치밀어 오르다 ☐☐☐

5) 집의 제일 안쪽에 위치하며·안주인이 거처하는 방 ☐☐

6) 시간을 끌지 않고 바로 ☐☐

2 **밑줄 친 곳에 알맞은 낱말을 써 넣어 문장을 완성해 봅시다.**

1) 지각한 아이는 초조한 표정을 지으며 교문 안으로 _____ 걸어 들어갔다.

2) 아이들은 두 팔을 _____ 운동장을 잽싸게 달렸다.

3) 친구가 내 별명을 자꾸 불러서 _____ 속이 끓었다.

4) 아이는 자신을 놀리는 친구의 말장난에 부글부글 _____ .

5) 옛날에는 안주인이 _____ 에서 지내는 동안, 바깥주인은 사랑방으로 가서 책을 읽거나 손님과 이야기를 나누었다.

6) 점심 급식을 _____ 먹고 친구들과 운동장에서 놀았다.

4일 2. 내용을 간추려요

달달 볶다

어떤 사람이 다른 사람을 / 몹시 괴롭히다

예 아이는 "장난감 사 줘요"를 *입에 달고 살면서 엄마를 **달달 볶았다**.

*입에 달다 사람이 같은 말을 반복하다(여러 번 하고 또 하다)

골리다

*약 올리다 또는 *골나게 하다

예 어제는 내가 선생님께 혼나서 친구가 나를 **골렸고**, 오늘은 친구가 선생님께 혼나서 내가 친구를 **골렸다**.

*약(을) 올리다 기분을 상하게 하여 불쾌하게 만들거나 은근히 화나게 하다

*골나다 비위에 거슬리거나 마음이 언짢아서 화가 나다

사정사정하다

한자 일 사 事
뜻 정 情

남에게 *간곡히 / *하소연하다 또는 빌다

예 동생은 게임을 하다가 자신이 *불리해지면 한 번만 봐달라고 **사정사정한다**.

*간곡히(懇 간절할 간, 曲 굽을 곡) 간절하고 정성스럽게

*하소연하다 억울한 일, 잘못된 일, 딱한 사정 따위를 말하다

*불리하다(不 아닐 불, 利 이로울 리) 이롭지 않다

꾸리다

짐 · 물건 따위를 / 싸서 묶다

예 *여행을 떠나기 일주일 전부터 짐을 **꾸리기** 시작해서 출발 전날에서야 비로소 모든 짐을 **꾸렸다**.

*여행(旅 나그네 여, 行 다닐 행) 자기가 사는 곳을 떠나 다른 고장이나 외국에 가서 아름다운 경치나 이름난 장소를 돌아다니며 구경함

절약하다

한자 마디 절 節
맺을 약 約

돈 · 물건 따위를 / 꼭 필요한 곳에만 써서 / 아끼다

예 엄마의 생신 선물을 사기 위해 몇 달 동안 용돈을 **절약했다**.

비 아끼다, 절감하다(節 마디 절, 減 덜 감), 긴축하다(緊 긴할꼭 필요할 긴, 縮 줄일 축)

에너지

영어 energy

물체나 사람이 가지고 있는 / 일을 할 수 있는 / 능력

예 우리 반에서는 **에너지** 절약을 위해 급식실에 갈 때나 운동장에 나갈 때 교실 형광등을 모두 끈다.

1 문장을 읽고, 알맞은 낱말을 써 넣어 봅시다.

1) 어떤 사람이 다른 사람을 몹시 괴롭히다 ☐☐☐☐

2) 약 올리다 또는 골나게 하다 ☐☐☐

3) 남에게 간곡히 하소연하다 또는 빌다 ☐☐☐☐☐

4) 짐 · 물건 따위를 싸서 묶다 ☐☐☐

5) 돈 · 물건 따위를 꼭 필요한 곳에만 써서 아끼다 ☐☐☐

6) 물체나 사람이 가지고 있는 일을 할 수 있는 능력 ☐☐☐

2 밑줄 친 곳에 알맞은 낱말을 써 넣어 문장을 완성해 봅시다.

1) 아이는 "장난감 사 줘요"를 입에 달고 살면서 엄마를 _____ .

2) 어제는 내가 선생님께 혼나서 친구가 나를 _____, 오늘은 친구가 선생님께 혼나서 내가 친구를 _____ .

3) 동생은 게임을 하다가 자신이 불리해지면 한 번만 봐달라고 _____ .

4) 여행을 떠나기 일주일 전부터 짐을 _____ 시작해서 출발 전날에서야 비로소 모든 짐을 _____ .

5) 엄마의 생신 선물을 사기 위해 몇 달 동안 용돈을 _____ .

6) 우리 반에서는 _____ 절약을 위해 급식실에 갈 때나 운동장에 나갈 때 교실 형광등을 모두 끈다.

5일 2. 내용을 간추려요

자원
한자 재물 자 資
근원 원 源

인간의 생활 및 *생산에 이용되는 / *원료

예 석탄, 석유, 가스, 전기 같은 에너지 **자원**은 한없이 있는 것이 아니어서 다 쓰고 나면 더는 구할 수 없다.

*생산 (生 날 · 낳을 생, 産 낳을 산) 인간이 생활하는 데 필요한 각종 물건을 만들어 냄

*원료(原 언덕 원, 料 헤아릴 료)   어떤 물건을 만드는 데 쓰이는 것

가전제품
한자 집 가 家
번개 전 電
지을 제 製
물건 품 品

세탁기 · 냉장고 · 텔레비전 따위의 / 전기 *기기 *제품

예 우리집 거실에는 전기로 *작동하는 **가전제품**이 전등 밖에 없다.

*기기(機 틀 기, 器 그릇 기) 기구 · 기계 따위의 총칭

*제품(製 지을 · 만들 제, 品 물건 품) 원료를 써서 만든 물품(쓸 만한 값어치가 있는 물건)

*작동하다(作 지을 작, 動 움직일 동) 기계 따위가 작용을 받아 움직이다

한없이
한자 한할 한 限

끝이 없이

예 엄마에게 심한 꾸중을 듣고 아이는 **한없이** 눈물을 흘렸다.

수입하다
한자 보낼 수 輸
들 입 入

다른 나라의 *상품 따위를 / 국내로 사들이다

예 세계 여러 나라가 우리나라의 가전제품을 **수입한다**.

*상품(商 장사 상, 品 물건 품)   사고파는 물품

실천하다
한자 열매 실 實
밟을 천 踐

*계획하거나 · 생각한 것을 / 실제로 해 나가다

예 하루에 15분씩 낱말 공부하기로 계획한 것을 한 달 넘게 **실천하고** 있다.

*계획하다 앞으로 할 일을 구체적으로 생각하여 짜다

비 실행하다(實 열매 실, 行 다닐 · 행할 행), 이행하다(履 밟을 · 행할 이)

효율
한자 본받을 효 效
비율 율 率

사람 · 기계 따위가 / *들인 힘 · 노력 · 에너지에 대하여 / 실제로 얻은 / *효과의 정도

예 낱말을 꼼꼼히 공부하면 학습과 독서의 **효율**이 높아진다.

*들이다   어떤 일에 시간 · 돈 · 노력 따위를 쓰다

*효과   어떤 목적을 지닌 행위에 의하여 나타나는 보람 있는 일이나 결과

비 능률(能 능할 능, 率 비율 률), 효과(效 본받을 효, 果 실과 · 열매 과)

1 **문장을 읽고, 알맞은 낱말을 써 넣어 봅시다.**

1) 인간의 생활 및 생산에 이용되는 원료

2) 세탁기 · 냉장고 · 텔레비전 따위의 전기 기기 제품

3) 끝이 없이

4) 다른 나라의 상품 따위를 국내로 사들이다

5) 계획하거나 · 생각한 것을 실제로 해 나가다

6) 사람 · 기계 따위가 들인 힘 · 노력 · 에너지에 대하여
실제로 얻은 효과의 정도

2 **밑줄 친 곳에 알맞은 낱말을 써 넣어 문장을 완성해 봅시다.**

1) 석탄, 석유, 가스, 전기 같은 에너지 _____ 은 한없이 있는 것이 아니어서
다 쓰고 나면 더는 구할 수 없다.

2) 우리집 거실에는 전기로 작동하는 _____ 이 전등 밖에 없다.

3) 엄마에게 심한 꾸중을 듣고 아이는 _____ 눈물을 흘렸다.

4) 세계 여러 나라가 우리나라의 가전제품을 _____ .

5) 하루에 15분씩 낱말 공부하기로 계획한 것을 한 달 넘게 _____ 있다.

6) 낱말을 꼼꼼히 공부하면 학습과 독서의 _____ 이 높아진다.

1 문장을 읽고, 알맞은 낱말을 써 넣어 봅시다.

1) 발·다리를 잇따라 높이 들어 크게 걸음을 내딛는 모양 _____

2) 계획하거나·생각한 것을 실제로 해 나가다 _____

3) 청하는 일을 들어줌 _____

4) 누웠거나·앉았다가 느리게 슬그머니 일어나는 모양 _____

5) 생각·말·행동이 어리석고 무디다 _____

6) 끝이 없이 _____

7) 기분이 몹시 언짢아서 끓는 듯 화가 치밀어 오르는 모양 _____

8) 내키지 않은 일을 무리하게 _____

9) 화를 내면서 소리를 지르는 모양 또는 매우
억지스럽게 자꾸 기를 쓰는 모양 _____

10) 어떤 사람이 다른 사람을 몹시 괴롭히다 _____

11) 팔이나 다리를 활짝 벌리고 뒤로 눕거나·넘어지는 모양 _____

12) 집의 제일 안쪽에 위치하며·안주인이 거처하는 방 _____

13) 인간의 생활 및 생산에 이용되는 원료 _____

14) 화가 나거나·억울한 일을 당하여 격한 마음이
속에서 치밀어 오르다 _____

15) 남에게 간곡히 하소연하다 또는 빌다 _____

16) 시간을 끌지 않고 바로 _____

17) 일의 앞뒤 사정을 놓고 볼 때 마땅히 그렇게 _____

18) 어떤 일을 비로소 시작하려는 모양 _____

19) 돈·물건 따위를 꼭 필요한 곳에만 써서 아끼다 _____

20) 예전에, 엽전을 세던 단위 _____

21) 물체나 사람이 가지고 있는 일을 할 수 있는 능력 _____

22) 이미 사거나 바꾼 물건을 원래 주인에게 돌려주고
돈이나 물건을 되찾다 _____

23) 이리저리 마구 흔들거나 돌리다 _____

24) 사람·기계 따위가 들인 힘·노력·에너지에 대하여
실제로 얻은 효과의 정도 _____

25) 그럴듯해 보여 마음이 끌리다 _____

26) 너무 놀랍거나·언짢아서 할 말이 없다 _____

27) 세탁기·냉장고·텔레비전 따위의 전기 기기 제품 _____

28) 약 올리다 또는 골나게 하다 _____

29) 다른 나라의 상품 따위를 국내로 사들이다 _____

30) 짐·물건 따위를 싸서 묶다 _____

2 **밑줄 친 곳에 알맞은 낱말을 써 넣어 문장을 완성해 봅시다.**

1) 옛날에는 안주인이 _____ 에서 지내는 동안, 바깥주인은 사랑방으로 가서 책을 읽거나 손님과 이야기를 나누었다.

2) 친구가 내 별명을 자꾸 불러서 _____ 속이 끓었다.

3) 아이는 문구점에 가서 어제 잘못 샀던 학용품을 _____ .

4) 지각한 아이는 초조한 표정을 지으며 교문 안으로 _____ 걸어 들어갔다.

5) 아이는 자신을 놀리는 친구의 말장난에 부글부글 _____ .

6) 석탄, 석유, 가스, 전기 같은 에너지 _____ 은 한없이 있는 것이 아니어서 다 쓰고 나면 더는 구할 수 없다.

7) 아이들은 두 팔을 _____ 운동장을 잽싸게 달렸다.

8) 점심 급식을 _____ 먹고 친구들과 운동장에서 놀았다.

9) 세계 여러 나라가 우리나라의 가전제품을 _____ .

10) 우리집 거실에는 전기로 작동하는 _____ 이 전등 밖에 없다.

11) 하루에 15분씩 낱말 공부하기로 계획한 것을 한 달 넘게 _____ 있다.

12) 아이는 "장난감 사 줘요"를 입에 달고 살면서 엄마를 _____ .

13) 말귀를 못 알아듣는 친구에게 _____ 고 말했다가 선생님께 혼났다.

14) 어제는 내가 선생님께 혼나서 친구가 나를 _____ , 오늘은 친구가 선생님께 혼나서 내가 친구를 _____ .

15) 자기 물건에 손을 댔다고 동생이 _____ 악을 쓰며 덤볐다.

16) 운동장을 몇 바퀴 뛰고 땅바닥에 벌렁 드러누웠던 아이들이 하나둘씩 _____ 일어나기 시작했다.

17) 엄마에게 심한 꾸중을 듣고 아이는 _____ 눈물을 흘렸다.

18) 여행을 떠나기 일주일 전부터 짐을 _____ 시작해서 출발 전날에서야 비로소 모든 짐을 _____ .

19) 성적표를 받고 실망한 나에게 친구는 "수업도 안 듣고 공부도 안 했으니까 점수가 _____ 잘 안 나오지!"라며 얄밉게 훈수했다.

20) 동생이 _____ 도 없이 내 샤프를 써서 동생에게 버럭버럭 소리를 질렀다.

21) 동생은 게임을 하다가 자신이 불리해지면 한 번만 봐달라고 _____ .

22) 내가 버럭버럭 소리를 지르니, 잠들었던 동생이 눈을 뜨고 _____ 일어났다.

23) 낱말을 꼼꼼히 공부하면 학습과 독서의 _____ 이 높아진다.

24) 허락도 안 받고 내 샤프를 쓴 동생이 "그깟 걸 허락받아야 하냐?"고 되받아쳐서 정말 _____ .

25) 엄마의 생신 선물을 사기 위해 몇 달 동안 용돈을 _____ .

26) 우리 반에서는 _____ 절약을 위해 급식실에 갈 때나 운동장에 나갈 때 교실 형광등을 모두 끈다.

27) 백점을 맞으면 휴대폰을 사주겠다는 엄마의 제안에 귀가 _____ .

28) 엄마의 성화에 못 이겨 _____ 낱말 공부를 시작했는데, 하다 보니 나름 재미도 있고 공부에도 꽤 도움이 되는 것 같다.

29) 운동장을 세 바퀴 힘껏 돌고 힘이 빠진 아이들은 땅바닥에 _____ 드러누웠다.

30) 총각은 열 _____ 을 주고 나무 그늘을 샀다.

1일

3. 느낌을 살려 말해요

에너지를 절약하자 | 교과서 83~87쪽 |

조명
한자 비출 조 照
밝을 명 明

*인공적인 빛을 보내어 / 주변과 사물을 볼 수 있도록 / 밝게 *비춤 또는 그 빛

예 교실 **조명**이 어두워져서 형광등을 새것으로 *갈아끼웠다.

* 인공적(人 사람 인, 工 장인 공, 的 과녁 적) 사람의 힘으로 만든 (것)

* 비추다   빛을 내는 대상이 다른 대상에 빛을 보내어 밝게 하다

* 갈아끼우다   부품 따위를 다른 것으로 바꾸어 끼우다

냉방기
한자 찰 냉 冷
방 방 房
베틀 기 機

*실내의 온도를 / *인위적으로 낮추는 / 장치

예 운동장에서 뛰놀다 들어온 아이들이 **냉방기** 앞에 서서 땀을 식혔다.

* 실내(室 집 실, 內 안 내)   방이나 건물 따위의 안

* 인위적(人 사람 인, 爲 할 위, 的 과녁 적)   사람의 힘으로 이루어지는 (것)

난방
한자 따뜻할 난 暖
방 방 房

실내의 온도를 / 인위적으로 높여 / 따뜻하게 하는 일

예 에너지 절약을 위해 겨울철에 **난방** 기구를 덜 쓰도록 노력해야 한다.

상황에 알맞은 표정, 몸짓, 말투의 요소 읽기 | 교과서 88~93쪽 |

굳다

표정·태도 등이 / *긴장하거나·불쾌함을 느껴 / 딱딱하다

예 우리 반 회장은 긴장한 듯 **굳은** 표정으로
첫 학급 회의를 진행했다.

* 긴장하다(緊 긴할꼭 필요할 긴, 張 베풀 장)
마음을 가다듬어 정신을 바짝 차리다

소감
한자 바 소 所
느낄 감 感

마음에 / 느낀 *바

예 학생들은 새 학년이 된 **소감**을 친구들 앞에서 발표했다.

* 바   앞에서 말한 내용 그 자체나 일 따위를 나타내는 말

비 감상(感 느낄 감, 想 생각 상)

공손하다
한자 공손할 공 恭
겸손할 손 遜

말·행동이 / 예의 바르고·*겸손하다

예 축구 선수는 "운이 좋았던 것 같다"며 승리 소감을 **공손하게** 밝혔다.

* 겸손하다(謙 겸손할 겸)   남을 존중하고 자신을 낮추는 태도가 있음

---

1 문장을 읽고, 알맞은 낱말을 써 넣어 봅시다.

1) 인공적인 빛을 보내어 주변과 사물을 볼 수 있도록
   밝게 비춤 또는 그 빛

2) 실내의 온도를 인위적으로 낮추는 장치

3) 실내의 온도를 인위적으로 높여 따뜻하게 하는 일

4) 표정 · 태도 등이 긴장하거나 · 불쾌함을 느껴 딱딱하다

5) 마음에 느낀 바

6) 말 · 행동이 예의 바르고 · 겸손하다

2 밑줄 친 곳에 알맞은 낱말을 써 넣어 문장을 완성해 봅시다.

1) 교실 _____ 이 어두워져서 형광등을 새것으로 갈아끼웠다.

2) 운동장에서 뛰놀다 들어온 아이들이 _____ 앞에 서서 땀을 식혔다.

3) 에너지 절약을 위해 겨울철에 _____ 기구를 덜 쓰도록 노력해야 한다.

4) 우리 반 회장은 긴장한 듯 _____ 표정으로 첫 학급 회의를 진행했다.

5) 학생들은 새 학년이 된 _____ 을 친구들 앞에서 발표했다.

6) 축구 선수는 "운이 좋았던 것 같다"며 승리 소감을 _____ 밝혔다.

배려하다

한자 나눌 배 配
생각할 려 慮

도와주거나 · 보살펴 주려고 / 마음을 쓰다

㉎ 다리 다친 친구를 **배려하여** 가방을 대신 들어주었다.

설명하다

한자 말씀 설 說
밝을 명 明

듣는 사람이 / 잘 알 수 있도록 / 자세하게 말하다

㉎ 선생님은 '각'과 '각도'가 어떻게 다른지 학생들에게
차근차근 **설명했다.**

설득하다

한자 말씀 설 說
얻을 득 得

자신의 뜻에 따르도록 / 듣는 사람에게 / 잘 알아듣게 말하다

㉎ 엄마는 "하루도 빠짐없이 수학을 공부해야 한다"고 아이를 **설득했다.**

감정

한자 느낄 감 感
뜻 정 情

어떤 일 · 현상 · 사물에 대하여 일어나는 / 기쁨 · 슬픔 · 좋음 · 싫음 따위의
/ 마음 · 기분

㉎ 며칠 전에 다툰 친구가 내게 다가와서 "그만 화해하자"고 말했지만,
안 좋은 **감정**이 아직 남아 있어서 화해를 •거절했다.

• **거절하다(拒** 막을 거, **絕** 끊을 절) 요구 · 부탁 · 물건 따위를
받아들이지 않고 물리치다

고려하다

한자 생각할 고 考
생각할 려 慮

상대방이 처한 상황을 / •살펴 생각하다

㉎ 학생들이 피구를 하게 해달라고 •아우성치자 선생님은 •긍정적으로 **고려**
해 보겠다고 답했다.

• **살피다** 자세히 따지거나 헤아려 보다

• **아우성치다(聲** 소리 성) 여럿이 함께 기세를 올려 떠들썩하게 소리를 지르다

• **긍정적(肯** 즐길 긍, **定** 정할 정, **的** 과녁 적) 어떤 사실이나 생각 따위를 좋게 보거나
옳다고 인정하는 (것)

시절

한자 때 시 時
마디 절 節

•일정한 때 또는 일정한 •기간

㉎ 공부의 기초를 다지는 초등학교 **시절**은 중고등학교 **시절**에 못지않게 중요
하다.

• **일정하다(一** 한 일, **定** 정할 정) (어떤 것의 크기, 모양, 범위, 시간 따위가) 하나로 정
해져 있다

• **기간(期** 기약할 기, **間** 사이 간) 어느 일정한 때부터 다른 어느 일정한 때까지의 사이

1 문장을 읽고, 알맞은 낱말을 써 넣어 봅시다.

1) 도와주거나 · 보살펴 주려고 마음을 쓰다

2) 듣는 사람이 잘 알 수 있도록 자세하게 말하다

3) 자신의 뜻에 따르도록 듣는 사람에게 잘 알아듣게 말하다

4) 어떤 일 · 현상 · 사물에 대하여 일어나는 기쁨 · 슬픔 · 좋음 · 싫음 따위의 마음 · 기분

5) 상대방이 처한 상황을 살펴 생각하다

6) 일정한 때 또는 일정한 기간

2 밑줄 친 곳에 알맞은 낱말을 써 넣어 문장을 완성해 봅시다.

1) 다리 다친 친구를 _____ 가방을 대신 들어주었다.

2) 선생님은 '각'과 '각도'가 어떻게 다른지 학생들에게 차근차근 _____ .

3) 엄마는 "하루도 빠짐없이 수학을 공부해야 한다"고 아이를 _____ .

4) 며칠 전에 다툰 친구가 내게 다가와서 "그만 화해하자"고 말했지만, 안 좋은 _____ 이 아직 남아 있어서 화해를 거절했다.

5) 학생들이 피구를 하게 해달라고 아우성치자 선생님은 긍정적으로 _____ 보겠다고 답했다.

6) 공부의 기초를 다지는 초등학교 _____ 은 중고등학교 _____ 에 못지않게 중요하다.

우르르

여럿이 한꺼번에 / *내닫는 모양 또는 *몰리는 모양

(예) 야구 *경기가 끝나자 사람들이 경기장 밖으로 **우르르** 쏟아져 나왔다.

* **내닫다**　　갑자기 밖이나 앞쪽으로 힘차게 뛰어나가다

* **몰리다**　　여럿이 한곳으로 모여들다

* **경기**　　운동 · 기술 · 기량 등을 겨루어 누가 잘하는지 우열(우수함과 열등함)을 가림

채집하다

[한자] 캘 채 採
모을 집 集

동식물 · *광석 따위를 / 찾거나 · 캐거나 · 잡아서 / 모으다

(예) *원시 시대에는 열매와 식물을 직접 키우지 않고 **채집해서** 먹었다.

* **광석**(鑛 쇳돌 광, 石 돌 석) 경제적 가치가 있는 물질이 많이 섞여 있고, 캐낼 수 있는 돌

* **원시 시대**(原 언덕 원, 始 비로소 시, 時 때 시, 代 대신할 대)
인류 문명이 발달하지 못한, 인류 문명의 역사가
시작되기 이전의 시대

널리다

여기저기에 / *흩어져 놓이다

(예) 길바닥에 **널려** 있던 쓰레기들이 바람에 *나뒹굴고 있다.

* **흩어지다**　한곳에 모여 있던 것이 따로따로 떨어지거나 사방으로
　　　　　　　퍼지다

* **나뒹굴다**　사물이 어떤 곳에 아무렇게나 여기저기 어지럽게 널리다

이용하다

[한자] 이로울 이 利
쓸 용 用

무엇을 / *필요에 따라 / *이롭게 쓰다

(예) 도서관을 **이용하면** 많은 책을 무료로 읽을 수 있다.

* **필요**(必 반드시 필, 要 요긴할 요)　반드시(꼭) 써야 할 곳이 있음

* **이롭다**　　물질적으로나 정신적으로 보탬이 되는 것이 되다

[비] 쓰다, 사용하다(使 하여금 사, 用 쓸 용)

농사

[한자] 농사 농 農
일 사 事

곡식 · 채소 · 과일 따위를 / 땅에 심어서 · 가꾸고 · 거두는 / 일

(예) *촌락에 사시는 할머니는 사과와 고구마 **농사**를 지으신다.

* **촌락**(村 마을 촌, 落 떨어질 락)　　시골의 작은 마을

생산

[한자] 날 생 生
낳을 산 産

인간이 생활하는 데 필요한 물건을 / 만들어 냄

(예) *유통기한을 보니 이 우유는 일주일 전에 **생산**이
된 것 같다.

* **유통기한**(流 흐를 유, 通 통할 통, 期 기약할 기, 限 한정할 한)　식품 따위의 상품이
시중에 유통될(화폐나 물품 따위가 세상에서 널리 쓰일) 수 있는 정해진 기간

1 **문장을 읽고, 알맞은 낱말을 써 넣어 봅시다.**

1) 여럿이 한꺼번에 내닫는 모양 또는 몰리는 모양 ☐☐☐

2) 동식물·광석 따위를 찾거나·캐거나·잡아서 모으다 ☐☐☐☐

3) 여기저기에 흩어져 놓이다 ☐☐☐

4) 무엇을 필요에 따라 이롭게 쓰다 ☐☐☐☐

5) 곡식·채소·과일 따위를 땅에 심어서·가꾸고·거두는 일 ☐☐

6) 인간이 생활하는 데 필요한 물건을 만들어 냄 ☐☐

2 **밑줄 친 곳에 알맞은 낱말을 써 넣어 문장을 완성해 봅시다.**

1) 야구 경기가 끝나자 사람들이 경기장 밖으로 _____ 쏟아져 나왔다.

2) 원시 시대에는 열매와 식물을 직접 키우지 않고 _____ 먹었다.

3) 길바닥에 _____ 있던 쓰레기들이 바람에 나뒹굴고 있다.

4) 도서관을 _____ 많은 책을 무료로 읽을 수 있다.

5) 촌락에 사시는 할머니는 사과와 고구마 _____ 를 지으신다.

6) 유통기한을 보니 이 우유는 일주일 전에 _____ 이 된 것 같다.

3. 느낌을 살려 말해요

개발되다
한자 열 개 開 / 필 발 發
물건 · 기술 따위가 / 새로 만들어지다
(예) *괭이나 *쟁기 같은 농기구가 **개발되면서** 농사가 *수월해졌다.
* 괭이　　땅을 파거나 흙을 고르는 데 쓰는 농기구
* 쟁기　　논밭을 가는 농기구(농사를 짓는 데 쓰는 기구)
* 수월하다　(힘들거나 어렵지 않아서) 하기가 쉽다

발전하다
한자 필 발 發 / 펼 전 展
더 앞서고 좋은 상태나 · 더 높은 단계로 / 나아가다
(예) 오늘날 과학 기술은 하루가 다르게 *급속히 **발전하고** 있다.
* 급속히(急 급할 급, 速 빠를 속)　(변화나 움직임 따위가) 몹시 빠르게

수확하다
한자 거둘 수 收 / 거둘 확 穫
익거나 다 자란 / 농작물을 *거두어들이다
(예) 농사 기술이 발전하면서 **수확하는** 곡식의 양도 늘어났다.
* 거두어들이다　곡식이나 열매 따위를 따서 담거나 한곳에
　　　　　모아서 들이다(물건을 안으로 가져오다)

잉여
한자 남을 잉 剩 / 남을 여 餘
쓰고 난 후 / 남은 것(나머지)
(예) 올해 농사가 *풍년이 들어서 **잉여** *농산물이 창고에 가득 쌓여 있다.
* 풍년(豐 풍년 풍, 年 해 년) 평년(보통 수확을 올린 해) 보다 수확이 많은 해
* 농산물(農 농사 농, 産 낳을 산, 物 물건 물)　농사를 통해서 생산된 곡식, 채소, 과일
　　　　　따위의 물건

처리하다
한자 곳 처 處 / 다스릴 리 理
*절차에 따라 / *정리하다 또는 *끝맺다
(예) 급식 후에 생긴 잔반을 **처리하는** 비용이 상당히 많이 든다.
* 절차(節 마디 절, 次 버금 차)　　일을 하는 데 거쳐야 하는 정해진 차례와 방법
* 정리하다(整 가지런할 정, 理 다스릴 리)　(흐트러지거나 뒤죽박죽이 되어 어지러운 상태에 있는 것을 한데 모으거나 치워서) 질서 있는 상태가 되게 하다
* 끝맺다　일을 마무리하여 끝내다

고민
한자 쓸 고 苦 / 답답할 민 悶
마음속으로 괴로워하며 / *속을 태움
(예) 나는 다니기 싫은 학원을 다니는 것이 **고민**인데,
　　친구는 다니고 싶은 학원을 못 다녀서 **고민**이라고 한다.
* 속(을) 태우다　몹시 걱정이 되어 속을 태우다시피 초조해하다

1 문장을 읽고, 알맞은 낱말을 써 넣어 봅시다.

1) 물건·기술 따위가 새로 만들어지다

2) 더 앞서고 좋은 상태나·더 높은 단계로 나아가다

3) 익거나 다 자란 농작물을 거두어들이다

4) 쓰고 난 후 남은 것(나머지)

5) 절차에 따라 정리하다 또는 끝맺다

6) 마음속으로 괴로워하며 속을 태움

2 밑줄 친 곳에 알맞은 낱말을 써 넣어 문장을 완성해 봅시다.

1) 괭이나 쟁기 같은 농기구가 _____ 농사가 수월해졌다.

2) 오늘날 과학 기술은 하루가 다르게 급속히 _____ 있다.

3) 농사 기술이 발전하면서 _____ 곡식의 양도 늘어났다.

4) 올해 농사가 풍년이 들어서 _____ 농산물이 창고에 가득 쌓여 있다.

5) 급식 후에 생긴 잔반을 _____ 비용이 상당히 많이 든다.

6) 나는 다니기 싫은 학원을 다니는 것이 _____ 인데, 친구는 다니고 싶은
학원을 못 다녀서 _____ 이라고 한다.

물물 교환

한자 물건 물 物
물건 물 物
사귈 교 交
바꿀 환 換

물건을 / 돈으로 팔고 사지 않고 / 물건과 물건을 / 직접 바꾸는 일

예 *화폐가 생기기 전에는 물물 교환으로 필요한 물건을 구했다.

*화폐(貨 재물 화, 幣 화폐 폐)　　금화, 은화, 주화(쇠붙이를 녹여 만든 화폐), 지폐 따위의 돈

거래

한자 갈 거 去
올 래 來

돈 · *물품 따위를 / 주고받는 일 또는 사고파는 일

예 인터넷을 통해서 물품 거래를 할 때에는 사고파는 사람의 정보를 *철저히 확인해야 한다.

*물품(物 물건 물, 品 물건 품)　　쓸 만한 값어치가 있는 물건

*철저히(徹 통할 철, 底 밑 저)　　속속들이 꿰뚫어 깊은 구석구석까지 빈틈없이

매기다

일정한 기준에 따라 / 사물의 차례 · 값 · 등수 따위를 / 정하다

예 선생님은 학생들이 각자 모은 스티커 개수에 따라 *순위를 매겨서 선물을 주었다.

*순위(順 순할 순, 位 자리 위)　　순서를 나타내는 위치나 지위

장신구

한자 꾸밀 장 裝
몸 신 身
갖출 구 具

*몸치장을 하는 데 쓰는 / 물건

예 그녀는 귀걸이, 목걸이, 팔찌, 반지, 브로치 등 갖가지 장신구로 몸을 *치장했다.

*몸치장(治 다스릴 치, 粧 단장할 장) 장신구 따위로 몸을 잘 매만져서 맵시 있게 꾸밈

*치장하다　매만져서 곱게 꾸미거나 모양을 내다

꿰다

실 · 끈 따위를 / 구멍 · 틈의 한쪽에 넣어 / 다른 쪽으로 내다

예 원시 시대에는 조개껍데기에 구멍을 뚫은 후에 실을 꿰어 장신구로 쓰기도 했다.

보조

한자 기울 보 補
도울 조 助

*주가 되는 것을 / 도움

예 음식을 만드시는 엄마 곁에서 음식 재료를 나르고 *다듬으며 보조를 했다.

*주 (主 임금 · 주인 주) 중심이 되고 중요하고 기본이 되는 것

*다듬다　못 쓸 부분을 가려서 떼어 내다

1 문장을 읽고, 알맞은 낱말을 써 넣어 봅시다.

1) 물건을 돈으로 팔고 사지 않고 물건과 물건을
   직접 바꾸는 일
   ☐☐☐☐

2) 돈·물품 따위를 주고받는 일 또는 사고파는 일
   ☐☐

3) 일정한 기준에 따라 사물의 차례·값·등수 따위를 정하다
   ☐☐☐

4) 몸치장을 하는 데 쓰는 물건
   ☐☐☐

5) 실·끈 따위를 구멍·틈의 한쪽에 넣어 다른 쪽으로 내다
   ☐☐

6) 주가 되는 것을 도움
   ☐☐

2 밑줄 친 곳에 알맞은 낱말을 써 넣어 문장을 완성해 봅시다.

1) 화폐가 생기기 전에는 _____ 으로 필요한 물건을 구했다.

2) 인터넷을 통해서 물품 _____ 를 할 때에는 사고파는 사람의 정보를 철저히
   확인해야 한다.

3) 선생님은 학생들이 각자 모은 스티커 개수에 따라 순위를 _____ 선물을
   주었다.

4) 그녀는 귀걸이, 목걸이, 팔찌, 반지, 브로치 등 갖가지 _____로 몸을 치장했다.

5) 원시 시대에는 조개껍데기에 구멍을 뚫은 후에 실을 _____ 장신구로 쓰기도
   했다.

6) 음식을 만드시는 엄마 곁에서 음식 재료를 나르고 다듬으며 _____ 를 했다.

1 **문장을 읽고, 알맞은 낱말을 써 넣어 봅시다.**

1) 동식물 · 광석 따위를 찾거나 · 캐거나 · 잡아서 모으다 _____

2) 인공적인 빛을 보내어 주변과 사물을 볼 수 있도록
밝게 비춤 또는 그 빛 _____

3) 쓰고 난 후 남은 것(나머지) _____

4) 말 · 행동이 예의 바르고 겸손하다 _____

5) 일정한 기준에 따라 사물의 차례 · 값 · 등수 따위를 정하다 _____

6) 주가 되는 것을 도움 _____

7) 실내의 온도를 인위적으로 낮추는 장치 _____

8) 도와주거나 · 보살펴 주려고 마음을 쓰다 _____

9) 실 · 끈 따위를 구멍 · 틈의 한쪽에 넣어 다른 쪽으로 내다 _____

10) 마음속으로 괴로워하며 속을 태움 _____

11) 몸치장을 하는 데 쓰는 물건 _____

12) 자신의 뜻에 따르도록 듣는 사람에게 잘 알아듣게
말하다 _____

13) 여럿이 한꺼번에 내닫는 모양 또는 몰리는 모양 _____

14) 마음에 느낀 바 _____

15) 여기저기에 흩어져 놓이다 _____

16) 물건 · 기술 따위가 새로 만들어지다 _____

17) 어떤 일 · 현상 · 사물에 대하여 일어나는
기쁨 · 슬픔 · 좋음 · 싫음 따위의 마음 · 기분 _____

18) 더 앞서고 좋은 상태나 · 더 높은 단계로 나아가다 _____

19) 듣는 사람이 잘 알 수 있도록 자세하게 말하다 _____

20) 절차에 따라 정리하다 또는 끝맺다 _____

21) 물건을 돈으로 팔고 사지 않고 물건과 물건을
직접 바꾸는 일 _____

22) 무엇을 필요에 따라 이롭게 쓰다 _____

23) 익거나 다 자란 농작물을 거두어들이다 _____

24) 실내의 온도를 인위적으로 높여 따뜻하게 하는 일 _____

25) 곡식 · 채소 · 과일 따위를 땅에 심어서 · 가꾸고 · 거두는 일 _____

26) 돈 · 물품 따위를 주고받는 일 또는 사고파는 일 _____

27) 인간이 생활하는 데 필요한 물건을 만들어 냄 _____

28) 상대방이 처한 상황을 살펴 생각하다 _____

29) 일정한 때 또는 일정한 기간 _____

30) 표정 · 태도 등이 긴장하거나 · 불쾌함을 느껴 딱딱하다 _____

2 **밑줄 친 곳에 알맞은 낱말을 써 넣어 문장을 완성해 봅시다.**

1) 농사 기술이 발전하면서 _____ 곡식의 양도 늘어났다.

2) 화폐가 생기기 전에는 _____ 으로 필요한 물건을 구했다.

3) 인터넷을 통해서 물품 _____ 를 할 때에는 사고파는 사람의 정보를 철저히 확인해야 한다.

4) 괭이나 쟁기 같은 농기구가 _____ 농사가 수월해졌다.

5) 도서관을 _____ 많은 책을 무료로 읽을 수 있다.

6) 야구 경기가 끝나자 사람들이 경기장 밖으로 _____ 쏟아져 나왔다.

7) 선생님은 학생들이 각자 모은 스티커 개수에 따라 순위를 _____ 선물을 주었다.

8) 학생들은 새 학년이 된 _____ 을 친구들 앞에서 발표했다.

9) 원시 시대에는 열매와 식물을 직접 키우지 않고 _____ 먹었다.

10) 오늘날 과학 기술은 하루가 다르게 급속히 _____ 있다.

11) 촌락에 사시는 할머니는 사과와 고구마 _____ 를 지으신다.

12) 원시 시대에는 조개껍데기에 구멍을 뚫은 후에 실을 _____ 장신구로 쓰기도 했다.

13) 선생님은 '각'과 '각도'가 어떻게 다른지 학생들에게 차근차근 _____ .

14) 교실 _____ 이 어두워져서 형광등을 새것으로 갈아끼웠다.

15) 유통기한을 보니 이 우유는 일주일 전에 _____ 이 된 것 같다.

16)　음식을 만드시는 엄마 곁에서 음식 재료를 나르고 다듬으며 _____ 를 했다.

17)　공부의 기초를 다지는 초등학교 _____ 은 중고등학교 _____ 에 못지않게 중요하다.

18)　에너지 절약을 위해 겨울철에 _____ 기구를 덜 쓰도록 노력해야 한다.

19)　급식 후에 생긴 잔반을 _____ 비용이 상당히 많이 든다.

20)　길바닥에 _____ 있던 쓰레기들이 바람에 나뒹굴고 있다.

21)　축구 선수는 "운이 좋았던 것 같다"며 승리 소감을 _____ 밝혔다.

22)　올해 농사가 풍년이 들어서 _____ 농산물이 창고에 가득 쌓여 있다.

23)　며칠 전에 다툰 친구가 내게 다가와서 "그만 화해하자"고 말했지만, 안 좋은 _____ 이 아직 남아 있어서 화해를 거절했다.

24)　다리 다친 친구를 _____ 가방을 대신 들어주었다.

25)　그녀는 귀걸이, 목걸이, 팔찌, 반지, 브로치 등 갖가지 _____ 로 몸을 치장했다.

26)　우리 반 회장은 긴장한 듯 _____ 표정으로 첫 학급 회의를 진행했다.

27)　운동장에서 뛰놀다 들어온 아이들이 _____ 앞에 서서 땀을 식혔다.

28)　나는 다니기 싫은 학원을 다니는 것이 _____ 인데, 친구는 다니고 싶은 학원을 못 다녀서 _____ 이라고 한다.

29)　학생들이 피구를 하게 해달라고 아우성치자 선생님은 긍정적으로 _____ 보겠다고 답했다.

30)　엄마는 "하루도 빠짐없이 수학을 공부해야 한다"고 아이를 _____ .

3. 느낌을 살려 말해요

유목민
한자 놀 유 遊
칠 목 牧
백성 민 民

가축을 기르면서 / 물과 풀을 따라 / 옮겨 다니며 사는 / °민족

예 가축을 기르면서 이곳저곳을 옮겨 다니며 살아가는 **유목민**은 장소를 이동할 때 낙타나 말을 이용한다.

°민족(民 백성 민, 族 겨레 족) 같은 지역에서 공동생활을 오랫동안 함으로써 언어나 풍습 따위의 문화 내용을 함께하는 인간 집단

수단
한자 손 수 手
층계 단 段

°목적을 이루기 위한 / 방법 또는 그 도구

예 방과 후에 놀고 싶었던 아이는 학원에 빠질 수 있는 **수단**을 °궁리했다.

°목적(目 눈 목,的 과녁 적) 행동을 취해서 이루려고 하는 것

°궁리하다(窮 다할 궁, 理 다스릴 리) 마음속으로 이리저리 따져 깊이 생각하다

불과하다
한자 아닐 불 不
지날 과 過

일정한 수량·정도에 / 지나지 않다

예 물물 교환 시대에 °물품 화폐는 물물 교환의 보조 수단에 **불과했다**.

°물품 화폐(상품 화폐)   물물 교환 시대에 화폐 구실을 하던 (조개껍데기, 짐승 가죽, 곡식, 가축 따위의) 물건

가치
한자 값 가 價
값 치 值

사물이 지니고 있는 / 값·쓸모

예 물물 교환을 할 때 사람들은 서로 원하는 것도 다르고 각자가 생각하는 물건의 **가치**도 달라서 불편했다.

비 값, 값어치, 쓸모

방적
한자 °길쌈 방 紡
길쌈할 적 績

솜·°누에고치·털 따위에서 / °섬유질을 뽑아 / 실을 만들어 / 천을 짜 내기까지의 / 모든 일

예 **방적**에는 목화나 삼, 또는 누에고치 등의 원료가 사용된다.

°길쌈   실을 내어 옷감을 짜는 모든 일

°누에고치   누에가 번데기로 변할 때에 실을 토하여 제 몸을 둘러싸서 만든 둥글고 길쭉한 모양의 집

°섬유질(纖 가늘 섬, 維 벼리 유, 質 바탕 질)   아주 작은 실 모양으로 이루어진 물질

정교하다
한자 정할 정 精
공교할 교 巧

솜씨·기술이 / 빈틈이 없고·자세하다

예 미술시간에 친구가 내 얼굴을 그렸는데, 점 하나하나까지 고스란히 그릴 만큼 °솜씨가 **정교했다**.

°솜씨   손으로 무엇을 만들거나 어떤 일을 하는 재주

1 **문장을 읽고, 알맞은 낱말을 써 넣어 봅시다.**

1) 가축을 기르면서 물과 풀을 따라 옮겨 다니며 사는 민족

2) 목적을 이루기 위한 방법 또는 그 도구

3) 일정한 수량·정도에 지나지 않다

4) 사물이 지니고 있는 값·쓸모

5) 솜·누에고치·털 따위에서 섬유질을 뽑아 실을 만들어
천을 짜 내기까지의 모든 일

6) 솜씨·기술이 빈틈이 없고·자세하다

7주
1일

2 **밑줄 친 곳에 알맞은 낱말을 써 넣어 문장을 완성해 봅시다.**

1) 가축을 기르면서 이곳저곳을 옮겨 다니며 살아가는 _____ 은 장소를 이동할
때 낙타나 말을 이용한다.

2) 방과 후에 놀고 싶었던 아이는 학원에 빠질 수 있는 _____ 을 궁리했다.

3) 물물 교환 시대에 물품 화폐는 물물 교환의 보조 수단에 _____ .

4) 물물 교환을 할 때 사람들은 서로 원하는 것도 다르고 각자가 생각하는 물건의
_____ 도 달라서 불편했다.

5) _____ 에는 목화나 삼, 또는 누에고치 등의 원료가 사용된다.

6) 미술시간에 친구가 내 얼굴을 그렸는데, 점 하나하나까지 고스란히 그릴 만큼
솜씨가 _____ .

3. 느낌을 살려 말해요

낙면
한자 떨어질 낙 落
솜 면 綿

솜 부스러기

예 지폐의 °재료는 °방적 공장에서 °옷감의 재료로 사용하고 남은 찌꺼기 솜인 **낙면**이다.

°재료(材 재목 재, 料 헤아릴 료)　　어떤 물건을 만드는 데 쓰인(사용된) 것

°방적 공장(工 장인 공, 場 마당 장)　실을 만드는 공장

°옷감　　베 · 무명 · 비단 따위의 옷을 짓는 데 쓰는 천

인쇄
한자 도장 인 印
인쇄할 쇄 刷

문자 · 그림 · 사진 등이 그려져 있는 면에 / 잉크를 발라 / 종이 · 천에 찍어 내는 일

예 시험지에 **인쇄**된 그림이 잘 보이지 않아서 선생님께 여쭤보았다.

위조
한자 거짓 위 僞
지을 조 造

물건 · 문서 따위를 / 진짜와 비슷하게 만듦 또는 가짜를 만듦

예 사회 시간에 **위조**한 돈으로 물건을 사고파는 거래 활동을 했다.

방지하다
한자 막을 방 防
그칠 지 止

일 · 현상이 / 일어나지 못하도록 / 막다

예 위조를 **방지**하기 위해 지폐에 그림을 복잡하게 그려 넣는다.

특이하다
한자 특별할 특 特
다를 이 異

°보통에 비하여 / 두드러지게 다르다

예 그는 많은 사람 사이에서도 눈에 번쩍 띄는 **특이**한 °외모를 가지고 있다.

°보통(普 넓을 보, 通 통할 통)　　(특별하지 아니하고) 흔히 볼 수 있음

°외모(外 바깥 외, 貌 모양 모)　　겉으로 드러나 보이는 모습. 겉모양

비 독특하다(獨 홀로 독), 특수하다(殊 다를 수), 특별하다 (別 다를 별)

제조
한자 지을 제 製
지을 조 造

°공장에서 원료를 °가공하여 / 제품을 만듦

예 엄마는 마트에 가서 물건을 살 때 **제조** 날짜를 꼼꼼히 확인하신다.

°공장(工 장인 공, 場 마당 장)　　원료나 재료를 가공하여 물건을 만들어 내는 곳

°가공하다(加 더할 가, 工 장인 공)　천연의 것이나 완성되지 않은 것에 사람의 힘을 더하여 새로운 제품을 만들다

1 문장을 읽고, 알맞은 낱말을 써 넣어 봅시다.

1) 솜 부스러기 □□

2) 문자·그림·사진 등이 그려져 있는 면에 잉크를 발라
   종이·천에 찍어 내는 일 □□

3) 물건·문서 따위를 진짜와 비슷하게 만듦 또는 가짜를 만듦 □□

4) 일·현상이 일어나지 못하도록 막다 □□□□

5) 보통에 비하여 두드러지게 다르다 □□□□

6) 공장에서 원료를 가공하여 제품을 만듦 □□

2 밑줄 친 곳에 알맞은 낱말을 써 넣어 문장을 완성해 봅시다.

1) 지폐의 재료는 방적 공장에서 옷감의 재료로 사용하고 남은 찌꺼기 솜인
   _____ 이다.

2) 시험지에 _____ 된 그림이 잘 보이지 않아서 선생님께 여쭤보았다.

3) 사회 시간에 _____ 한 돈으로 물건을 사고파는 거래 활동을 했다.

4) 위조를 _____ 위해 지폐에 그림을 복잡하게 그려 넣는다.

5) 그는 많은 사람 사이에서도 눈에 번쩍 띄는 _____ 외모를 가지고 있다.

6) 엄마는 마트에 가서 물건을 살 때 _____ 날짜를 꼼꼼히 확인하신다.

3일

3. 느낌을 살려 말해요

수준
한자 물 수 水
준할 준 準

사물의 가치 · 등급 따위의 / 일정한 기준

예 그 아이는 초등학생 **수준**을 훨씬 뛰어넘어서 고등학생 **수준**의 영어 실력을 갖추고 있다.

소전

그림, •액면가, 발행연도 따위의 / 무늬를 새기기 전 상태의 / 동전

예 현재 40여 개 국가, 25억의 인구가 우리나라에서 만든 **소전**으로 동전을 만들어 쓰고 있다.

• 액면가(額 이마 액, 面 낯 면, 價 값 가)   화폐의 겉면에 적힌 금액

광고
한자 넓을 광 廣
고할 고 告

어떤 •정보를 / 사람들에게 널리 알리는 / 활동

예 '북극곰의 눈물'이라는 **광고**를 보고 환경 보호의 필요성을 •절감했다.

• 정보(情 뜻 정, 報 갚을 보) 문제 해결에 도움이 될 수 있는
　　　　　　　　　　　　　　형태로 정리한 지식과 자료

• 절감하다(切 끊을 절, 感 느낄 감)   아주 깊이 느끼다

녹색 교통
한자 푸를 녹 綠
빛 색 色
사귈 교 交
통할 통 通

석유 · 석탄 · 천연가스 따위의 화석 연료의 사용량을 줄여 / •온실가스의 •배출량을 줄이는 / •환경친화적 저탄소 / •교통 체계

예 환경을 보호하기 위해 대중교통 이용과 자전거 타기 등의 **녹색 교통**을 적극 실천해야 한다.

• 온실가스(溫 따뜻할 온, 室 집 실)   지구 대기를 오염시켜 지표의 온도를 올리는 기체
• 배출량(排 밀칠 배, 出 날 출, 量 헤아릴 량)   어떤 물질을 안에서 밖으로 내보내는 양
• 환경친화적   자연환경을 오염하지 않고 자연 그대로의 환경과 잘 어울리는 (것)
• 교통 체계 교통수단과 교통 시설을 이용하고 관리하는 운영 시스템

주민 자치
한자 살 주 住
백성 민 民
스스로 자 自
다스릴 치 治

•주민들이 / 자기 지역의 일을 / 스스로 책임지고 처리하는 것

예 지역의 주차 문제는 **주민 자치**로 해결하는 것이 바람직하다.

• 주민(住 살 주, 民 백성 민) 일정한 지역에 살고 있는 사람

실현되다
한자 열매 실 實
나타날 현 現

희망 · 계획 등이 / 실제로 이루어지다

예 보봉은 독일에 있는 생태 마을로, 태양 에너지, 녹색 교통, 주민 자치 등 환경 정책이 •두루 잘 **실현되고** 있는 곳이다.

• 두루   빠짐없이 골고루

7주
3일

1 문장을 읽고, 알맞은 낱말을 써 넣어 봅시다.

1) 사물의 가치 · 등급 따위의 일정한 기준 ☐☐

2) 그림, 액면가, 발행연도 따위의 무늬를 새기기 전 상태의 동전 ☐☐

3) 어떤 정보를 사람들에게 널리 알리는 활동 ☐☐

4) 석유 · 석탄 · 천연가스 따위의 화석 연료의 사용량을
줄여 온실가스의 배출량을 줄이는 환경친화적
저탄소 교통 체계 ☐☐☐☐

5) 주민들이 자기 지역의 일을 스스로 책임지고 처리하는 것 ☐☐☐

6) 희망 · 계획 등이 실제로 이루어지다 ☐☐☐

2 밑줄 친 곳에 알맞은 낱말을 써 넣어 문장을 완성해 봅시다.

1) 그 아이는 초등학생 _____ 을 훨씬 뛰어넘어서 고등학생 _____ 의
영어 실력을 갖추고 있다.

2) 현재 40여 개 국가, 25억의 인구가 우리나라에서 만든 _____ 으로 동전을
만들어 쓰고 있다.

3) '북극곰의 눈물'이라는 _____ 를 보고 환경 보호의 필요성을 절감했다.

4) 환경을 보호하기 위해 대중교통 이용과 자전거 타기 등의 _____ 을 적극
실천해야 한다.

5) 지역의 주차 문제는 _____ 로 해결하는 것이 바람직하다.

6) 보봉은 독일에 있는 생태 마을로, 태양 에너지, 녹색 교통, 주민 자치 등 환경 정책이
두루 잘 _____ 있는 곳이다.

3. 느낌을 살려 말해요

정책
한자 정사 정 政
꾀 책 策

*정부 · 단체 · 개인 등이 / *정치적인 목적을 실현하거나 · 사회적인 문제를 해결하기 위하여 *취하는 / 방향 · 방법

예 정부는 환경 문제, 교육 문제, 일자리 문제, 교통 문제 등을 해결하기 위한 **정책**을 펼치고 있다.

* 정부(政 정사나라를 다스리는 일 정, 府 마을 부)   나라의 일을 맡아보는 국가 기관
* 정치(政 정사 정, 治 다스릴 치)   사람들 사이의 의견 차이를 해결하는 과정
* 취하다(取 가질 취)   어떤 행동을 하거나 태도를 보이다

철수하다
한자 거둘 철 撤
거둘 수 收

있던 곳에서 시설 · 장비를 거두고 / 물러나다

예 전쟁이 완전히 끝나자 *주둔했던 군대들이 *본국으로 **철수했다.**

* 주둔하다(駐 머무를 주, 屯 진 칠 둔)   군대가 어떤 지역에 머무르다
* 본국(本 근본 본, 國 나라 국)   자기 나라. 곧, 자기의 국적이 있는 나라

활용하다
한자 살 활 活
쓸 용 用

이리저리 충분히 / 잘 이용하다

예 아침 자습시간을 **활용하여** 일 년 동안 20권의 책을 읽었다.

합의하다
한자 합할 합 合
뜻 의 意

어떤 문제 · 일에 대하여 / 서로의 의견이 *일치하다

예 내일부터 하루에 한 시간씩 수학 공부를 하기로 엄마와 **합의했다.**

* 일치하다(一 한 일, 致 이를 치)   서로 꼭 들어맞다

토론하다
한자 칠 토 討
논할 론 論

서로 의견이 다른 문제를 놓고 / 여러 사람이 각자 의견을 내세우고 · 그 *정당함을 *논하다

예 '어린이의 휴대폰 사용을 *허용해야 하는가'를 주제로 친구들과 **토론했다.**

* 정당하다(正 바를 정, 當 마땅 당)   (이치에 맞아) 바르고 옳다
* 논하다(論 논할 논)   옳고 그름을 따져 자신의 의견을 말하다
* 허용하다(許 허락할 허, 容 얼굴 용) 어떤 일을 받아들이다

태양열
한자 클 태 太
볕 양 陽
더울 열 熱

태양에서 나와 / 지구에 *도달하는 열

예 '집열판'은 플라스틱이나 투명한 유리판을 이용하여 **태양열**을 모을 수 있도록 만든 장치이다.

* 도달하다(到 이를 도, 達 통달할 달) 목표한 곳에 가 닿다

1 문장을 읽고, 알맞은 낱말을 써 넣어 봅시다.

1) 정부·단체·개인 등이 정치적인 목적을 실현하거나·
   사회적인 문제를 해결하기 위하여 취하는 방향·방법

2) 있던 곳에서 시설·장비를 거두고 물러나다

3) 이리저리 충분히 잘 이용하다

4) 어떤 문제·일에 대하여 서로의 의견이 일치하다

5) 서로 의견이 다른 문제를 놓고 여러 사람이 각자
   의견을 내세우고·그 정당함을 논하다

6) 태양에서 나와 지구에 도달하는 열

7주
4일

2 밑줄 친 곳에 알맞은 낱말을 써 넣어 문장을 완성해 봅시다.

1) 정부는 환경 문제, 교육 문제, 일자리 문제, 교통 문제 등을 해결하기 위한
   _____ 을 펼치고 있다.

2) 전쟁이 완전히 끝나자 주둔했던 군대들이 본국으로 _____ .

3) 아침 자습시간을 _____ 일 년 동안 20권의 책을 읽었다.

4) 내일부터 하루에 한 시간씩 수학 공부를 하기로 엄마와 _____ .

5) '어린이의 휴대폰 사용을 허용해야 하는가'를 주제로 친구들과 _____ .

6) '집열판'은 플라스틱이나 투명한 유리판을 이용하여 _____ 을 모을 수 있도록
   만든 장치이다.

손실

한자 덜 손 損
잃을 실 失

무엇이 줄거나 잃어서 / 손해를 봄 또는 그 손해

예 얼마 전에 큰 지진이 나서 *인명과 재산에 *막대한 **손실**을 입었다.

*인명(人 사람 인, 命 목숨 명)　　사람의 목숨

*막대하다(莫 없을 막, 大 클 대)　　더할 수 없을 만큼 많거나 크다

최소화하다

한자 가장 최 最
적을 소 少
될 화 化

가장 적게 하다

예 시험에서 실수를 **최소화해야** 자신의 실력을 충분히 *발휘할 수 있다.

*발휘하다(發 필 발, 揮 휘두를 휘)　재능, 능력 따위를 떨쳐 드러내다

공동 주택

한자 한가지 공 共
한가지 동 同
살 주 住
집 택 宅

하나의 건물 안에서 / 여러 *가구가 / 저마다 따로 생활할 수 있게 만들어진 / 주택

예 **공동 주택**에서는 층간 소음이 발생하지 않도록 조심해야 한다.

*가구(세대)(家 집 가, 口 입 구)　주거 및 생계를 같이하는 사람의 집단

대중교통

한자 클 대 大
무리 중 衆
사귈 교 交
통할 통 通

버스 · 지하철 따위의 / 여러 사람이 이용하는 / *교통

예 많은 사람이 **대중교통**을 이용해서 학교나 직장을 다닌다.

*교통　　자동차 · 기차 · 배 · 비행기 등을 이용하여 사람이 오고 가거나 짐을 실어 나르는 일

인근

한자 이웃 인 隣
가까울 근 近

어떤 *지점 · 위치에서 / *이웃한 가까운 / 곳

예 주말에는 야구 경기장 **인근**이 차와 사람으로 몹시 *붐빈다.

*지점(地 땅 지, 點 점 점)　　땅 위의 어느 한곳

*이웃하다　(나란히 또는 가까이 있어) 경계가 서로 붙어 있다

*붐비다　　(사람이나 차 따위가) 혼잡하고 수선스럽게 드나들거나 왔다갔다하다

비 근방(方 모 방), 근처(處 곳 처), 부근(附 붙을 부), 이웃

전력

한자 번개 전 電
힘 력 力

전기 에너지

예 여름철과 겨울철에는 *냉난방기를 틀기 때문에 **전력** 사용량이 *증가한다.

*냉난방기(冷 찰 냉, 暖 따뜻할 난, 房 방 방, 機 틀 기)　냉방기와 난방기를 아울러 이르는 말

*증가하다(增 더할 증, 加 더할 가)　　양이나 수가 이전보다 더 늘어나서 많아지다

초등국어 5-1 학기편

1 문장을 읽고, 알맞은 낱말을 써 넣어 봅시다.

1) 무엇이 줄거나 잃어서 손해를 봄 또는 그 손해

2) 가장 적게 하다

3) 하나의 건물 안에서 여러 가구가 저마다 따로 생활할 수 있게 만들어진 주택

4) 버스 · 지하철 따위의 여러 사람이 이용하는 교통

5) 어떤 지점 · 위치에서 이웃한 가까운 곳

6) 전기 에너지

7주
5일

2 밑줄 친 곳에 알맞은 낱말을 써 넣어 문장을 완성해 봅시다.

1) 얼마 전에 큰 지진이 나서 인명과 재산에 막대한 _____ 을 입었다.

2) 시험에서 실수를 _____ 자신의 실력을 충분히 발휘할 수 있다.

3) _____ 에서는 층간 소음이 발생하지 않도록 조심해야 한다.

4) 많은 사람이 _____ 을 이용해서 학교나 직장을 다닌다.

5) 주말에는 야구 경기장 _____ 이 차와 사람으로 몹시 붐빈다.

6) 여름철과 겨울철에는 냉난방기를 틀기 때문에 _____ 사용량이 증가한다.

1 문장을 읽고, 알맞은 낱말을 써 넣어 봅시다.

1) 주민들이 자기 지역의 일을 스스로 책임지고 처리하는 것 _____

2) 사물이 지니고 있는 값 · 쓸모 _____

3) 가축을 기르면서 물과 풀을 따라 옮겨 다니며 사는 민족 _____

4) 태양에서 나와 지구에 도달하는 열 _____

5) 목적을 이루기 위한 방법 또는 그 도구 _____

6) 어떤 문제 · 일에 대하여 서로의 의견이 일치하다 _____

7) 문자 · 그림 · 사진 등이 그려져 있는 면에 잉크를 발라
   종이 · 천에 찍어 내는 일 _____

8) 솜씨 · 기술이 빈틈이 없고 자세하다 _____

9) 그림, 액면가, 발행연도 따위의 무늬를 새기기 전 상태의 동전_____

10) 버스 · 지하철 따위의 여러 사람이 이용하는 교통 _____

11) 어떤 정보를 사람들에게 널리 알리는 활동 _____

12) 하나의 건물 안에서 여러 가구가 저마다 따로
    생활할 수 있게 만들어진 주택 _____

13) 보통에 비하여 두드러지게 다르다 _____

14) 석유 · 석탄 · 천연가스 따위의 화석 연료의 사용량을 줄여
    온실가스의 배출량을 줄이는 환경친화적 저탄소 교통 체계 _____

15) 전기 에너지 _____

16) 일정한 수량·정도에 지나지 않다 _____

17) 정부·단체·개인 등이 정치적인 목적을 실현하거나·
사회적인 문제를 해결하기 위하여 취하는 방향·방법 _____

18) 공장에서 원료를 가공하여 제품을 만듦 _____

19) 있던 곳에서 시설·장비를 거두고 물러나다 _____

20) 서로 의견이 다른 문제를 놓고 여러 사람이 각자
의견을 내세우고·그 정당함을 논하다 _____

21) 솜 부스러기 _____

22) 희망·계획 등이 실제로 이루어지다 _____

23) 일·현상이 일어나지 못하도록 막다 _____

24) 사물의 가치·등급 따위의 일정한 기준 _____

25) 솜·누에고치·털 따위에서 섬유질을 뽑아 실을 만들어
천을 짜 내기까지의 모든 일 _____

26) 무엇이 줄거나 잃어서 손해를 봄 또는 그 손해 _____

27) 이리저리 충분히 잘 이용하다 _____

28) 가장 적게 하다 _____

29) 어떤 지점·위치에서 이웃한 가까운 곳 _____

30) 물건·문서 따위를 진짜와 비슷하게 만듦 또는 가짜를 만듦 _____

2 밑줄 친 곳에 알맞은 낱말을 써 넣어 문장을 완성해 봅시다.

1) 많은 사람이 _____ 을 이용해서 학교나 직장을 다닌다.

2) 얼마 전에 큰 지진이 나서 인명과 재산에 막대한 _____ 을 입었다.

3) 물물 교환을 할 때 사람들은 서로 원하는 것도 다르고 각자가 생각하는 물건의 _____ 도 달라서 불편했다.

4) 그는 많은 사람 사이에서도 눈에 번쩍 띄는 _____ 외모를 가지고 있다.

5) 지폐의 재료는 방적 공장에서 옷감의 재료로 사용하고 남은 찌꺼기 솜인 _____ 이다.

6) 내일부터 하루에 한 시간씩 수학 공부를 하기로 엄마와 _____ .

7) 물물 교환 시대에 물품 화폐는 물물 교환의 보조 수단에 _____ .

8) 시험에서 실수를 _____ 자신의 실력을 충분히 발휘할 수 있다.

9) 환경을 보호하기 위해 대중교통 이용과 자전거 타기 등의 _____ 을 적극 실천해야 한다.

10) 위조를 _____ 위해 지폐에 그림을 복잡하게 그려 넣는다.

11) 엄마는 마트에 가서 물건을 살 때 _____ 날짜를 꼼꼼히 확인하신다.

12) _____ 에서는 층간 소음이 발생하지 않도록 조심해야 한다.

13) '어린이의 휴대폰 사용을 허용해야 하는가'를 주제로 친구들과 _____ .

14) 시험지에 _____ 된 그림이 잘 보이지 않아서 선생님께 여쭤보았다.

15) 주말에는 야구 경기장 _____ 이 차와 사람으로 몹시 붐빈다.

16) 여름철과 겨울철에는 냉난방기를 틀기 때문에 _____ 사용량이 증가한다.

17) 정부는 환경 문제, 교육 문제, 일자리 문제, 교통 문제 등을 해결하기 위한 _____ 을 펼치고 있다.

18) _____ 에는 목화나 삼, 또는 누에고치 등의 원료가 사용된다.

19) 아침 자습시간을 _____ 일 년 동안 20권의 책을 읽었다.

20) 그 아이는 초등학생 _____ 을 훨씬 뛰어넘어서 고등학생 _____ 의 영어 실력을 갖추고 있다.

21) 지역의 주차 문제는 _____ 로 해결하는 것이 바람직하다.

22) 방과 후에 놀고 싶었던 아이는 학원에 빠질 수 있는 _____ 을 궁리했다.

23) 현재 40여 개 국가, 25억의 인구가 우리나라에서 만든 _____ 으로 동전을 만들어 쓰고 있다.

24) 가축을 기르면서 이곳저곳을 옮겨 다니며 살아가는 _____ 은 장소를 이동할 때 낙타나 말을 이용한다.

25) 사회 시간에 _____ 한 돈으로 물건을 사고파는 거래 활동을 했다.

26) 미술시간에 친구가 내 얼굴을 그렸는데, 점 하나하나까지 고스란히 그릴 만큼 솜씨가 _____ .

27) '북극곰의 눈물'이라는 _____ 를 보고 환경 보호의 필요성을 절감했다.

28) 전쟁이 완전히 끝나자 주둔했던 군대들이 본국으로 _____ .

29) 보봉은 독일에 있는 생태 마을로, 태양 에너지, 녹색 교통, 주민 자치 등 환경 정책이 두루 잘 _____ 있는 곳이다.

30) '집열판'은 플라스틱이나 투명한 유리판을 이용하여 _____ 을 모을 수 있도록 만든 장치이다.

활발하다
한자 살 활 活
물 뿌릴 발 潑

무엇이 많이 / *이루어지다 또는 *벌어지다
예 우리 반에서는 아침 자습 시간에 독서 활동이 **활발하게** 이루어지고 있다.
*이루어지다 　일정한 상태나 결과가 생기거나 만들어지다
*벌어지다 　어떤 일이 일어나다

머무르다

어떤 곳에서 / 잠시 동안 또는 꽤 오랫동안 / *지내다
예 지난 주말에 시골 할머니 댁에 가서 이틀 동안 **머물렀다**.
*지내다 　사람이 어떤 장소에서 생활하면서 일정한 시간을 보내다

생기
한자 날 생 生
기운 기 氣

싱싱하고 · 힘찬 / 기운
예 무더운 날씨 탓에 화단의 꽃들이 **생기**를 잃었다.

스산하다

어떤 장소가 / *쓸쓸하고 · *으스스하다
예 생명체의 자취가 사라진 한겨울의 풍경은 **스산한** 느낌이 든다.
*쓸쓸하다 　외롭고 조용하다
*으스스하다 　섬뜩한 느낌을 받아서 소름이 돋는 듯하다

자원 순환
한자 재물 자 資
근원 원 源
돌 순 循
고리 환 環

*폐기물의 발생을 *억제하고 · 발생된 폐기물을 적정하게 재활용하거나 처리하는 방식으로 / 자원의 *순환 과정을 환경친화적으로 이용하고 · 관리하는 / 일
예 환경을 보호하기 위해서는 일회용품의 재활용을 통한 **자원 순환**이 이루어져야 한다.
*폐기물(廢 버릴 폐, 棄 버릴 기, 物 물건 물) 　못 쓰게 되어 버리는 물건
*억제하다(抑 누를 억, 制 절제할 제) 무엇을 억눌러 그치게 하다
*순환(循 돌 순, 環 고리 환) 무엇이 일정한 간격을 두고 되풀이하여 돎

실감나다
한자 열매 실 實
느낄 감 感

실제로 *체험하는 듯한 / 느낌이 들다
예 친구가 들려준 귀신 이야기는 내가 직접 겪은 일인 것 같은 *착각이 들 정도로 **실감났다**.
*체험하다(體 몸 체, 驗 시험 험) 　어떤 일을 실제로 보고 듣고 겪다
*착각(錯 어긋날 착, 覺 깨달을 각) 　실제와 다르게 느끼거나 생각함

1 문장을 읽고, 알맞은 낱말을 써 넣어 봅시다.

1) 무엇이 많이 이루어지다 또는 벌어지다

2) 어떤 곳에서 잠시 동안 또는 꽤 오랫동안 지내다

3) 싱싱하고 · 힘찬 기운

4) 어떤 장소가 쓸쓸하고 · 으스스하다

5) 폐기물의 발생을 억제하고 · 발생된 폐기물을 적정하게 재활용하거나 처리하는 방식으로 자원의 순환 과정을 환경친화적으로 이용하고 관리하는 일

8주
1일

6) 실제로 체험하는 듯한 느낌이 들다

2 밑줄 친 곳에 알맞은 낱말을 써 넣어 문장을 완성해 봅시다.

1) 우리 반에서는 아침 자습 시간에 독서 활동이 _____ 이루어지고 있다.

2) 지난 주말에 시골 할머니 댁에 가서 이틀 동안 _____ .

3) 무더운 날씨 탓에 화단의 꽃들이 _____ 를 잃었다.

4) 생명체의 자취가 사라진 한겨울의 풍경은 _____ 느낌이 든다.

5) 환경을 보호하기 위해서는 일회용품의 재활용을 통한 _____ 이 이루어져야 한다.

6) 친구가 들려준 귀신 이야기는 내가 직접 겪은 일인 것 같은 착각이 들 정도로 _____ .

4. 일에 대한 의견

사실

한자 일 사 事
열매 실 實

•실제로 있었던 일 또는 현재에 있는 일

예 친구는 귀신 이야기가 **사실**이라고 말했지만, 나는 **사실**이라고 믿지 않았다.

•실제로(實 열매 실, 際 즈음 제)　　거짓이나 상상이 아닌 정말로 있는 그대로

비 실사, 실제, 실제로, 실지로(地 땅 지)

대상

한자 대할 대 對
코끼리 상 象

어떤 일의 / 목표가 되는 것 또는 그 •상대

예 4학년 학생을 **대상**으로 실시된 •교내 글짓기 대회에서 금상을 받았다.

•상대(相 서로 상, 對 대할 대)　　서로 마주 대함. 또는 그런 대상

•교내(학내)(校 학교 교, 內 안 내)　　학교의 안

의견

한자 뜻 의 意
볼 견 見

어떤 대상·일에 대하여 / 자기 마음에서 판단하여 가지는 / 생각

예 학급 회의 시간에 교실과 복도에 쓰레기를 함부로 버리지 말자는 **의견**을
제시했다.

전시하다

한자 펼 전 展
보일 시 示

여러 가지 물품을 / 한곳에 모아 벌여 놓고 / 사람들에게 보이다

예 미술관에서는 조상들의 생활 모습을 담은 그림들을
전시했다.

평소(평상시)

한자 평평할 평 平
본디 소 素

특별한 일이 없는 / 보통 때

예 아이는 **평소**와 다름없이 학교가 끝나자 곧장 학원에 갔다.

비 평일(日 날 일), 평시(時 때 시)

철

일 년을 봄·여름·가을·겨울로 •구분했을 때 / •그중 한 시기

예 우리나라에는 사계절이 있어서 **철**에 따라 사람들이 입는 옷이 달라진다.

•구분하다(區 구분할 구, 分 나눌 분) 일정한 기준에 따라 전체를 몇 개로 갈라 나누다

•그중(中 가운데 중)　　(정해진 범위의) 여럿 가운데서

비 계절(季 계절 계, 節 마디 절), 시절(時 때 시 節 마디 절)

1 문장을 읽고, 알맞은 낱말을 써 넣어 봅시다.

1) 실제로 있었던 일 또는 현재에 있는 일

2) 어떤 일의 목표가 되는 것 또는 그 상대

3) 어떤 대상·일에 대하여 자기 마음에서 판단하여 가지는 생각

4) 여러 가지 물품을 한곳에 모아 벌여 놓고 사람들에게 보이다

5) 특별한 일이 없는 보통 때

6) 일 년을 봄·여름·가을·겨울로 구분했을 때 그중 한 시기

8주 2일

2 밑줄 친 곳에 알맞은 낱말을 써 넣어 문장을 완성해 봅시다.

1) 친구는 귀신 이야기가 _____ 이라고 말했지만, 나는 _____ 이라고 믿지 않았다.

2) 4학년 학생을 _____ 으로 실시된 교내 글짓기 대회에서 금상을 받았다.

3) 학급 회의 시간에 교실과 복도에 쓰레기를 함부로 버리지 말자는 _____ 을 제시했다.

4) 미술관에서는 조상들의 생활 모습을 담은 그림들을 _____ .

5) 아이는 _____ 와 다름없이 학교가 끝나자 곧장 학원에 갔다.

6) 우리나라에는 사계절이 있어서 _____ 에 따라 사람들이 입는 옷이 달라진다.

3일

4. 일에 대한 의견

텃새

철에 따라 옮겨 다니지 않고 / 한 지역에서 °내내 사는 / 새

예 **텃새**는 한 지역에 머물며 살아가는 새를 말하며, 참새, 까마귀, 까치, 꿩, 올빼미 등이 있다.

° 내내　　　처음부터 끝까지. 줄곧

휴식처

한자 쉴 휴 休
쉴 식 息
곳 처 處

일을 하거나 · 길을 가는 도중에 / 잠시 쉴 수 있는 / 곳

예 멧도요, 물수리, 노랑지빠귀 들은 독도를 **휴식처**로 삼아 철마다 머물다 간다.

비 쉼터

화산섬

한자 불 화 火
메 산 山

섬 전체 또는 대부분이 / 바다 밑에 있는 화산의 / °분출물이 쌓여서 만들어진 / °섬

예 우리나라의 동쪽 끝에 위치한 독도는 동도와 서도, 주변의 °암초들로 이루어진 **화산섬**이다.

° 분출물(噴 뿜을 분, 出 날 출, 物 물건 물)　　　솟구쳐 뿜어 나오는 물질

° 섬　　　사방이 물로 둘러싸인 육지

° 암초(暗 어두울 암, 礁 암초 초)　　　물속에 숨어 있어 보이지 않는 바위

묵직하다

°꽤 무겁다

예 책가방에 이것저것 넣었더니 무게가 **묵직하다**.

° 꽤　　　보통보다 조금 더한 정도로

초충도

한자 풀 초 草
벌레 충 蟲
그림 도 圖

풀과 벌레를 그린 / 그림

예 **초충도**에서 가장 좋아하는 그림은 묵직한 수박 위로 나비가 훨훨 날고 작은 쥐들이 수박을 파먹는 모습을 그린 「수박과 들쥐」이다.

병풍

한자 병풍 병 屛
바람 풍 風

바람을 막거나 · 무엇을 가리거나 · °장식용으로 / 방 안에 둘러치는 / 직사각형 모양의 물건

예 **병풍**은 원래 바람을 막기 위해 쓰였는데, 요즘은 글씨나 그림 등을 감상하기 위한 °용도로 많이 사용된다.

° 장식용　　　겉모양을 아름답게 꾸미는 데 씀. 또는 그런 물건

° 용도(用 쓸 용, 途 길 도)　　　쓰이는 곳

1 문장을 읽고, 알맞은 낱말을 써 넣어 봅시다.

1) 철에 따라 옮겨 다니지 않고 한 지역에서 내내 사는 새

2) 일을 하거나 · 길을 가는 도중에 잠시 쉴 수 있는 곳

3) 섬 전체 또는 대부분이 바다 밑에 있는 화산의 분출물이 쌓여서 만들어진 섬

4) 꽤 무겁다

5) 풀과 벌레를 그린 그림

6) 바람을 막거나 · 무엇을 가리거나 · 장식용으로 방 안에 둘러치는 직사각형 모양의 물건

8주 3일

2 밑줄 친 곳에 알맞은 낱말을 써 넣어 문장을 완성해 봅시다.

1) _____ 는 한 지역에 머물며 살아가는 새를 말하며, 참새, 까마귀, 까치, 꿩, 올빼미 등이 있다.

2) 멧도요, 물수리, 노랑지빠귀 들은 독도를 _____ 로 삼아 철마다 머물다 간다.

3) 우리나라의 동쪽 끝에 위치한 독도는 동도와 서도, 주변의 암초들로 이루어진 _____ 이다.

4) 책가방에 이것저것 넣었더니 무게가 _____ .

5) _____ 에서 가장 좋아하는 그림은 묵직한 수박 위로 나비가 훨훨 날고 작은 쥐들이 수박을 파먹는 모습을 그린 「수박과 들쥐」이다.

6) _____ 은 원래 바람을 막기 위해 쓰였는데, 요즘은 글씨나 그림 등을 감상하기 위한 용도로 많이 사용된다.

폭

한자 폭 폭 幅

수량을 나타내는 말 뒤에 쓰여 / 하나로 연결하려고 / 같은 길이로 나누어 놓은 / 종이, 그림, •족자 따위를 세는 / 단위

예 병풍은 2폭에서 12폭까지 짝수로 구성되는데, 12폭은 다루기에 편하도록 둘로 나누어 6폭씩 만들기도 한다.

• 족자 (簇 가는 대 족, 子 아들 자)　글씨를 적거나 그림을 그려서 벽에 걸거나 두루마리처럼 말아 둘 수 있게 만든 물건

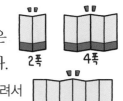

2폭　4폭

6폭

작품

한자 지을 작 作
물건 품 品

• 창작 활동의 / 결과물

예 미술 시간에 그린 그림 **작품**을 교실 뒤쪽에 있는 •게시판에 붙였다.

• 창작(創 비롯할 창, 作 지을 작)　예술 작품을 독창적으로 짓거나 표현함

• 게시판(揭 높이 들 게, 示 보일 시, 板 널빤지판판하고 넓게 켠 나뭇조각 판)

벽에 붙이거나 바닥에 세워 놓고 글, 그림, 사진 따위를 붙여 여러 사람이 두루 보게 하는 판

섬세하다

한자 가늘 섬 纖
가늘 세 細

성질 · 솜씨 · 행동 따위가 / 매우 자세하고 · 꼼꼼하고 · •차분하다

예 이 그림은 각각 인물들의 감정이 느껴질 만큼 **섬세한** 표현이 돋보인다.

• 차분하다　마음이 가라앉아 조용하다

필체

한자 붓 필 筆
몸 체 體

글씨를 써 놓은 / 모양

예 교실 바닥에서 주은 쪽지에 내 이름이 적혀 있었는데, **필체**로 보아 여학생이 쓴 것이 분명했다.

비 글씨체, 서체(書 글 서)

세련되다

한자 씻을 세 洗
익힐 련 練

말 · 글 · 행동 따위가 / 훌륭하고 •익숙한 솜씨로 / 잘 다듬어져 있다

예 친구는 평소에 책을 많이 읽고 일기를 즐겨 쓰는데, 그래서 그런지 친구가 쓴 글들은 **세련된** 느낌이 든다.

• 익숙하다　어떤 일을 여러 번 하여 잘하다

색감

한자 빛 색 色
느낄 감 感

색에서 받는 / 느낌

예 초충도 중에서 「수박과 들쥐」에 나타난 •화면의 **색감**으로는 검은 초록, 초록, 붉은색 등이 있다.

• 화면(畫 그림 화, 面 낯 면)　그림 따위를 그린 면

1 **문장을 읽고, 알맞은 낱말을 써 넣어 봅시다.**

1) 수량을 나타내는 말 뒤에 쓰여 하나로 연결하려고 같은 길이로
   나누어 놓은 종이, 그림, 족자 따위를 세는 단위

2) 창작 활동의 결과물

3) 성질·솜씨·행동 따위가 매우 자세하고·
   꼼꼼하고·차분하다

4) 글씨를 써 놓은 모양

5) 말·글·행동 따위가 훌륭하고 익숙한 솜씨로
   잘 다듬어져 있다

6) 색에서 받는 느낌

2 **밑줄 친 곳에 알맞은 낱말을 써 넣어 문장을 완성해 봅시다.**

1) 병풍은 2 _____ 에서 12 _____ 까지 짝수로 구성되는데,
   12 _____ 은 다루기에 편하도록 둘로 나누어 6 _____ 씩 만들기도 한다.

2) 미술 시간에 그린 그림 _____ 을 교실 뒤쪽에 있는 게시판에 붙였다.

3) 이 그림은 각각 인물들의 감정이 느껴질 만큼 _____ 표현이 돋보인다.

4) 교실 바닥에서 주은 쪽지에 내 이름이 적혀 있었는데, _____ 로 보아 여학생이
   쓴 것이 분명했다.

5) 친구는 평소에 책을 많이 읽고 일기를 즐겨 쓰는데, 그래서 그런지 친구가 쓴 글들은
   _____ 느낌이 든다.

6) 초충도 중에서 「수박과 들쥐」에 나타난 화면의 _____ 으로는 검은 초록, 초록,
   붉은색 등이 있다.

돈보이다
(도두보이다)

다른 것보다 눈에 띄게 / 겉으로 나타나다 또는 좋아 보이다

예 초충도의 그림들은 섬세한 필체와 부드럽고 세련된 색감이 **돈보인다.**

구도

한자 얽을 구 構
그림 도 圖

그림에서 / 모양 · 색깔 · 위치 등의 / •짜임새

예 도화지의 아래쪽은 풀숲, 양쪽 옆은 초록 나무,
가운데는 회색 길, 위에는 파란 하늘이 나오는
구도로 밑그림을 그렸다.

• **짜임새**   체계 있게 잘 짜여 있는 모양

핵심

한자 씨 핵 核
마음 심 心

가장 중요하고 · •기본이 되는 / 부분

예 곱셈의 **핵심** 개념은 거듭 더하는 것이고, 나눗셈의 **핵심** 개념은 거듭 빼는
것이다.

• **기본**(밑바탕, 기초, 토대, 근본)**(基 터 기, 本 근본 본)**   어떤 사물이나 현상이 생기는
근본(본바탕)을 이루는 기초(토대)

배치하다

한자 나눌 배 配
둘 치 置

사람 · 물건을 / 일정한 자리에 / 알맞게 나누어 두다

예 오늘 교실 자리를 **배치했는데,** 친한 친구와 짝이 되었다.

주변

한자 두루 주 周
가 변 邊

주(主)된 자리의 •가장자리 또는 어떤 대상의 •둘레

예 초충도의 구도를 보면 화면의 중앙에 핵심이 되는 식물을 두고, 그 **주변**에
여러 종류의 벌레와 곤충을 배치한다.

• **가장자리**   물건의 둘레나 끝에 가까운 부분
• **둘레**   사물의 테두리나 바깥 언저리(둘레의 경계가 되는
부분이나 그 가까이)

비 언저리, 주위(圍 에워쌀 위), 가장자리, 둘레

당당하다

한자 집 당 堂
집 당 堂

사물의 존재나 · 그 움직임이 / •균형 잡히고 · 튼튼하며 · •번듯하다

예 불국사의 석가탑과 다보탑은 천년이 훌쩍 넘는 긴 세월 동안 대웅전 앞에
당당히 서 있다.

• **균형**(均 고를 균, 衡 저울대 형)   어느 한쪽으로 기울거나 치우치지 않고 고른 상태
• **번듯하다** 떳떳하여 남에게 처지지 않다

1 **문장을 읽고, 알맞은 낱말을 써 넣어 봅시다.**

1) 다른 것보다 눈에 띄게 겉으로 나타나다 또는 좋아 보이다

2) 그림에서 모양 · 색깔 · 위치 등의 짜임새

3) 가장 중요하고 · 기본이 되는 부분

4) 사람 · 물건을 일정한 자리에 알맞게 나누어 두다

5) 주(主)된 자리의 가장자리 또는 어떤 대상의 둘레

6) 사물의 존재나 · 그 움직임이 균형 잡히고 · 튼튼하며 · 번듯하다

8주 5일

2 **밑줄 친 곳에 알맞은 낱말을 써 넣어 문장을 완성해 봅시다.**

1) 초충도의 그림들은 섬세한 필체와 부드럽고 세련된 색감이 _____ .

2) 도화지의 아래쪽은 풀숲, 양쪽 옆은 초록 나무, 가운데는 회색 길, 위에는 파란 하늘이 나오는 _____ 로 밑그림을 그렸다.

3) 곱셈의 _____ 개념은 거듭 더하는 것이고, 나눗셈의 _____ 개념은 거듭 빼는 것이다.

4) 오늘 교실 자리를 _____ , 친한 친구와 짝이 되었다.

5) 초충도의 구도를 보면 화면의 중앙에 핵심이 되는 식물을 두고, 그 _____ 에 여러 종류의 벌레와 곤충을 배치한다.

6) 불국사의 석가탑과 다보탑은 천년이 훌쩍 넘는 긴 세월 동안 대웅전 앞에 _____ 서 있다.

1 **문장을 읽고, 알맞은 낱말을 써 넣어 봅시다.**

1) 어떤 일의 목표가 되는 것 또는 그 상대 _____

2) 무엇이 많이 이루어지다 또는 벌어지다 _____

3) 주(主)된 자리의 가장자리 또는 어떤 대상의 둘레 _____

4) 꽤 무겁다 _____

5) 바람을 막거나 · 무엇을 가리거나 · 장식용으로 방 안에
　 둘러치는 직사각형 모양의 물건 _____

6) 일을 하거나 · 길을 가는 도중에 잠시 쉴 수 있는 곳 _____

7) 어떤 장소가 쓸쓸하고 으스스하다 _____

8) 실제로 있었던 일 또는 현재에 있는 일 _____

9) 성질 · 솜씨 · 행동 따위가 매우 자세하고 꼼꼼하고 차분하다 _____

10) 색에서 받는 느낌 _____

11) 여러 가지 물품을 한곳에 모아 벌여 놓고 사람들에게 보이다 _____

12) 철에 따라 옮겨 다니지 않고 한 지역에서 내내 사는 새 _____

13) 특별한 일이 없는 보통 때 _____

14) 글씨를 써 놓은 모양 _____

15) 다른 것보다 눈에 띄게 겉으로 나타나다 또는 좋아 보이다 _____

16) 사람 · 물건을 일정한 자리에 알맞게 나누어 두다 _____

17) 그림에서 모양·색깔·위치 등의 짜임새 _____

18) 어떤 곳에서 잠시 동안 또는 꽤 오랫동안 지내다 _____

19) 어떤 대상·일에 대하여 자기 마음에서 판단하여 가지는 생각 _____

20) 사물의 존재나·그 움직임이 균형 잡히고 튼튼하며
　　 번듯하다 _____

21) 섬 전체 또는 대부분이 바다 밑에 있는 화산의 분출물이
　　 쌓여서 만들어진 섬 _____

22) 싱싱하고 힘찬 기운 _____

23) 창작 활동의 결과물 _____

24) 풀과 벌레를 그린 그림 _____

25) 일 년을 봄·여름·가을·겨울로 구분했을 때 그중 한 시기 _____

26) 폐기물의 발생을 억제하고·발생된 폐기물을 적정하게
　　 재활용하거나 처리하는 방식으로 자원의 순환 과정을
　　 환경친화적으로 이용하고 관리하는 일 _____

27) 수량을 나타내는 말 뒤에 쓰여 하나로 연결하려고 같은
　　 길이로 나누어 놓은 종이, 그림, 족자 따위를 세는 단위 _____

28) 실제로 체험하는 듯한 느낌이 들다 _____

29) 가장 중요하고·기본이 되는 부분 _____

30) 말·글·행동 따위가 훌륭하고 익숙한 솜씨로 다듬어져 있다 _____

8주
평가

2 밑줄 친 곳에 알맞은 낱말을 써 넣어 문장을 완성해 봅시다.

1) 오늘 교실 자리를 _____, 친한 친구와 짝이 되었다.

2) 도화지의 아래쪽은 풀숲, 양쪽 옆은 초록 나무, 가운데는 회색 길, 위에는 파란 하늘이 나오는 _____ 로 밑그림을 그렸다.

3) 병풍은 2 _____ 에서 12 _____ 까지 짝수로 구성되는데, 12 _____ 은 다루기에 편하도록 둘로 나누어 6 _____ 씩 만들기도 한다.

4) _____ 는 한 지역에 머물며 살아가는 새를 말하며, 참새, 까마귀, 까치, 꿩, 올빼미 등이 있다.

5) 학급 회의 시간에 교실과 복도에 쓰레기를 함부로 버리지 말자는 _____ 을 제시했다.

6) 미술관에서는 조상들의 생활 모습을 담은 그림들을 _____ .

7) 멧도요, 물수리, 노랑지빠귀 들은 독도를 _____ 로 삼아 철마다 머물다 간다.

8) 친구가 들려준 귀신 이야기는 내가 직접 겪은 일인 것 같은 착각이 들 정도로 _____ .

9) 초충도의 그림들은 섬세한 필체와 부드럽고 세련된 색감이 _____ .

10) 책가방에 이것저것 넣었더니 무게가 _____ .

11) _____ 에서 가장 좋아하는 그림은 묵직한 수박 위로 나비가 훨훨 날고 작은 쥐들이 수박을 파먹는 모습을 그린 「수박과 들쥐」이다.

12) 생명체의 자취가 사라진 한겨울의 풍경은 _____ 느낌이 든다.

13) 지난 주말에 시골 할머니 댁에 가서 이틀 동안 _____ .

14) _____ 은 원래 바람을 막기 위해 쓰였는데, 요즘은 글씨나 그림 등을 감상하기 위한 용도로 많이 사용된다.

15) 이 그림은 각각 인물들의 감정이 느껴질 만큼 _____ 표현이 돋보인다.

16) 무더운 날씨 탓에 화단의 꽃들이 _____ 를 잃었다.

17) 초충도 중에서「수박과 들쥐」에 나타난 화면의 _____ 으로는 검은 초록, 초록, 붉은색 등이 있다.

18) 곱셈의 _____ 개념은 거듭 더하는 것이고, 나눗셈의 _____ 개념은 거듭 빼는 것이다.

19) 친구는 귀신 이야기가 _____ 이라고 말했지만, 나는 _____ 이라고 믿지 않았다.

20) 우리나라의 동쪽 끝에 위치한 독도는 동도와 서도, 주변의 암초들로 이루어진 _____ 이다.

21) 4학년 학생을 _____ 으로 실시된 교내 글짓기 대회에서 금상을 받았다.

22) 교실 바닥에서 주은 쪽지에 내 이름이 적혀 있었는데, _____ 로 보아 여학생이 쓴 것이 분명했다.

23) 미술 시간에 그린 그림 _____ 을 교실 뒤쪽에 있는 게시판에 붙였다.

24) 불국사의 석가탑과 다보탑은 천년이 훌쩍 넘는 긴 세월 동안 대웅전 앞에 _____ 서 있다.

25) 우리 반에서는 아침 자습 시간에 독서 활동이 _____ 이루어지고 있다.

26) 친구는 평소에 책을 많이 읽고 일기를 즐겨 쓰는데, 그래서 그런지 친구가 쓴 글들은 _____ 느낌이 든다.

27) 환경을 보호하기 위해서는 일회용품의 재활용을 통한 _____ 이 이루어져야 한다.

28) 아이는 _____ 와 다름없이 학교가 끝나자 곧장 학원에 갔다.

29) 우리나라에는 사계절이 있어서 _____ 에 따라 사람들이 입는 옷이 달라진다.

30) 초충도의 구도를 보면 화면의 중앙에 핵심이 되는 식물을 두고, 그 _____ 에 여러 종류의 벌레와 곤충을 배치한다.

1 문장을 읽고, 알맞은 낱말을 써 넣어 봅시다.

1) 동식물·광석 따위를 찾거나·캐거나·잡아서 모으다 (   )

2) 다른 것보다 눈에 띄게 겉으로 나타나다 또는 좋아 보이다 (   )

3) 목적을 이루기 위한 방법 또는 그 도구 (   )

4) 절차에 따라 정리하다 또는 끝맺다 (   )

5) 꽤 무겁다 (   )

6) 누웠거나·앉았다가 느리게 슬그머니 일어나는 모양 (   )

7) 철에 따라 옮겨 다니지 않고 한 지역에서 내내 사는 새 (   )

8) 몸치장을 하는 데 쓰는 물건 (   )

9) 사람·기계 따위가 들인 힘·노력·에너지에 대하여
    실제로 얻은 효과의 정도 (   )

10) 어떤 장소가 쓸쓸하고 으스스하다 (   )

11) 하나의 건물 안에서 여러 가구가 저마다 따로 생활할 수
     있게 만들어진 주택 (   )

12) 기분이 몹시 언짢아서 끓는 듯 화가 치밀어 오르는 모양 (   )

13) 어떤 대상·일에 대하여 자기 마음에서 판단하여
     가지는 생각 (   )

14) 쓰고 난 후 남은 것(나머지) (   )

15) 가장 중요하고·기본이 되는 부분 (   )

16) 돈·물품 따위를 주고받는 일 또는 사고파는 일 ( )

17) 그럴듯해 보여 마음이 끌리다 ( )

18) 상대방이 처한 상황을 살펴 생각하다 ( )

19) 발·다리를 잇따라 높이 들어 크게 걸음을 내딛는 모양 ( )

20) 일정한 수량·정도에 지나지 않다 ( )

21) 인간의 생활 및 생산에 이용되는 원료 ( )

22) 솜·누에고치·털 따위에서 섬유질을 뽑아 실을 만들어
천을 짜 내기까지의 모든 일 ( )

23) 다른 나라의 상품 따위를 국내로 사들이다 ( )

24) 여럿이 한꺼번에 내닫는 모양 또는 몰리는 모양 ( )

25) 가축을 기르면서 물과 풀을 따라 옮겨 다니며 사는 민족 ( )

26) 팔이나 다리를 활짝 벌리고 뒤로 눕거나·넘어지는 모양 ( )

27) 솜 부스러기 ( )

28) 도와주거나·보살펴 주려고 마음을 쓰다 ( )

29) 말·글·행동 따위가 훌륭하고 익숙한 솜씨로 다듬어져 있다 ( )

30) 사물이 지니고 있는 값·쓸모 ( )

2 밑줄 친 곳에 알맞은 낱말을 써 넣어 문장을 완성해 봅시다.

1) 우리 반 회장은 긴장한 듯 _____ 표정으로 첫 학급 회의를 진행했다.

2) 백점을 맞으면 휴대폰을 사주겠다는 엄마의 제안에 귀가 _____ .

3) 축구 선수는 "운이 좋았던 것 같다"며 승리 소감을 _____ 밝혔다.

4) 오늘 교실 자리를 _____ , 친한 친구와 짝이 되었다.

5) 아이는 문구점에 가서 어제 잘못 샀던 학용품을 _____ .

6) 불국사의 석가탑과 다보탑은 천년이 훌쩍 넘는 긴 세월 동안 대웅전 앞에
_____ 서 있다.

7) 농사 기술이 발전하면서 _____ 곡식의 양도 늘어났다.

8) 사회 시간에 _____ 한 돈으로 물건을 사고파는 거래 활동을 했다.

9) 엄마에게 심한 꾸중을 듣고 아이는 _____ 눈물을 흘렸다.

10) 얼마 전에 큰 지진이 나서 인명과 재산에 막대한 _____ 을 입었다.

11) 도화지의 아래쪽은 풀숲, 양쪽 옆은 초록 나무, 가운데는 회색 길,
위에는 파란 하늘이 나오는 _____ 로 밑그림을 그렸다.

12) 선생님은 학생들이 각자 모은 스티커 개수에 따라 순위를 _____ 선물을
주었다.

13) 내일부터 하루에 한 시간씩 수학 공부를 하기로 엄마와 _____ .

14) 보봉은 독일에 있는 생태 마을로, 태양 에너지, 녹색 교통, 주민 자치 등 환경 정책이
두루 잘 _____ 있는 곳이다.

15) 곱셈의 _____ 개념은 거듭 더하는 것이고, 나눗셈의 _____
개념은 거듭 빼는 것이다.

16) 인터넷을 통해서 물품 _____ 를 할 때에는 사고파는 사람의 정보를 철저히 확인해야 한다.

17) 정부는 환경 문제, 교육 문제, 일자리 문제, 교통 문제 등을 해결하기 위한 _____ 을 펼치고 있다.

18) 공부의 기초를 다지는 초등학교 _____ 은 중고등학교 _____ 에 못지않게 중요하다.

19) 우리나라에는 사계절이 있어서 _____ 에 따라 사람들이 입는 옷이 달라진다.

20) 성적표를 받고 실망한 나에게 친구는 "수업도 안 듣고 공부도 안 했으니까 점수가 _____ 잘 안 나오지!"라며 얄밉게 훈수했다.

21) 많은 사람이 _____ 을 이용해서 학교나 직장을 다닌다.

22) 아이들은 두 팔을 _____ 운동장을 잽싸게 달렸다.

23) 낱말을 꼼꼼히 공부하면 학습과 독서의 _____ 이 높아진다.

24) 시험에서 실수를 _____ 자신의 실력을 충분히 발휘할 수 있다.

25) 현재 40여 개 국가, 25억의 인구가 우리나라에서 만든 _____ 으로 동전을 만들어 쓰고 있다.

26) 하루에 15분씩 낱말 공부하기로 계획한 것을 한 달 넘게 _____ 있다.

27) 초충도의 그림들은 섬세한 필체와 부드럽고 세련된 색감이 _____ .

28) 원시 시대에는 조개껍데기에 구멍을 뚫은 후에 실을 _____ 장신구로 쓰기도 했다.

29) 멧도요, 물수리, 노랑지빠귀 들은 독도를 _____ 로 삼아 철마다 머물다 간다.

30) 환경을 보호하기 위해서는 일회용품의 재활용을 통한 _____ 이 이루어져야 한다.

9~12주

4. 일에 대한 의견   학교 진도 시기 4월 2, 3주

5. 내가 만든 이야기   학교 진도 시기 4월 4주, 5월 1주

6. 회의를 해요   학교 진도 시기 5월 2, 3주

7. 사전은 내 친구   학교 진도 시기 5월 3, 4주

칭찬 사과 스티커

하루 공부를 잘 마쳤다면 나에게 칭찬 사과를 선물하세요.
사과 나무에 사과가 주렁주렁 열릴 때까지 열심히 공부합시다!

■ 스티커는 별책 바른답 및 색인 마지막 페이지에 있습니다.

4. 일에 대한 의견

덩굴줄기
땅바닥으로 *벋거나 · 다른 것에 감겨 오르는 / 식물의 줄기
㉠ **덩굴줄기**가 땅바닥과 벽을 타고 여기저기로 벋어 나가고 있다.
* *벋다(뻗다) 가지나 덩굴(넝쿨) 따위가 길게 자라다

우아하다
한자 넉넉할 우 優
맑을 아 雅
*고상하고 · 아름답다
㉠ 나비가 꽃 위에 **우아한** 모습으로 앉아 있다.
* *고상하다(高 높을 고, 尙 오히려 상) (성격 · 태도 · 몸가짐 따위의) 수준이 높고 훌륭하다

한복판
일정한 공간 · 사물의 / 가장 중심이 되는 / *가운데
㉠ 아이들이 운동장 **한복판**에서 *옹기종기 모여 놀고 있었다.
* *가운데   일정한 공간이나 길이를 갖는 사물에서, 한쪽으로 치우치지 않고 양 끝에서 거의 같은 거리가 떨어져 있는 부분
* *옹기종기   크기가 다른 작은 것들이 고르지 않게 많이 모인 모양
비 중심(中 가운데 중, 心 마음 심), 중앙(央 가운데 앙), 정중(正 바를 정), (한)가운데, 복판

가로지르다
어떤 곳을 / 가로 방향으로 / 지나가다
㉠ *한반도를 **가로지르는** 삼팔선은 우리나라를 남과 북으로 갈라놓았다.
* *한반도(韓 한국 한, 半 반 반, 島 섬 도)   '남북한'을 달리 이르는 말

인상적
한자 도장 인 印
코끼리 상 象
과녁 적 的
어떤 대상에 대하여 / 마음속에 새겨지듯 / 기억 · 느낌이 강한 (것)
㉠ 영화에서 가장 **인상적**으로 기억에 남는 장면은 주인공이 죽는 모습이다.
* *기억(記 기록할 기, 憶 생각할 억)   지난 일을 잊지 아니함. 또는 그 내용

묘사
한자 그릴 묘 描
베낄 사 寫
사물의 모양 · 상태 따위를 / 말 · 글 · 그림으로 / 그림을 그리듯이 생생하게 / *표현하는 것
㉠ 이 그림은 거의 사실에 가까운 *세밀한 **묘사**가 돋보인다.
* *표현하다(表 겉 표, 現 나타날 현)   (생각 · 감정 등을 말 · 행동을 통해서) 겉으로 나타내다
* *세밀하다(細 가늘 세, 密 빽빽할 밀) 자세하고 빈틈없이 꼼꼼하다

1 **문장을 읽고, 알맞은 낱말을 써 넣어 봅시다.**

1) 땅바닥으로 벋거나 · 다른 것에 감겨 오르는 식물의 줄기 ☐☐☐☐

2) 고상하고 · 아름답다 ☐☐☐☐

3) 일정한 공간 · 사물의 가장 중심이 되는 가운데 ☐☐☐

4) 어떤 곳을 가로 방향으로 지나가다 ☐☐☐☐

5) 어떤 대상에 대하여 마음속에 새겨지듯 기억 · 느낌이 강한 (것) ☐☐☐

6) 사물의 모양 · 상태 따위를 말 · 글 · 그림으로 그림을 그리듯이 생생하게 표현하는 것 ☐☐

2 **밑줄 친 곳에 알맞은 낱말을 써 넣어 문장을 완성해 봅시다.**

1) _____ 가 땅바닥과 벽을 타고 여기저기로 벋어 나가고 있다.

2) 나비가 꽃 위에 _____ 모습으로 앉아 있다.

3) 아이들이 운동장 _____ 에서 옹기종기 모여 놀고 있었다.

4) 한반도를 _____ 삼팔선은 우리나라를 남과 북으로 갈라놓았다.

5) 영화에서 가장 _____ 으로 기억에 남는 장면은 주인공이 죽는 모습이다.

6) 이 그림은 거의 사실에 가까운 세밀한 _____ 가 돋보인다.

대비
한자 대할 대 對
견줄 비 比

대(大)와 소(小), 빨강과 파랑, 기쁨과 슬픔 등과 같이 / 성질이 다른 두 가지가 / 동시적 또는 계속적으로 °배열될 때 / 둘의 성질 차이가 / 더욱 °과장되어 느껴지는 현상

예 초충도의 「수박과 들쥐」는 초록빛과 붉은빛이 서로 색상의 **대비**를 이룬다.

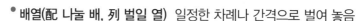

° 배열(配 나눌 배, 列 벌일 열) 일정한 차례나 간격으로 벌여 놓음
° 과장되다(誇 자랑할 과, 張 베풀 장) 실제보다 크게 부풀려져 나타나다

시선
한자 볼 시 視
줄 선 線

눈이 / 가는 길(눈길) 또는 눈의 / 방향

예 교실 앞문으로 누군가 들어오자 학생들의 **시선**이 모두 그곳으로 쏠렸다.

표면
한자 겉 표 表
낯 면 面

사물의 / 가장 바깥쪽

예 암석의 **표면**이 부드럽고, 노란색을 띠며, 알갱이의 크기가 매우 작은 것으로 보아 퇴적암 중 이암인 것 같다.

비 겉면, 겉쪽

화목
한자 화할 화 和
화목할 목 睦

서로 마음이 맞고 · 따뜻한 정이 있음

예 부모님은 나와 동생이 싸울 때면 가족 간의 **화목**이 가장 중요하다고 말씀하신다.

상징하다
한자 코끼리 상 象
부를 징 徵

말로는 설명하기 힘든 °추상적인 개념 · 사물 · 생각 · 느낌 따위를 / °구체적인 사물로 / 나타내다

예 옛날 사람들은 수박이 아이를 많이 낳는 것을 **상징하고**, 나비는 화목과 사랑을 **상징한다**고 생각했다.

° 추상적(抽 뽑을 추, 象 코끼리 상, 的 과녁 적) 직접 경험할 수 없거나, 오감(눈, 코, 귀, 혀, 살갗)을 통해서 느낄 수 없는 (것)
° 구체적 (具 갖출 구, 體 몸 체) 사물이 일정한 모양과 성질을 갖추고 있는 (것)
비 표상하다(表 겉 표, 象 코끼리 상)

밑동

물건의 아래쪽 부분 또는 식물의 뿌리(에 가까운) 부분

예 나무 **밑동**을 가볍게 발로 차자 나뭇가지에 쌓였던 눈이 푹석 떨어졌다.

1 문장을 읽고, 알맞은 낱말을 써 넣어 봅시다.

1) 대(大)와 소(小), 빨강과 파랑, 기쁨과 슬픔 등과 같이
　성질이 다른 두 가지가 동시적 또는 계속적으로 배열될 때
　둘의 성질 차이가 더욱 과장되어 느껴지는 현상　☐ ☐

2) 눈이 가는 길(눈길) 또는 눈의 방향　☐ ☐

3) 사물의 가장 바깥쪽　☐ ☐

4) 서로 마음이 맞고 · 따뜻한 정이 있음　☐ ☐

5) 말로는 설명하기 힘든 추상적인 개념 · 사물 · 생각 ·
　느낌 따위를 구체적인 사물로 나타내다　☐ ☐ ☐ ☐

6) 물건의 아래쪽 부분 또는 식물의 뿌리(에 가까운) 부분　☐ ☐

2 밑줄 친 곳에 알맞은 낱말을 써 넣어 문장을 완성해 봅시다.

1) 초충도의 「수박과 들쥐」는 초록빛과 붉은빛이 서로 색상의 _____ 를 이룬다.

2) 교실 앞문으로 누군가 들어오자 학생들의 _____ 이 모두 그곳으로 쏠렸다.

3) 암석의 _____ 이 부드럽고, 노란색을 띠며, 알갱이의 크기가 매우 작은
　것으로 보아 퇴적암 중 이암인 것 같다.

4) 부모님은 나와 동생이 싸울 때면 가족 간의 _____ 이 가장 중요하다고
　말씀하신다.

5) 옛날 사람들은 수박이 아이를 많이 낳는 것을 _____ , 나비는 화목과 사랑을
_____ 고 생각했다.

6) 나무 _____ 을 가볍게 발로 차자 나뭇가지에 쌓였던 눈이 푹석 떨어졌다.

생명체
한자 날 생 生
목숨 명 命
몸 체 體

생명이 있는 / 물체

예 많은 사람이 *외계에 **생명체**가 있는지 무척 궁금해 한다.

* 외계(外 바깥 외, 界 지경 계)　　지구 밖의 세계

파먹다

겉에서부터 안쪽으로 / 움푹하게 먹어 들어가다

예 케이크를 숟가락으로 이곳저곳 **파먹다가** 엄마한테 혼났다.

은근히
한자 괴로워할 은 慇
은근할 근 懃

약하게 느낄 수 있을 만큼

예 **은근히** *비꼬는 친구의 말을 듣고 기분이 살짝 상했다.

* 비꼬다　　남의 마음에 거슬릴 정도로 빈정거리다(비웃는 태도로 자꾸 남을 놀리다)

단연
한자 끊을 단 斷
그럴 연 然

두말할 것도 없이 분명하게 또는 틀림없이 확실하게

예 아이의 100미터 달리기 실력은 친구들보다 30미터 이상 앞설 정도로 **단연** *으뜸이었다.

* 으뜸　　많은 것 가운데 가장 뛰어난 것. 또는 첫째가는 것

생동감
한자 날 생 生
움직일 동 動
느낄 감 感

살아서 움직이는 것과 같은 / 느낌

예 이 그림은 날아오르는 나비를 향해 고양이가 앞발을 *내젓는 모습을 **생동감** 넘치게 그렸다.

* 내젓다　　손이나 손에 든 물건 따위를 앞이나 밖으로 내어 휘두르다

부여하다
한자 붙을 부 附
더불 여 與

사람에게 / 권리 · 명예 · 임무 따위를 지니도록 해 주다 또는 사물 · 일에 / 가치 · 의의 따위를 붙여 주다

예 공부를 열심히 하기 위해서는 *우선 공부에 가치를 **부여하는** 것이 무엇보다도 *중요하다.

* 우선(于 어조사 우, 先 먼저 선)　　어떤 일에 앞서서 먼저

* 중요하다(重 무거울 중, 要 구할 · 원할 요)　　매우 소중(귀중)하고 꼭 필요하다

1 **문장을 읽고, 알맞은 낱말을 써 넣어 봅시다.**

1) 생명이 있는 물체

2) 겉에서부터 안쪽으로 움푹하게 먹어 들어가다

3) 약하게 느낄 수 있을 만큼

4) 두말할 것도 없이 분명하게 또는 틀림없이 확실하게

5) 살아서 움직이는 것과 같은 느낌

6) 사람에게 권리 · 명예 · 임무 따위를 지니도록 해 주다
또는 사물 · 일에 가치 · 의의 따위를 붙여 주다

2 **밑줄 친 곳에 알맞은 낱말을 써 넣어 문장을 완성해 봅시다.**

1) 많은 사람이 외계에 _____ 가 있는지 무척 궁금해 한다.

2) 케이크를 숟가락으로 이곳저곳 _____ 엄마한테 혼났다.

3) _____ 비꼬는 친구의 말을 듣고 기분이 살짝 상했다.

4) 아이의 100미터 달리기 실력은 친구들보다 30미터 이상 앞설 정도로 _____
으뜸이었다.

5) 이 그림은 날아오르는 나비를 향해 고양이가 앞발을 내젓는 모습을 _____
넘치게 그렸다.

6) 공부를 열심히 하기 위해서는 우선 공부에 가치를 _____ 것이 무엇보다도
중요하다.

율동감

한자 법칙 율 律
움직일 동 動
느낄 감 感

소리 · 선 · 형 · 색 따위가 / 일정한 규칙을 가지고 · 반복적으로 *배치될 때 생기는 / 가볍고 경쾌한 느낌

(예) 처마 밑에 걸쳐 놓은 감들이 일정하게 *들쑥날쑥하여 **율동감**을 *자아낸다.

* **들쑥날쑥하다** 들어가기도 하고 나오기도 하여 가지런하지 않다

* **자아내다** 어떤 감정, 웃음, 눈물 따위가 저절로 생기거나 나오도록 일으켜 내다

치우치다

균형을 잃고 / 한쪽으로 기울어지면서 / *몰리다

(예) *타원형 모양의 큰 수박을 들자 무거워서 몸이 왼쪽으로 **치우쳤다**.

* **몰리다** 여럿이 한곳으로 모여들다

* **타원형** 길쭉하게 둥근 원으로 된 도형. 또는 그런 모양

비 쏠리다, 기울어지다, 모이다

단조로움

한자 홑 단 單
고를 조 調

단순하고 *변화가 없어 / 새로운 느낌이 없는 상태

(예) 푸른 바다를 처음 봤을 때는 신기하고 놀라웠는데, 며칠 째 계속 보니까 **단조로움**이 은근하게 밀려온다.

* **변화(變** 변할 변, **化** 될 화) 사물의 모양이나 성질이 바뀌어 달라짐

극복하다

한자 이길 극 克
회복할 복 復

어렵고 힘들거나 · 바람직하지 않은 상황 따위를 / 노력하여 없애다 또는 좋아지게 하다

(예) 스티븐 호킹 박사는 *장애를 **극복하고** 과학계에 뛰어난 업적을 남겼다.

* **장애(障** 막을 장, **礙** 거리낄 애) 신체 기관이 제대로 기능하지 못하는 상태

재능(능)

한자 재주 재 才
능할 능 能

*타고난 능력 또는 노력을 통해 얻은 능력

(예) 나는 국어와 영어에 **재능**이 있고, 수학과 과학에 **재능**이 없다.

* **타고나다** 능력 · 복 · 운명 따위를 태어날 때부터 지니고 있다

감각

한자 느낄 감 感
깨달을 각 覺

무엇에 대하여 *민감하게 / 느끼거나 · 알고 / *반응하는 능력

(예) 나는 운동 **감각**이 뛰어나서 달리기와 축구를 잘하고, 친구는 유머 **감각**이 뛰어나서 웃긴 이야기를 잘한다.

* **민감하다(敏** 민첩할 민, **感** 느낄 감) 느낌이나 반응이 날카롭고 빠르다

* **반응하다(反** 돌이킬 반, **應** 응할 응) (사람이 자극이 되는 요소나 현상에) 대하여 어떤 변화나 움직임이 일어나다

1 문장을 읽고, 알맞은 낱말을 써 넣어 봅시다.

1) 소리 · 선 · 형 · 색 따위가 일정한 규칙을 가지고 · 반복적으로 배치될 때 생기는 가볍고 경쾌한 느낌

2) 균형을 잃고 한쪽으로 기울어지면서 쏠리다

3) 단순하고 변화가 없어 새로운 느낌이 없는 상태

4) 어렵고 힘들거나 · 바람직하지 않은 상황 따위를 노력하여 없애다 또는 좋아지게 하다

5) 타고난 능력 또는 노력을 통해 얻은 능력

6) 무엇에 대하여 민감하게 느끼거나 · 알고 반응하는 능력

2 밑줄 친 곳에 알맞은 낱말을 써 넣어 문장을 완성해 봅시다.

1) 처마 밑에 걸쳐 놓은 감들이 일정하게 들쭉날쭉하여 _____ 을 자아낸다.

2) 타원형 모양의 큰 수박을 들자 무거워서 몸이 왼쪽으로 _____ .

3) 푸른 바다를 처음 봤을 때는 신기하고 놀라웠는데, 며칠 째 계속 보니까 _____ 이 은근하게 밀려온다.

4) 스티븐 호킹 박사는 장애를 _____ 과학계에 뛰어난 업적을 남겼다.

5) 나는 국어와 영어에 _____ 이 있고, 수학과 과학에 _____ 이 없다.

6) 나는 운동 _____ 이 뛰어나서 달리기와 축구를 잘하고, 친구는 유머 _____ 이 뛰어나서 웃긴 이야기를 잘한다.

5일 4. 일에 대한 의견

학 교 진 도 시 기
4월 2, 3주

바탕

사물 · 현상의 / 뼈대, 틀, *근본을 이루는 / *기초가 되는 부분

예 이 영화는 *실화를 **바탕**으로 만들어졌다.

* 근본(根 뿌리 근, 本 근본 본)　　　사물이나 생각 등이 생기는 본바탕
* 기초(基 터 기, 礎 주춧돌 초)　　　사물의 기본이 되는 밑천(일을 하는 데 바탕이 되는 돈 · 물건 · 기술 · 재주 따위)
* 실화(實 열매 실, 話 말씀 화)　　　실제로 있었던 이야기

비 밑바탕, 본바탕, 기본, 기초, 기반(盤 소반자그마한 밥상 반)

평가하다

한자 평할 평 評
값 가 價

사물 · 사람의 가치 · 수준에 대하여 / 좋음 나쁨 · 잘함 못함 · 높음 낮음 따위를 / 따져 말하다

예 선생님은 단원이 끝날 때마다 쪽지시험으로 학생들의 *실력을 **평가했다**.

* 실력(實 열매 실, 力 힘 력) 어떤 일을 실제로 해낼 수 있는 힘

정확하다

한자 바를 정 正
굳을 확 確

바르고 · *확실하다

예 싸움을 벌인 두 아이가 서로 상대가 먼저 시비를 걸었다고 엇갈리게 *진술하자, 선생님은 **정확한** 사실만을 말하라고 *다그쳤다.

* 확실하다(確 굳을 확, 實 열매 실)　틀림없이 그러하다
* 진술하다(陳 베풀 진, 述 펼 술)　일이나 상황에 대하여 자세하게 이야기하다
* 다그치다　(일이나 행동을 어찌하라고) 요구하며 마구 몰아붙이다

기사

한자 기록할 기 記
일 사 事

신문 · 잡지 등에서 / 어떤 사실을 알리는 / 글

예 한 학기 동안 우리 반에서 벌어진 사건들에 대한 **기사**를 학급 신문에 실었다.

편집

한자 엮을 편 編
모을 집 輯

일정한 계획 아래 / 여러 가지 재료를 모아 엮어서 / 책 · 신문 · 영화 따위를 / 만드는 일

예 학급 신문을 **편집**하기 위해 친구들이 쓴 글과 그림 들을 모았다.

처마

집의 바깥쪽 벽 밖으로 *돌출된 / 지붕의 일부분

예 지붕 위에 쌓였던 눈이 녹아 **처마** 끝에 송곳처럼 뾰족한 고드름이 달렸다.

* 돌출되다(突 갑자기 돌, 出 날 출) 무엇의 일부분이 밖이나 앞으로 툭 튀어나오게 되다

1 문장을 읽고, 알맞은 낱말을 써 넣어 봅시다.

1) 사물·현상의 뼈대, 틀, 근본을 이루는 기초가 되는 부분

2) 사물·사람의 가치·수준에 대하여 좋음 나쁨·
   잘함 못함·높음 낮음 따위를 따져 말하다

3) 바르고·확실하다

4) 신문·잡지 등에서 어떤 사실을 알리는 글

5) 일정한 계획 아래 여러 가지 재료를 모아 엮어서
   책·신문·영화 따위를 만드는 일

6) 집의 바깥쪽 벽 밖으로 돌출된 지붕의 일부분

2 밑줄 친 곳에 알맞은 낱말을 써 넣어 문장을 완성해 봅시다.

1) 이 영화는 실화를 _____ 으로 만들어졌다.

2) 선생님은 단원이 끝날 때마다 쪽지시험으로 학생들의 실력을 _____ .

3) 싸움을 벌인 두 아이가 서로 상대가 먼저 시비를 걸었다고 엇갈리게 진술하자,
   선생님은 _____ 사실만을 말하라고 다그쳤다.

4) 한 학기 동안 우리 반에서 벌어진 사건들에 대한 _____ 를 학급 신문에 실었다.

5) 학급 신문을 _____ 하기 위해 친구들이 쓴 글과 그림 들을 모았다.

6) 지붕 위에 쌓였던 눈이 녹아 _____ 끝에 송곳처럼 뾰족한 고드름이 달렸다.

1 **문장을 읽고, 알맞은 낱말을 써 넣어 봅시다.**

1) 단순하고 변화가 없어 새로운 느낌이 없는 상태 　　　　　　　　

2) 땅바닥으로 벋거나 · 다른 것에 감겨 오르는 식물의 줄기 　　　　　　　　

3) 소리 · 선 · 형 · 색 따위가 일정한 규칙을 가지고 ·
반복적으로 배치될 때 생기는 가볍고 경쾌한 느낌 　　　　　　　　

4) 신문 · 잡지 등에서 어떤 사실을 알리는 글 　　　　　　　　

5) 눈이 가는 길(눈길) 또는 눈의 방향 　　　　　　　　

6) 약하게 느낄 수 있을 만큼 　　　　　　　　

7) 사물의 가장 바깥쪽 　　　　　　　　

8) 말로는 설명하기 힘든 추상적인 개념 · 사물 · 생각 ·
느낌 따위를 구체적인 사물로 나타내다 　　　　　　　　

9) 타고난 능력 또는 노력을 통해 얻은 능력 　　　　　　　　

10) 살아서 움직이는 것과 같은 느낌 　　　　　　　　

11) 사람에게 권리 · 명예 · 임무 따위를 지니도록 해 주다
또는 사물 · 일에 가치 · 의의 따위를 붙여 주다 　　　　　　　　

12) 고상하고 아름답다 　　　　　　　　

13) 물건의 아래쪽 부분 또는 식물의 뿌리(에 가까운) 부분 　　　　　　　　

14) 겉에서부터 안쪽으로 움푹하게 먹어 들어가다 　　　　　　　　

15) 어렵고 힘들거나 · 바람직하지 않은 상황 따위를
노력하여 없애다 또는 좋아지게 하다

16) 바르고 확실하다 　　　＿＿＿＿＿＿

17) 무엇에 대하여 민감하게 느끼거나·알고 반응하는 능력 　＿＿＿＿＿＿

18) 두말할 것도 없이 분명하게 또는 틀림없이 확실하게 　＿＿＿＿＿＿

19) 일정한 공간·사물의 가장 중심이 되는 가운데 　＿＿＿＿＿＿

20) 어떤 곳을 가로 방향으로 지나가다 　＿＿＿＿＿＿

21) 사물·현상의 뼈대, 틀, 근본을 이루는 기초가 되는 부분 　＿＿＿＿＿＿

22) 생명이 있는 물체 　＿＿＿＿＿＿

23) 일정한 계획 아래 여러 가지 재료를 모아 엮어서
책·신문·영화 따위를 만드는 일 　＿＿＿＿＿＿

24) 균형을 잃고 한쪽으로 기울어지면서 몰리다 　＿＿＿＿＿＿

25) 집의 바깥쪽 벽 밖으로 돌출된 지붕의 일부분 　＿＿＿＿＿＿

26) 대(大)와 소(小), 빨강과 파랑, 기쁨과 슬픔 등과 같이
성질이 다른 두 가지가 동시적 또는 계속적으로 배열될 때
둘의 성질 차이가 더욱 과장되어 느껴지는 현상 　＿＿＿＿＿＿

27) 어떤 대상에 대하여 마음속에 새겨지듯 기억·느낌이 강한 (것) 　＿＿＿＿＿＿

28) 사물·사람의 가치·수준에 대하여 좋음 나쁨·
잘함 못함·높음 낮음 따위를 따져 말하다 　＿＿＿＿＿＿

29) 사물의 모양·상태 따위를 말·글·그림으로
그림을 그리듯이 생생하게 표현하는 것 　＿＿＿＿＿＿

30) 서로 마음이 맞고·따뜻한 정이 있음 　＿＿＿＿＿＿

2 밑줄 친 곳에 알맞은 낱말을 써 넣어 문장을 완성해 봅시다.

1) 한 학기 동안 우리 반에서 벌어진 사건들에 대한 _____ 를 학급 신문에 실었다.

2) 이 영화는 실화를 _____ 으로 만들어졌다.

3) _____ 비꼬는 친구의 말을 듣고 기분이 살짝 상했다.

4) 처마 밑에 걸쳐 놓은 감들이 일정하게 들쑥날쑥하여 _____ 을 자아낸다.

5) 푸른 바다를 처음 봤을 때는 신기하고 놀라웠는데, 며칠 째 계속 보니까 _____ 이 은근하게 밀려온다.

6) _____ 가 땅바닥과 벽을 타고 여기저기로 벋어 나가고 있다.

7) 학급 신문을 _____ 하기 위해 친구들이 쓴 글과 그림 들을 모았다.

8) 스티븐 호킹 박사는 장애를 _____ 과학계에 뛰어난 업적을 남겼다.

9) 한반도를 _____ 삼팔선은 우리나라를 남과 북으로 갈라놓았다.

10) 케이크를 숟가락으로 이곳저곳 _____ 엄마한테 혼났다.

11) 암석의 _____ 이 부드럽고, 노란색을 띠며, 알갱이의 크기가 매우 작은 것으로 보아 퇴적암 중 이암인 것 같다.

12) 이 그림은 거의 사실에 가까운 세밀한 _____ 가 돋보인다.

13) 나는 국어와 영어에 _____ 이 있고, 수학과 과학에 _____ 이 없다.

14) 싸움을 벌인 두 아이가 서로 상대가 먼저 시비를 걸었다고 엇갈리게 진술하자, 선생님은 _____ 사실만을 말하라고 다그쳤다.

15) 나비가 꽃 위에 _____ 모습으로 앉아 있다.

16) 많은 사람이 외계에 _____ 가 있는지 무척 궁금해 한다.

17) 선생님은 단원이 끝날 때마다 쪽지시험으로 학생들의 실력을 _____ .

18) 부모님은 나와 동생이 싸울 때면 가족 간의 _____ 이 가장 중요하다고 말씀하신다.

19) 교실 앞문으로 누군가 들어오자 학생들의 _____ 이 모두 그곳으로 쏠렸다.

20) 영화에서 가장 _____ 으로 기억에 남는 장면은 주인공이 죽는 모습이다.

21) 지붕 위에 쌓였던 눈이 녹아 _____ 끝에 송곳처럼 뾰족한 고드름이 달렸다.

22) 아이들이 운동장 _____ 에서 옹기종기 모여 놀고 있었다.

23) 나는 운동 _____ 이 뛰어나서 달리기와 축구를 잘하고, 친구는 유머 _____ 이 뛰어나서 웃긴 이야기를 잘한다.

24) 타원형 모양의 큰 수박을 들자 무거워서 몸이 왼쪽으로 _____ .

25) 나무 _____ 을 가볍게 발로 차자 나뭇가지에 쌓였던 눈이 푹석 떨어졌다.

26) 아이의 100미터 달리기 실력은 친구들보다 30미터 이상 앞설 정도로 _____ 으뜸이었다.

27) 공부를 열심히 하기 위해서는 우선 공부에 가치를 _____ 것이 무엇보다도 중요하다.

28) 이 그림은 날아오르는 나비를 향해 고양이가 앞발을 내젓는 모습을 _____ 넘치게 그렸다.

29) 옛날 사람들은 수박이 아이를 많이 낳는 것을 _____ , 나비는 화목과 사랑을 _____ 고 생각했다.

30) 초충도의 「수박과 들쥐」는 초록빛과 붉은빛이 서로 색상의 _____ 를 이룬다.

5. 내가 만든 이야기

파악하다

한자 잡을 파 把
쥘 악 握

확실하게 / 알다

예 외국 영화는 자막과 영상을 동시에 봐야 하기 때문에 한국 영화보다 내용을 **파악하는** 것이 더 어렵다.

비 이해하다(理 다스릴 이, 解 풀 해)

사건

한자 일 사 事
물건 건 件

이야기에서 / 인물들에게 일어나는 / 일

예 「까마귀와 감나무」는 아버지가 두 아들에게 많은 재산을 남겨 두고 세상을 떠나는 **사건**에서부터 이야기가 시작된다.

흐름

한줄기로 이어져 / *진행되는 현상을 / *비유적으로 이르는 말

예 이야기에서 인물, 장소, 일어난 중요한 일을 찾아보거나 일이 일어난 차례를 살펴보면 사건의 **흐름**을 파악할 수 있다.

* 진행되다(進 나아갈 진, 行 다닐 행) 일 따위가 처리되어 나가게 되다

* 비유적 (比 견줄 비, 喩 깨우칠 유, 的 과녁 적) 어떤 사물이나 현상을 그와 비슷한 다른 사물이나 현상에 빗대어 표현하는 (것)

허름하다

약간 모자라거나 · 좀 낡은 데가 있거나 · 값이 싼 듯하다

예 아버지가 두 형제에게 많은 재산을 남겨 두고 세상을 떠났지만 형은 동생에게 감나무가 있는 **허름한** 집 한 채만 주었다.

차지하다

사물 · 공간 · 지위 따위를 / 자기 *몫으로 / 가지다

예 동생은 맛있는 것이 있으면 모두 자기가 **차지하려고** 욕심을 부린다.

* 몫　　　여럿으로 나누어 가지는 각 부분. 또는 각 부분의 양

비 획득하다(獲 얻을 획, 得 얻을 득)

우두머리

어떤 단체에서 *으뜸인 / 사람

예 사자는 보통 스무 마리 이상이 무리를 이루어 생활하는데, 완전히 성숙한 *수사자 한 마리가 **우두머리** 역할을 한다.

* 으뜸　　　많은 것 가운데 가장 뛰어난 것. 또는 첫째가는 것

* 수사자(獅 사자 사, 子 아들 자)　　　사자의 수컷

비 대장(大 클 대, 將 장수 장), 두목, 수령(首 머리 수, 領 거느릴 령), 수장, 장

깨우면 정답하는 | 정답편 1~6학년용

1 **문장을 읽고, 알맞은 낱말을 써 넣어 봅시다.**

1) 확실하게 알다 ☐☐☐☐

2) 이야기에서 인물들에게 일어나는 일 ☐☐

3) 한줄기로 이어져 진행되는 현상을 비유적으로 이르는 말 ☐☐

4) 약간 모자라거나 · 좀 낡은 데가 있거나 · 값이 싼 듯하다 ☐☐☐☐

5) 사물 · 공간 · 지위 따위를 자기 몫으로 가지다 ☐☐☐

6) 어떤 단체에서 으뜸인 사람 ☐☐☐

2 **밑줄 친 곳에 알맞은 낱말을 써 넣어 문장을 완성해 봅시다.**

1) 외국 영화는 자막과 영상을 동시에 봐야 하기 때문에 한국 영화보다 내용을 _____ 것이 더 어렵다.

2) 「까마귀와 감나무」는 아버지가 두 아들에게 많은 재산을 남겨 두고 세상을 떠나는 _____ 에서부터 이야기가 시작된다.

3) 이야기에서 인물, 장소, 일어난 중요한 일을 찾아보거나 일이 일어난 차례를 살펴보면 사건의 _____ 을 파악할 수 있다.

4) 아버지가 두 형제에게 많은 재산을 남겨 두고 세상을 떠났지만 형은 동생에게 감나무가 있는 _____ 집 한 채만 주었다.

5) 동생은 맛있는 것이 있으면 모두 자기가 _____ 욕심을 부린다.

6) 사자는 보통 스무 마리 이상이 무리를 이루어 생활하는데, 완전히 성숙한 수사자 한 마리가 _____ 역할을 한다.

온통	전부 다
	예 까마귀는 바다를 지나고 산꼭대기를 지나 **온통** 금으로 가득한 산 위에 내려앉았다.

한참	시간이 / *상당히 지나는 동안
	예 치킨을 배달시켰는데, 주문이 밀렸는지 **한참**이 지나도 오지 않고 있다.
	*상당히(相 서로 상, 當 마땅 당) 어지간하게 많이
	비 한동안, 오랫동안

첩첩이(첩첩)	여러 *겹으로 / *겹쳐 있게
한자 겹쳐질 첩 疊 겹쳐질 첩 疊	예 동생을 태운 우두머리 까마귀는 **첩첩이** 쌓인 이 구름 저 구름을 지나 한참 만에 감나무 바로 아래로 내려왔다.
	*겹 물체가 놓인 것 위에 또 놓인 상태. 또는 그러한 상태로 된 것
	*겹치다 서로 포개지거나 덧놓이다

완주하다	목표한 지점까지 / 다 달리다
한자 완전할 완 完 달릴 주 走	예 한 학생이 일등으로 결승점까지 **완주하는** 순간, 나머지 학생들은 *맥이 풀린 듯 *일제히 달리기를 멈췄다.
	*맥(이) 풀리다(脈 줄기 맥) 기운(힘)이나 긴장이 풀어지다
	*일제히(一 한 일, 齊 가지런할 제) 여럿이 한꺼번에

덜컥	갑자기 놀라거나 · 겁에 질려 / *가슴이 내려앉는 모양
	예 현장 체험 학습을 가는 날에 비가 내릴까봐 **덜컥** 걱정이 되었다.
	*가슴이 내려앉다 커다란 충격으로 놀라거나 맥(기운이나 힘)이 탁 풀리다

화창하다	하늘이 맑고 · 날씨가 따뜻하며 · 바람이 부드럽다
한자 화할 화 和 화창할 창 暢	예 날씨가 **화창해서** 가족과 함께 공원으로 *나들이를 나섰다.
	*나들이 집을 떠나 가까운 곳에 잠시 다녀오는 일

1 문장을 읽고, 알맞은 낱말을 써 넣어 봅시다.

1) 전부 다 ☐☐

2) 시간이 상당히 지나는 동안 ☐☐

3) 여러 겹으로 겹쳐 있게 ☐☐☐

4) 목표한 지점까지 다 달리다 ☐☐☐☐

5) 갑자기 놀라거나 · 겁에 질려 가슴이 내려앉는 모양 ☐☐

6) 하늘이 맑고 · 날씨가 따뜻하며 · 바람이 부드럽다 ☐☐☐☐

2 밑줄 친 곳에 알맞은 낱말을 써 넣어 문장을 완성해 봅시다.

1) 까마귀는 바다를 지나고 산꼭대기를 지나 _____ 금으로 가득한 산 위에 내려앉았다.

2) 치킨을 배달시켰는데, 주문이 밀렸는지 _____ 이 지나도 오지 않고 있다.

3) 동생을 태운 우두머리 까마귀는 _____ 쌓인 이 구름 저 구름을 지나 한참 만에 감나무 바로 아래로 내려왔다.

4) 한 학생이 일등으로 결승점까지 _____ 순간, 나머지 학생들은 맥이 풀린 듯 일제히 달리기를 멈췄다.

5) 현장 체험 학습을 가는 날에 비가 내릴까봐 _____ 걱정이 되었다.

6) 날씨가 _____ 가족과 함께 공원으로 나들이를 나섰다.

경사지다
한자 기울 경 傾
비낄 사 斜

땅 · 바닥 따위가 / 한쪽으로 / °기울어지다

예 자전거를 타고 가다가 **경사진** °오르막길을 °맞닥뜨리면 덜컥 겁이 난다.

° 기울어지다　비스듬히 낮아지거나 비뚤어지게 되다

° 오르막길(오르막)　낮은 곳에서 높은 곳으로 이어지는 비탈길

° 맞닥뜨리다　상황이나 일에 갑자기 마주 대하거나 만나다

비 비탈지다, 기울어지다, 기울다

뻐근하다

근육이 °피로해서 / 몸을 움직이기 / °거북하다

예 여행지에서 °관광을 하느라 하루 종일 걸었더니 온몸이 **뻐근하다.**

° 피로하다(疲 피곤할 피, 勞 일할 로) 정신이나 몸이 지쳐 힘들다

° 거북하다　몸이 편하지 아니하다

° 관광(觀 볼 관, 光 빛 광)　경치나 명소(이름난 곳) 따위를 구경함

어질어질하다

자꾸 °어지럽고 · 정신을 잃고 쓰러질 듯하다

예 열 시간 넘게 비행기를 타서 머리가 **어질어질하다.**

° 어지럽다　몸을 제대로 가눌 수 없을 정도로 정신이 흐리고
얼떨떨하다

현기증
한자 어지러울 현 眩
기운 기 氣
증세 증 症

어지러운 기운이 나는 / 상태

예 하굣길에 갑자기 **현기증**이 나서 길바닥에 °주저앉았다

° 주저앉다　섰던 자리에 힘없이 앉다

비 어질증(症 증세 증), 어지럼증

일다

어떤 현상이 / 생기다

예 자전거를 타고 오르막길을 올라가다가 갑자기 현기증이 **일었다.**

비 일어나다

격려하다
한자 격할 격 激
힘쓸 려 勵

힘 · 용기 · °의욕 따위가 / 생겨나게 하다 또는 더욱 높여 주다

예 시험을 망쳐서 °낙담한 내게 엄마는 다음번에는 잘할 수 있을 거라고 **격려해** 주셨다.

° 의욕(意 뜻 의, 欲 하고자 할 욕)　무엇을 하고자 하는 적극적인 마음

° 낙담하다(落 떨어질 낙, 膽 쓸개 담) 바라던 일이 뜻대로 되지 않아 마음이 몹시 상하다

이틀이 완성하는 | 교과서 150~155쪽 |

1 **문장을 읽고, 알맞은 낱말을 써 넣어 봅시다.**

1) 땅·바다 따위가 한쪽으로 기울어지다

2) 근육이 피로해서 몸을 움직이기 거북하다

3) 자꾸 어지럽고·정신을 잃고 쓰러질 듯하다

4) 어지러운 기운이 나는 상태

5) 어떤 현상이 생기다

6) 힘·용기·의욕 따위가 생겨나게 하다 또는
   더욱 높여 주다

2 **밑줄 친 곳에 알맞은 낱말을 써 넣어 문장을 완성해 봅시다.**

1) 자전거를 타고 가다가 _____ 오르막길을 맞닥뜨리면 덜컥 겁이 난다.

2) 여행지에서 관광을 하느라 하루 종일 걸었더니 온몸이 _____ .

3) 열 시간 넘게 비행기를 타서 머리가 _____ .

4) 하굣길에 갑자기 _____ 이 나서 길바닥에 주저앉았다

5) 자전거를 타고 오르막길을 올라가다가 갑자기 현기증이 _____ .

6) 시험을 망쳐서 낙담한 내게 엄마는 다음번에는 잘할 수 있을 거라고 _____
   주셨다.

안도하다

한자 편안 안 安
담 도 堵

이전까지의 불안이 사라져서 또는 어떤 일이 잘 진행되어서 / 마음을 놓다

예 휴대폰을 잃어버린 줄 알고 걱정했는데, 교실 책상 속에 놓고 왔다는 사실이 떠올라서 **안도했다**.

비 안심하다(安 편안 안, 心 마음 심)

무리하다

한자 없을 무 無
다스릴 리 理

힘에 °부치는 일을 / °애써 하다

예 늦은 밤까지 시험공부를 **무리하게** 해서 다음날 늦잠을 자고 지각을 했다.

° 부치다   모자라거나 미치지 못하다

° 애쓰다   마음과 힘을 다하여 무엇을 이루려고 힘쓰다

고스란히

조금도 °축나거나 · 변하지 않고 / 그대로 °온전한 상태로

예 잃어버린 지갑을 되찾았는데, 카드와 돈이 **고스란히** 들어 있었다.

° 축나다(縮 줄일 축)   (일정한 수나 양에서) 모자람이 생기다

° 온전하다(穩 편안할 온, 全 온전할 전)   (변화되지 않고) 본바탕 그대로 고스란하다

징검다리

중간에서 / 양쪽의 관계를 °맺어 주는 것을 / 비유적으로 이르는 말

예 아이는 다툰 두 친구 사이를 오가며 °오해를 풀어 주는 **징검다리** 역할을 했다.

° 맺다   (사람이 다른 사람과) 관계나 인연을 이루거나 만들다

° 오해(誤 그르칠 오, 解 풀 해)   무엇을 사실과 다르게 받아들임

주제

한자 임금 주 主
제목 제 題

°작가가 / 작품을 통해 전하고 싶은 / °중심 생각

예 「아름다운 꼴찌」의 **주제**는 '아버지의 사랑'과 '포기하지 않고 끝까지 노력하는 모습의 아름다움'이다.

° 작가(作 지을 작, 家 집 가) (문학작품 · 사진 · 그림 · 조각 따위의) 예술품을 창작하는 사람

° 중심(中 가운데 중, 心 마음 심)   매우 중요하고 기본이 되는 부분

감쪽같이

조금도 알아차리지 못할 정도로 / 흔적도 없이

예 쉬는 시간에 책상 위에 잠깐 올려놓았던 지갑이 **감쪽같이** 사라졌다.

1 문장을 읽고, 알맞은 낱말을 써 넣어 봅시다.

1) 이전까지의 불안이 사라져서 또는 어떤 일이
   잘 진행되어서 마음을 놓다
   ☐☐☐☐

2) 힘에 부치는 일을 애써 하다
   ☐☐☐

3) 조금도 축나거나 · 변하지 않고 그대로 온전한 상태로
   ☐☐☐☐

4) 중간에서 양쪽의 관계를 맺어 주는 것을 비유적으로
   이르는 말
   ☐☐☐☐

5) 작가가 작품을 통해 전하고 싶은 중심 생각
   ☐☐

6) 조금도 알아차리지 못할 정도로 흔적도 없이
   ☐☐☐

2 밑줄 친 곳에 알맞은 낱말을 써 넣어 문장을 완성해 봅시다.

1) 휴대폰을 잃어버린 줄 알고 걱정했는데, 교실 책상 속에 놓고 왔다는 사실이
   떠올라서 _____ .

2) 늦은 밤까지 시험공부를 _____ 해서 다음날 늦잠을 자고 지각을 했다.

3) 잃어버린 지갑을 되찾았는데, 카드와 돈이 _____ 들어 있었다.

4) 아이는 다툰 두 친구 사이를 오가며 오해를 풀어 주는 _____ 역할을 했다.

5) 「아름다운 꼴찌」의 _____ 는 '아버지의 사랑'과 '포기하지 않고 끝까지
   노력하는 모습의 아름다움'이다.

6) 쉬는 시간에 책상 위에 잠깐 올려놓았던 지갑이 _____ 사라졌다.

잔뜩	대단히 많이
	예 커다란 동굴 안에 하얀 항아리들이 **잔뜩** 놓여 있었다.

기회	일ㆍ행동을 하기에 / 가장 좋은 / 때ㆍ°경우
한자 틀 기 機 모일 회 會	예 어버이날은 부모님께 감사한 마음을 전할 수 있는 **기회**이다.
	°경우(境 지경 경, 遇 만날 우)　　어떤 조건 아래에 놓인 그때의 상황이나 형편

영영(영)	°영원히 언제까지나
한자 길 영 永 길 영 永	예 지갑이 온데간데없이 사라져서 **영영** 찾지 못했다.
	°영원히(永 길 영, 遠 멀 원)　　끝없이 이어지는 상태로

아마(아마도)	단정적으로 딱 잘라서 말할 수는 없으나 / 어느 정도 °짐작하거나ㆍ그럴 °가능성이 큰 말 앞에서 / 거의ㆍ대부분의 뜻으로 쓰이는 말
	예 학생들 모두가 우산 없이 교실을 나섰는데 하굣길에 갑자기 소나기가 쏟아졌으니, **아마** °대다수가 비를 흠뻑 맞으며 집에 갔을 거야.
	°짐작하다(斟 짐작할 짐, 酌 술 부을 작)　　이미 알고 있는 사실에 비추어 무엇이 어찌할 것이라고 생각하다
	°가능성(可 옳을 가, 能 능할 능, 性 성품 성)　일이 앞으로 이루어질 수 있는 성질
	°대다수(大 클 대, 多 많을 다, 數 셈 수)　　거의 모두

따지다	문제가 되는 일을 °캐묻고 / 분명한 답을 요구하다
	예 아이가 아침마다 지각을 하자, 선생님은 왜 °자꾸 지각을 하냐고 **따졌다**.
	°캐묻다(캐어묻다)　　끈질기고 자세하게 묻다
	°자꾸　　여러 번 반복하거나 끊임없이 계속하여

비아냥거리다	비웃는 태도로 / 자꾸 °얄밉게 놀리다
	예 친구가 내 피구 실력이 °형편없다고 체육 시간 내내 **비아냥거렸다**.
	°얄밉다　　말과 행동이 거슬리고 밉다
	°형편없다(形 모양 형, 便 편할 편)　　(결과ㆍ상태 따위가) 매우 한심할 정도로 좋지 못하다

초록 고양이 | 교과서 156~161쪽 |

1 **문장을 읽고, 알맞은 낱말을 써 넣어 봅시다.**

1) 대단히 많이 　□□

2) 일·행동을 하기에 가장 좋은 때·경우 　□□

3) 영원히 언제까지나 　□□

4) 단정적으로 딱 잘라서 말할 수는 없으나 어느 정도 짐작하거나·
  그럴 가능성이 큰 말 앞에서 거의·대부분의 뜻으로 쓰이는 말 　□□

5) 문제가 되는 일을 캐묻고 분명한 답을 요구하다 　□□□

6) 비웃는 태도로 자꾸 얄밉게 놀리다 　□□□□□

2 **밑줄 친 곳에 알맞은 낱말을 써 넣어 문장을 완성해 봅시다.**

1) 커다란 동굴 안에 하얀 항아리들이 _____ 놓여 있었다.

2) 어버이날은 부모님께 감사한 마음을 전할 수 있는 _____ 이다.

3) 지갑이 온데간데없이 사라져서 _____ 찾지 못했다.

4) 학생들 모두가 우산 없이 교실을 나섰는데 하굣길에 갑자기 소나기가 쏟아졌으니,
  _____ 대다수가 비를 흠뻑 맞으며 집에 갔을 거야.

5) 아이가 아침마다 지각을 하자, 선생님은 왜 자꾸 지각을 하냐고 _____ .

6) 친구가 내 피구 실력이 형편없다고 체육 시간 내내 _____ .

1 문장을 읽고, 알맞은 낱말을 써 넣어 봅시다.

1) 문제가 되는 일을 캐묻고 분명한 답을 요구하다 _____

2) 어지러운 기운이 나는 상태 _____

3) 확실하게 알다 _____

4) 중간에서 양쪽의 관계를 맺어 주는 것을 비유적으로
   이르는 말 _____

5) 어떤 단체에서 으뜸인 사람 _____

6) 조금도 축나거나 · 변하지 않고 그대로 온전한 상태로 _____

7) 시간이 상당히 지나는 동안 _____

8) 작가가 작품을 통해 전하고 싶은 중심 생각 _____

9) 어떤 현상이 생기다 _____

10) 근육이 피로해서 몸을 움직이기 거북하다 _____

11) 목표한 지점까지 다 달리다 _____

12) 단정적으로 딱 잘라서 말할 수는 없으나 어느 정도 짐작하거나 · 그럴 가능성이
    큰 말 앞에서 거의 · 대부분의 뜻으로 쓰이는 말 _____

13) 갑자기 놀라거나 · 겁에 질려 가슴이 내려앉는 모양 _____

14) 일 · 행동을 하기에 가장 좋은 때 · 경우 _____

15) 하늘이 맑고 · 날씨가 따뜻하며 · 바람이 부드럽다 _____

16) 이야기에서 인물들에게 일어나는 일 _____

17) 비웃는 태도로 자꾸 얄밉게 놀리다 _____

18) 한줄기로 이어져 진행되는 현상을 비유적으로 이르는 말 _____

19) 조금도 알아차리지 못할 정도로 흔적도 없이 _____

20) 약간 모자라거나 · 좀 낡은 데가 있거나 · 값이 싼 듯하다 _____

21) 땅 · 바닥 따위가 한쪽으로 기울어지다 _____

22) 힘에 부치는 일을 애써 하다 _____

23) 힘 · 용기 · 의욕 따위가 생겨나게 하다 또는
더욱 높여 주다 _____

24) 사물 · 공간 · 지위 따위를 자기 몫으로 가지다 _____

25) 이전까지의 불안이 사라져서 또는 어떤 일이
잘 진행되어서 마음을 놓다 _____

26) 대단히 많이 _____

27) 여러 겹으로 겹쳐 있게 _____

28) 자꾸 어지럽고 · 정신을 잃고 쓰러질 듯하다 _____

29) 전부 다 _____

30) 영원히 언제까지나 _____

2 밑줄 친 곳에 알맞은 낱말을 써 넣어 문장을 완성해 봅시다.

1) 잃어버린 지갑을 되찾았는데, 카드와 돈이 _____ 들어 있었다.

2) 커다란 동굴 안에 하얀 항아리들이 _____ 놓여 있었다.

3) 동생은 맛있는 것이 있으면 모두 자기가 _____ 욕심을 부린다.

4) 한 학생이 일등으로 결승점까지 _____ 순간, 나머지 학생들은 맥이 풀린 듯 일제히 달리기를 멈췄다.

5) 늦은 밤까지 시험공부를 _____ 해서 다음날 늦잠을 자고 지각을 했다.

6) 아이가 아침마다 지각을 하자, 선생님은 왜 자꾸 지각을 하냐고 _____ .

7) 학생들 모두가 우산 없이 교실을 나섰는데 하굣길에 갑자기 소나기가 쏟아졌으니, _____ 대다수가 비를 흠뻑 맞으며 집에 갔을 거야.

8) 자전거를 타고 가다가 _____ 오르막길을 맞닥뜨리면 덜컥 겁이 난다.

9) 사자는 보통 스무 마리 이상이 무리를 이루어 생활하는데, 완전히 성숙한 수사자 한 마리가 _____ 역할을 한다.

10) 이야기에서 인물, 장소, 일어난 중요한 일을 찾아보거나 일이 일어난 차례를 살펴보면 사건의 _____ 을 파악할 수 있다.

11) 휴대폰을 잃어버린 줄 알고 걱정했는데, 교실 책상 속에 놓고 왔다는 사실이 떠올라서 _____ .

12) 쉬는 시간에 책상 위에 잠깐 올려놓았던 지갑이 _____ 사라졌다.

13) 하굣길에 갑자기 _____ 이 나서 길바닥에 주저앉았다

14) 까마귀는 바다를 지나고 산꼭대기를 지나 _____ 금으로 가득한 산 위에 내려앉았다.

15) 아이는 다툰 두 친구 사이를 오가며 오해를 풀어 주는 _____ 역할을 했다.

16) 지갑이 온데간데없이 사라져서 _____ 찾지 못했다.

17) 동생을 태운 우두머리 까마귀는 _____ 쌓인 이 구름 저 구름을 지나 한참 만에 감나무 바로 아래로 내려왔다.

18) 현장 체험 학습을 가는 날에 비가 내릴까봐 _____ 걱정이 되었다.

19) 어버이날은 부모님께 감사한 마음을 전할 수 있는 _____ 이다.

20) 치킨을 배달시켰는데, 주문이 밀렸는지 _____ 이 지나도 오지 않고 있다.

21) 「까마귀와 감나무」는 아버지가 두 아들에게 많은 재산을 남겨 두고 세상을 떠나는 _____ 에서부터 이야기가 시작된다.

22) 날씨가 _____ 가족과 함께 공원으로 나들이를 나섰다.

23) 자전거를 타고 오르막길을 올라가다가 갑자기 현기증이 _____ .

24) 외국 영화는 자막과 영상을 동시에 봐야 하기 때문에 한국 영화보다 내용을 _____ 것이 더 어렵다.

25) 아버지가 두 형제에게 많은 재산을 남겨 두고 세상을 떠났지만 형은 동생에게 감나무가 있는 _____ 집 한 채만 주었다.

26) 여행지에서 관광을 하느라 하루 종일 걸었더니 온몸이 _____ .

27) 시험을 망쳐서 낙담한 내게 엄마는 다음번에는 잘할 수 있을 거라고 _____ 주셨다.

28) 열 시간 넘게 비행기를 타서 머리가 _____ .

29) 친구가 내 피구 실력이 형편없다고 체육 시간 내내 _____ .

30) 「아름다운 꼴찌」의 _____ 는 '아버지의 사랑'과 '포기하지 않고 끝까지 노력하는 모습의 아름다움'이다.

심통
한자 마음 심 心

괜한 일로 / *고집을 피우거나 · 화가 난 / 마음

㉖ 동생은 자기 마음에 들지 않을 때마다 *칭얼거리면서 **심통**을 부린다.

*고집 (固 굳을 고, 執 잡을 집)　　자기의 의견을 바꾸거나 고치지 않고 굳게 버팀.
또는 그렇게 버티는 성미 (성질 · 마음씨 · 비위 · 버릇 따위의 총칭)

*칭얼거리다　　(몸이 불편하거나 마음에 못마땅하여) 짜증을 내며
자꾸 중얼거리거나 보채다

장면
한자 마당 장 場
　　낯 면 面

*문학 작품 · 영화 · 연극 따위에서 / 어떤 일이 일어나는 / 모습

㉖ 남녀 주인공이 헤어지는 영화의 마지막 **장면**에서 눈물을 흘렸다.

*문학 작품(文 글월 문, 學 배울 학, 作 지을 작, 品 물건 품)　　시, 소설, 희곡, 평론
따위의 문학에 속하는 예술 작품

주제
한자 임금 주 主
　　제목 제 題

회의 · 대화 · 연구 따위에서 / 중심이 되는 / 문제

㉖ 이번 주 학급 회의 **주제**는 '교실을 깨끗이 하자'이다.

회의
한자 모일 회 會
　　의논할 의 議

어떤 주제를 놓고 / *여럿이 모여 / *의논함

㉖ 가족 여행을 어디로 가면 좋을지 부모님, 동생과
함께 **회의**를 했다.

*여럿　　많은 수의 사람이나 물건

*의논(議 의논할 의, 論 논할 논)　　어떤 일에 대하여 서로 의견을 주고받음

절차
한자 마디 절 節
　　버금 차 次

일을 하는 데 거쳐야 하는 / *정해진 차례와 방법

㉖ 회의 **절차**에 따라 국민의례를 한 다음에 애국가를 불렀다.

*정하다(定 정할 정)　　규칙이나 법 따위를 일정한 내용으로 꾸며 여러 사람 사이
에 약속으로 삼다

규칙
한자 법 규 規
　　법칙 칙 則

여러 사람이 / 다 함께 지키기로 정한 / *약속

㉖ 학급 회의 시간에 '교실 바닥에 휴지를 버리지 말자'는 **규칙**을 정했다.

*약속(約 맺을 약, 束 묶을 속)　　다른 사람과 앞으로의 일을 어떻게 할 것인가를
미리 정해 둠. 또는 그리 정한 내용

1 문장을 읽고, 알맞은 낱말을 써 넣어 봅시다.

1) 괜한 일로 고집을 피우거나 · 화가 난 마음 □□

2) 문학 작품 · 영화 · 연극 따위에서 어떤 일이 일어나는 모습 □□

3) 회의 · 대화 · 연구 따위에서 중심이 되는 문제 □□

4) 어떤 주제를 놓고 여럿이 모여 의논함 □□

5) 일을 하는 데 거쳐야 하는 정해진 차례와 방법 □□

6) 여러 사람이 다 함께 지키기로 정한 약속 □□

11주 1일

2 밑줄 친 곳에 알맞은 낱말을 써 넣어 문장을 완성해 봅시다.

1) 동생은 자기 마음에 들지 않을 때마다 칭얼거리면서 _____ 을 부린다.

2) 남녀 주인공이 헤어지는 영화의 마지막 _____ 에서 눈물을 흘렸다.

3) 이번 주 학급 회의 _____ 는 '교실을 깨끗이 하자'이다.

4) 가족 여행을 어디로 가면 좋을지 부모님, 동생과 함께 _____ 를 했다.

5) 회의 _____ 에 따라 국민의례를 한 다음에 애국가를 불렀다.

6) 학급 회의 시간에 '교실 바닥에 휴지를 버리지 말자'는 _____ 을 정했다.

회의를 한 경험 떠올리기 | 교과서 174~179쪽 |

참석자
한자 참여할 참 參
자리 석 席
놈 자 者

*모임 · 회의에 / *참여한 사람

예 얼마 전에 가족회의를 했는데, **참석자**는 엄마, 아빠, 나, 동생이었다.

*모임   어떤 목적을 위해 여러 사람이 자리를 함께 하는 일

*참여하다(參 참여할 참, 與 더불 여) 어떤 일에 끼어들어 관련을 맺다

가족회의

결과
한자 맺을 결 結
실과 과 果

어떤 *원인으로 *결말이 생김 또는 그런 결말의 상태

예 가족회의 **결과**, 이번 가족 여행 장소는 제주도로 정해졌다.

*원인 (原 언덕 원, 因 인할어떤 사실로 원인이 될 인)   먼저 존재하여 사물 · 상태를
발생시키거나 변화시키는 일이나 사건

*결말(結 맺을 결, 末 끝 말) 어떤 일이 마무리되는 끝

회의 절차와 참여자 역할 알아보기 | 교과서 180~185쪽 |

참여자(참가자)
한자 참여할 참 參
더불 여 與
놈 자 者

어떤 일에 끼어들어 / *관련을 맺는 / 사람

예 회의 **참여자**는 자신의 의견을 분명히 밝히고, 다른 사람의 의견을 주의 깊
게 들어야 한다.

*관련(關 관계할 관, 聯 연이을 련)   (둘 이상의 사람, 사물, 현상 따위가) 서로 관계를
맺어 얽혀 있음

역할
한자 부릴 역 役
나눌 할 割

자신이 마땅히 해야 할 / 맡은 일

예 반장 **역할**은 때로 힘들고 *부담되지만, 보람 있는 일이라고 생각한다.

*부담되다(負 짐 질 부, 擔 멜 담)   감당하기 어렵거나 힘든 것으로 느껴지다

비 할일, 구실, 소임(所 바 소, 任 맡길 임)

사회자
한자 믿을 사 司
모일 회 會
놈 자 者

모임 · 회의 따위에서 / 진행을 맡아보는 / 사람

예 학급 회의의 *정식 **사회자**는 회장이지만, 때로 부회장도
사회자가 되어 회의를 진행했다.

*정식(正 바를 정, 式 법 식) 정당한 방식이나 방법

기록자
한자 기록할 기 記
기록할 록 錄
놈 자 者

*기록을 하는 / 사람

예 **기록자**는 회의가 열린 날짜와 시간, 장소, 회의 내용 등을 기록한다.

*기록(記 기록할 기, 錄 기록할 록)   남길 필요가 있는 사실을 적음. 또는 그런 글

1 문장을 읽고, 알맞은 낱말을 써 넣어 봅시다.

1) 모임·회의에 참여한 사람

2) 어떤 원인으로 결말이 생김 또는 그런 결말의 상태

3) 어떤 일에 끼어들어 관련을 맺는 사람

4) 자신이 마땅히 해야 할 맡은 일

5) 모임·회의 따위에서 진행을 맡아보는 사람

6) 기록을 하는 사람

11주 2일

2 밑줄 친 곳에 알맞은 낱말을 써 넣어 문장을 완성해 봅시다.

1) 얼마 전에 가족회의를 했는데, _____ 는 엄마, 아빠, 나, 동생이었다.

2) 가족회의 _____ , 이번 가족 여행 장소는 제주도로 정해졌다.

3) 회의 _____ 는 자신의 의견을 분명히 밝히고, 다른 사람의 의견을 주의 깊게 들어야 한다.

4) 반장 _____ 은 때로 힘들고 부담되지만, 보람 있는 일이라고 생각한다.

5) 학급 회의의 정식 _____ 는 회장이지만, 때로 부회장도 _____ 가 되어 회의를 진행했다.

6) _____ 는 회의가 열린 날짜와 시간, 장소, 회의 내용 등을 기록한다.

회의 절차와 참여자 역할 이해하기 | 교과서 180~185쪽 |

개회
한자 열 개 開
　　모일 회 會

회의 · 모임 따위를 / 시작함

예 사회자는 "지금부터 회의를 시작하겠습니다"라는 말로 사람들에게 **개회**를 알렸다.

회의록
한자 모일 회 會
　　의논할 의 議
　　기록할 록 錄

회의의 과정 · 내용 · 결과 따위를 적은 / 기록

예 기록자는 회의의 내용과 결과를 **회의록**에 기록했다.

제안하다
한자 끌 제 提
　　책상 안 案

다른 사람에게 어떤 일을 하자고 / 의견을 내어놓다

예 요즘 교실이 많이 지저분합니다. 그래서 저는 "깨끗한 교실을 만들자"를 회의 주제로 **제안합니다.**

선정하다
한자 가릴 선 選
　　정할 정 定

여럿 가운데서 / 어떤 것을 뽑아 / 정하다

예 학급 회의 주제로 네 가지 *안건이 나왔고, *그중에서 한 가지를 주제로 **선정했다.**

*안건(案 책상 안, 件 물건 건)　　회의를 통해 해결할 문제

*그중(中 가운데 중)　　여럿 가운데

찬성하다
한자 도울 찬 贊
　　이룰 성 成

옳거나 좋다고 판단하여 / 뜻을 같이하다

예 회의 주제를 참석자의 반이 넘는 수가 **찬성하는** 것으로 정했다.

비 동의하다(同 한가지 동, 意 뜻 의), 동조하다(同 한가지 동, 調 고를 조)

표결
한자 겉 표 表
　　결단할 결 決

회의에서 / 어떤 안건에 대하여 / 찬성, 반대 의견을 *표시하여 / 결정함

예 표결 결과, 25명 가운데 17명이 찬성한 "깨끗한 교실을 만들자"가 회의 주제로 선정되었다.

*표시하다(表 겉 표, 示 보일 시)

어떤 사실이나 내용을 글자나 기호로 나타내 보이다

1 문장을 읽고, 알맞은 낱말을 써 넣어 봅시다.

1) 회의 · 모임 따위를 시작함

2) 회의의 과정 · 내용 · 결과 따위를 적은 기록

3) 다른 사람에게 어떤 일을 하자고 의견을 내어놓다

4) 여럿 가운데서 어떤 것을 뽑아 정하다

5) 옳거나 좋다고 판단하여 뜻을 같이하다

6) 회의에서 어떤 안건에 대하여 찬성, 반대 의견을 표시하여 결정함

11주
3일

2 밑줄 친 곳에 알맞은 낱말을 써 넣어 문장을 완성해 봅시다.

1) 사회자는 "지금부터 회의를 시작하겠습니다"라는 말로 사람들에게 _____ 를 알렸다.

2) 기록자는 회의의 내용과 결과를 _____ 에 기록했다.

3) 요즘 교실이 많이 지저분합니다. 그래서 저는 "깨끗한 교실을 만들자"를 회의 주제로 _____ .

4) 학급 회의 주제로 네 가지 안건이 나왔고, 그중에서 한 가지를 주제로 _____ .

5) 회의 주제를 참석자의 반이 넘는 수가 _____ 것으로 정했다.

6) _____ 결과, 25명 가운데 17명이 찬성한 "깨끗한 교실을 만들자"가 회의 주제로 선정되었다.

| 외의 절차와 참여자 역할 이해하기 | 교과서 180~185쪽 |

토의

한자 칠 토 討
의논할 의 議

어떤 문제에 대하여 / •검토하고 · •협의함

예 모둠 **토의**를 통해서 미술 시간에 만들 합동 작품을 정했다.

• 검토(檢 검사할 검, 討 칠 토)   사실 · 의견을 찬찬히 살피거나 잘 따져 봄

• 협의(協 화합할 협, 議 의논할 의)   여러 사람이 모여 의논함

예방하다

한자 미리 예 豫
막을 방 防

어떤 일이 생기기 전에 / 알맞은 •조치를 •취하여 / 막다

예 충치를 **예방하려면** 음식물을 먹고 난 후에 꼭 이를 닦아야 한다.

• 조치(措 둘 조, 置 둘 치)   문제나 사태를 해결하기 위해 필요한 대책(어떤 일에
대처할 계획이나 수단)을 세움. 또는 그 대책

• 취하다(取 가질 취)   어떤 행동을 하거나 태도를 보이다

벌점

한자 벌할 벌 罰
점 점 點

잘못한 것에 대하여 / 벌로 따지는 / 점수

예 교실, 복도, 운동장에서 위험한 행동을 했을 때 **벌점**을 받는 학급 규칙을 만
들었다.

조심하다

한자 잡을 조 操
마음 심 心

잘못 · 실수가 없도록 / 말 · 행동에 / •신경쓰다

예 빗물 때문에 바닥이 미끄러우니 걸을 때 **조심해야** 한다.

• 신경쓰다(神 귀신 신, 經 지날 경)   (작거나 적은 데까지) 세심하게 살피다

비 주의하다(注 부을액체나 가루 따위를 다른 곳에 담을 주, 意 뜻 의)

피해

한자 입을 피 被
해할 해 害

물건이 깨지거나 헐고 · 재산이 줄어들고 · •명예 · •체면 · 가치 따위가 떨어지
고 · 몸이 병들고 다치는 따위의 / 해롭고 나쁜 일 또는 해롭고 나쁜 일을 당함

예 주위 사람들에게 **피해**를 주지 않도록 항상 자신의 말과 행동을 조심해야
한다.

• 명예(名 이름 명, 譽 기릴 예)   세상에 널리 인정받아 얻은 좋은 평판이나 이름

• 체면(體 몸 체, 面 낯 면)   남을 대하기에 떳떳할 만한 입장이나 처지

규제하다

한자 법 규 規
절제할 제 制

규칙에 의하여 / 일정한 한도를 정하다 또는 정한 한도를 넘지 못하게 막다

예 정부는 환경 보호를 위하여 일회용 비닐 봉투 사용을
규제하고 있다.

1 문장을 읽고, 알맞은 낱말을 써 넣어 봅시다.

1) 어떤 문제에 대하여 검토하고 · 협의함

2) 어떤 일이 생기기 전에 알맞은 조치를 취하여 막다

3) 잘못한 것에 대하여 벌로 따지는 점수

4) 잘못 · 실수가 없도록 말 · 행동에 신경쓰다

5) 해롭고 나쁜 일 또는 해롭고 나쁜 일을 당함

6) 규칙에 의하여 일정한 한도를 정하다 또는
정한 한도를 넘지 못하게 막다

11주
4일

2 밑줄 친 곳에 알맞은 낱말을 써 넣어 문장을 완성해 봅시다.

1) 모둠 _____ 를 통해서 미술 시간에 만들 합동 작품을 정했다.

2) 충치를 _____ 음식물을 먹고 난 후에 꼭 이를 닦아야 한다.

3) 교실, 복도, 운동장에서 위험한 행동을 했을 때 _____ 을 받는 학급 규칙을
만들었다.

4) 빗물 때문에 바닥이 미끄러우니 걸을 때 _____ 한다.

5) 주위 사람들에게 _____ 를 주지 않도록 항상 자신의 말과 행동을 조심해야
한다.

6) 정부는 환경 보호를 위하여 일회용 비닐 봉투 사용을 _____ 있다.

6. 회의를 해요

장점 한자 길 장 長 점 점 點	좋은 점 · 잘하는 점 · 긍정적인 점 예 벌점 제도의 **장점**은 위험한 행동을 *강력히 규제할 수 있다는 것이다. *강력히(強 강할 강, 力 힘 력) 강한 힘이나 영향으로 비 강점(強 강할 강, 點 점 점)
단점 한자 짧을 단 短 점 점 點	*부족한 점 · 잘못된 점 예 벌점 제도의 **단점**은 학생들 스스로 노력하기보다 벌점만 피하면 된다는 생각을 갖게 할 수도 있다는 것이다. *부족하다(不 아닐 부, 足 발 족) 필요한 양이나 기준에 미치지 못함 비 결점(缺 이지러질 결), 약점(弱 약할 약), 흠점(欠 하품질이 나쁜 물품 흠), 흠
채택하다 한자 캘 채 採 가릴 택 擇	무엇을 몇 가지 중에서 / 골라 뽑다 예 학급 회의 주제를 네 가지 안건 중에서 '학교생활을 안전하게 하자'로 **채택했다.** 비 선택하다(選 가릴 선, 擇 가릴 택)
폐회 한자 닫을 폐 閉 모일 회 會	모임 · 회의를 / 마침 예 사회자는 "*이상으로 회의를 마치겠습니다"라는 말로 **폐회**를 알렸다. *이상(以 써 이, 上 윗 상) 서류 · 강연 등의 마지막에 써서 '끝'의 뜻을 나타내는 말
제시하다 한자 끝 제 提 보일 시 示	의견을 / 말 · 글로 / 나타내어 보이다 예 엄마께서 "오늘 저녁은 외식을 하는 게 어떻겠니?"라고 의견을 **제시하셨다.**

공통 한자 한가지 공 共 통할 통 通	둘 또는 *여럿 사이에 / 널리 통하고 · 관계됨 예 학급 회의 주제는 친구들이 **공통**으로 관심을 가질 만한 것으로 정한다. *여럿 많은 수의 사람이나 물건

1 문장을 읽고, 알맞은 낱말을 써 넣어 봅시다.

1) 좋은 점 · 잘하는 점 · 긍정적인 점

2) 부족한 점 · 잘못된 점

3) 무엇을 몇 가지 중에서 골라 뽑다

4) 모임 · 회의를 마침

5) 의견을 말 · 글로 나타내어 보이다

6) 둘 또는 여럿 사이에 널리 통하고 관계됨

11주
5일

2 밑줄 친 곳에 알맞은 낱말을 써 넣어 문장을 완성해 봅시다.

1) 벌점 제도의 _____ 은 위험한 행동을 강력히 규제할 수 있다는 것이다.

2) 벌점 제도의 _____ 은 학생들 스스로 노력하기보다 벌점만 피하면 된다는 생각을 갖게 할 수도 있다는 것이다.

3) 학급 회의 주제를 네 가지 안건 중에서 '학교생활을 안전하게 하자'로 _____ .

4) 사회자는 "이상으로 회의를 마치겠습니다"라는 말로 _____ 를 알렸다.

5) 엄마께서 "오늘 저녁은 외식을 하는 게 어떻겠니?"라고 의견을 _____ .

6) 학급 회의 주제는 친구들이 _____ 으로 관심을 가질 만한 것으로 정한다.

1 문장을 읽고, 알맞은 낱말을 써 넣어 봅시다.

1) 해롭고 나쁜 일 또는 해롭고 나쁜 일을 당함 _____

2) 다른 사람에게 어떤 일을 하자고 의견을 내어놓다 _____

3) 여러 사람이 다 함께 지키기로 정한 약속 _____

4) 어떤 일이 생기기 전에 알맞은 조치를 취하여 막다 _____

5) 모임·회의를 마침 _____

6) 둘 또는 여럿 사이에 널리 통하고 관계됨 _____

7) 잘못·실수가 없도록 말·행동에 신경쓰다 _____

8) 어떤 문제에 대하여 검토하고 협의함 _____

9) 규칙에 의하여 일정한 한도를 정하다 또는
정한 한도를 넘지 못하게 막다 _____

10) 문학 작품·영화·연극 따위에서 어떤 일이 일어나는 모습 _____

11) 모임·회의에 참여한 사람 _____

12) 잘못한 것에 대하여 벌로 따지는 점수 _____

13) 일을 하는 데 거쳐야 하는 정해진 차례와 방법 _____

14) 무엇을 몇 가지 중에서 골라 뽑다 _____

15) 어떤 일에 끼어들어 관련을 맺는 사람 _____

16) 옳거나 좋다고 판단하여 뜻을 같이하다 _____

17) 자신이 마땅히 해야 할 맡은 일 _____

18) 여럿 가운데서 어떤 것을 뽑아 정하다 _____

19) 기록을 하는 사람 _____

20) 회의·대화·연구 따위에서 중심이 되는 문제 _____

21) 회의·모임 따위를 시작함 _____

22) 회의의 과정·내용·결과 따위를 적은 기록 _____

23) 괜한 일로 고집을 피우거나 화가 난 마음 _____

24) 좋은 점·잘하는 점·긍정적인 점 _____

25) 모임·회의 따위에서 진행을 맡아보는 사람 _____

26) 부족한 점·잘못된 점 _____

27) 어떤 원인으로 결말이 생김 또는 그런 결말의 상태 _____

28) 의견을 말·글로 나타내어 보이다 _____

29) 회의에서 어떤 안건에 대하여 찬성, 반대 의견을 표시하여 결정함 _____

30) 어떤 주제를 놓고 여럿이 모여 의논함 _____

2 **밑줄 친 곳에 알맞은 낱말을 써 넣어 문장을 완성해 봅시다.**

1) 학급 회의 주제는 친구들이 _____ 으로 관심을 가질 만한 것으로 정한다.

2) 벌점 제도의 _____ 은 위험한 행동을 강력히 규제할 수 있다는 것이다.

3) 남녀 주인공이 헤어지는 영화의 마지막 _____ 에서 눈물을 흘렸다.

4) 벌점 제도의 _____ 은 학생들 스스로 노력하기보다 벌점만 피하면 된다는 생각을 갖게 할 수도 있다는 것이다.

5) 모둠 _____ 를 통해서 미술 시간에 만들 합동 작품을 정했다.

6) 사회자는 "지금부터 회의를 시작하겠습니다"라는 말로 사람들에게 _____ 를 알렸다.

7) 사회자는 "이상으로 회의를 마치겠습니다"라는 말로 _____ 를 알렸다.

8) 기록자는 회의의 내용과 결과를 _____ 에 기록했다.

9) 가족 여행을 어디로 가면 좋을지 부모님, 동생과 함께 _____ 를 했다.

10) 요즘 교실이 많이 지저분합니다. 그래서 저는 "깨끗한 교실을 만들자"를 회의 주제로 _____ .

11) 정부는 환경 보호를 위하여 일회용 비닐 봉투 사용을 _____ 있다.

12) 가족회의 _____ , 이번 가족 여행 장소는 제주도로 정해졌다.

13) _____ 결과, 25명 가운데 17명이 찬성한 "깨끗한 교실을 만들자"가 회의 주제로 선정되었다.

14) 충치를 _____ 음식물을 먹고 난 후에 꼭 이를 닦아야 한다.

15) _____ 는 회의가 열린 날짜와 시간, 장소, 회의 내용 등을 기록한다.

16) 교실, 복도, 운동장에서 위험한 행동을 했을 때 _____ 을 받는 학급 규칙을 만들었다.

17) 엄마께서 "오늘 저녁은 외식을 하는 게 어떻겠니?"라고 의견을 _____ .

18) 주위 사람들에게 _____ 를 주지 않도록 항상 자신의 말과 행동을 조심해야 한다.

19) 학급 회의 주제를 네 가지 안건 중에서 '학교생활을 안전하게 하자'로 _____ .

20) 얼마 전에 가족회의를 했는데, _____ 는 엄마, 아빠, 나, 동생이었다.

21) 학급 회의의 정식 _____ 는 회장이지만, 때로 부회장도 _____ 가 되어 회의를 진행했다.

22) 빗물 때문에 바닥이 미끄러우니 걸을 때 _____ 한다.

23) 학급 회의 주제로 네 가지 안건이 나왔고, 그중에서 한 가지를 주제로 _____ .

24) 회의 _____ 는 자신의 의견을 분명히 밝히고, 다른 사람의 의견을 주의 깊게 들어야 한다.

25) 동생은 자기 마음에 들지 않을 때마다 칭얼거리면서 _____ 을 부린다.

26) 회의 _____ 에 따라 국민의례를 한 다음에 애국가를 불렀다.

27) 회의 주제를 참석자의 반이 넘는 수가 _____ 것으로 정했다.

28) 이번 주 학급 회의 _____ 는 '교실을 깨끗이 하자'이다.

29) 학급 회의 시간에 '교실 바닥에 휴지를 버리지 말자'는 _____ 을 정했다.

30) 반장 _____ 은 때로 힘들고 부담되지만, 보람 있는 일이라고 생각한다.

1일

6. 회의를 해요

관심
한자 관계할 관 關
마음 심 心

어떤 것에 마음이 끌려 / *주의를 *기울임

예 환경오염에 관한 영상을 보고 환경 보호 문제에
관심을 갖게 되었다.

*주의(注 부을 주, 意 뜻 의) 어떤 곳이나 일에 정신을 집중하다
*기울임   정성이나 노력 따위를 한곳으로 모음

근거
한자 뿌리 근 根
근거 거 據

의견이 나오게 된 / *까닭

예 거친 말을 쓰면 상대방에게 상처를 주고 다툼이 생기기 때문이라고 그 근
거를 *덧붙였다.

*까닭   어떤 일이 생기게 된 이유나 상황
*덧붙이다 먼저 한 말에 무엇이라고 더 보태어 말하다

뒷받침하다

옳다고 *인정받도록 / 도움을 주다

예 의견을 말할 때는 그 의견을 **뒷받침하는** 근거를 함께 말해야 한다.

*인정받다(認 알 인, 定 정할 정)   옳거나 확실하다고 여김을 받다

당황하다
한자 당나라 당 唐
어리둥절할 황 慌

뜻밖의 일을 당하여 / 어찌할 바를 모르다

예 거센 *비바람에 우산이 *홀라당 뒤집어지더니
*허공으로 날아가서 무척 **당황했다.**

*비바람(풍우 風 바람 풍, 雨 비 우)   비가 내리면서 부는 바람
*홀라당(홀랑)   속의 것이 다 드러나도록 완전히 벗어지거나 뒤집히는 모양
*허공(虛 빌 허, 空 빌 공)   텅 빈 공중(하늘과 땅 사이의 빈 곳)

가로채다

남이 말하고 있을 때 끼어들어 / 말을 못 하게 하다

예 수업 중에 선생님의 말을 자꾸 **가로채서** *꾸지람을 들었다.

*꾸지람(꾸중)   아랫사람의 잘못을 꾸짖는 말

골고루

빼놓지 않고 · *차이가 없이 / 똑같게

예 선생님이 사탕을 한 봉지 가져오셔서 한 사람에 두 개씩 **골고루** 나눠주셨다.

*차이(差 다를 차, 異 다를 이)   둘 이상의 사물을 견주었을 때, 서로 다름. 또는 다
른 정도나 상태

1 문장을 읽고, 알맞은 낱말을 써 넣어 봅시다.

1) 어떤 것에 마음이 끌려 주의를 기울임　□□

2) 의견이 나오게 된 까닭　□□

3) 옳다고 인정받도록 도움을 주다　□□□□□

4) 뜻밖의 일을 당하여 어찌할 바를 모르다　□□□□

5) 남이 말하고 있을 때 끼어들어 말을 못 하게 하다　□□□□

6) 빼놓지 않고 · 차이가 없이 똑같게　□□□

12주 1일

2 밑줄 친 곳에 알맞은 낱말을 써 넣어 문장을 완성해 봅시다.

1) 환경오염에 관한 영상을 보고 환경 보호 문제에 _____ 을 갖게 되었다.

2) 거친 말을 쓰면 상대방에게 상처를 주고 다툼이 생기기 때문이라고 그 _____ 를 덧붙였다.

3) 의견을 말할 때는 그 의견을 _____ 근거를 함께 말해야 한다.

4) 거센 비바람에 우산이 홀라당 뒤집어지더니 허공으로 날아가서 무척 _____ .

5) 수업 중에 선생님의 말을 자꾸 _____ 꾸지람을 들었다.

6) 선생님이 사탕을 한 봉지 가져오셔서 한 사람에 두 개씩 _____ 나눠주셨다.

2일

존중하다 한자 높을 존 尊 무거울 중 重	*귀하고 · 중요하게 / *여기다 예 우리 반에서는 **존중하는** 마음으로 서로를 대하자는 뜻으로 친구들끼리 높임말을 쓴다. *귀(貴 귀할 귀) 희귀한, 존귀한(지위나 신분이 높고 귀한), 값비싼의 뜻 *여기다 마음속으로 그러하다고 생각하다
요약하다 한자 요긴할 요 要 맺을 약 約	말 · 글에서 / 가장 중요한 내용만 골라서 / 짧고 간단하게 *뽑아내다 예 공부의 시작은 교과서를 꼼꼼히 읽고 중요한 내용을 **요약하는** 것이다. *뽑아내다 여럿 가운데서 어떤 것을 가려서 뽑다
내세우다	의견을 내놓아 / 여럿에게 알리다 예 자신의 의견을 **내세울** 때에는 그에 대한 근거를 함께 말해야 한다. 비 주장하다(主 주인 주, 張 베풀 장), 내놓다
화성 한자 불 화 火 별 성 星	태양에서 넷째로 가까운 / *행성 예 **화성**은 스스로 빛을 내지 못하지만, 태양에서 빛을 받아 *반사하여 붉게 빛나는 것처럼 보인다. *행성(行 다닐 행, 星 별 성) 중심이 되는 별의 둘레를 각자의 궤도에 따라 돌면서, 자신은 빛을 내지 못하는 천체 (지구 밖 우주 공간에 떠 있는 모든 물체) *반사하다(反 돌이킬 반, 射 쏠 사) 빛이나 소리 따위가 다른 물체의 표면에 부딪혀서 나아가던 방향이 바뀌다
삭막하다 한자 노 삭 索 없을 막 莫	쓸쓸하고 · *황폐하다 예 생명의 흔적이 사라진 겨울 들판은 무척 **삭막했다**. *황폐하다(荒 거칠 황, 廢 폐할 · 버릴 폐) 거칠어지고 못 쓰게 되다 비 황량하다(荒 거칠 황, 凉 서늘할 량), 쓸쓸하다
군데군데	여러 곳 예 오래된 *폐건물의 유리창이 **군데군데** 깨지고 금가 있었다. *폐건물 버려두어 사용하지 못하게 된 건물 비 여기저기, 이곳저곳, 곳곳

1 **문장을 읽고, 알맞은 낱말을 써 넣어 봅시다.**

1) 귀하고 · 중요하게 여기다

2) 말 · 글에서 가장 중요한 내용만 골라서 짧고
   간단하게 뽑아내다

3) 의견을 내놓아 여럿에게 알리다

4) 태양에서 넷째로 가까운 행성

5) 쓸쓸하고 · 황폐하다

6) 여러 곳

12주
2일

2 **밑줄 친 곳에 알맞은 낱말을 써 넣어 문장을 완성해 봅시다.**

1) 우리 반에서는 _____ 마음으로 서로를 대하자는 뜻으로 친구들끼리
   높임말을 쓴다.

2) 공부의 시작은 교과서를 꼼꼼히 읽고 중요한 내용을 _____ 것이다.

3) 자신의 의견을 _____ 때에는 그에 대한 근거를 함께 말해야 한다.

4) _____ 은 스스로 빛을 내지 못하지만, 태양에서 빛을 받아 반사하여 붉게
   빛나는 것처럼 보인다.

5) 생명의 흔적이 사라진 겨울 들판은 무척 _____ .

6) 오래된 폐건물의 유리창이 _____ 깨지고 금가 있었다.

7. 사전은 내 친구

고원

한자 높을 고 高
언덕 원 原

높은 지역에 *위치한 / 넓고·평평한 / 땅

예 가파른 산길을 한참 동안 올라가니 *드넓은 **고원**이 펼쳐졌다.

* 드넓다   활짝 트이고 아주 넓다

협곡

한자 골짜기 협 峽
골 곡 谷

산과 산 사이의 / 좁고· *험한 / *골짜기

예 화성을 찍은 사진을 보니 높이 솟은 고원 지대도 있고, 길게 뻗은 좁은 **협곡**도 있다.

* 험하다(險 험할 험)   땅의 모습이 발붙이기 어려울 만큼 사납고 가파르다

* 골짜기(골짝, 골)산과 산 사이에 깊숙이 패어 들어간 곳

짐작하다

한자 짐작할 짐 斟
술 부을 작 酌

이미 알고 있는 사실에 / *비추어 / 무엇이 어찌할 것이라고 / 생각하다

예 친구의 *굳은 표정을 보고 안 좋은 일이 생겼을 거라고 **짐작했다**.

* 비추다   (주로 'A에 비추어' 꼴로 쓰여) A와 관련하여 견주어 보다
* 굳다   (표정·얼굴이) 긴장하거나 불쾌감을 느껴 딱딱하게 되다

비 어림하다, 추측하다(推 밀 추, 測 헤아릴 측)

창호지

한자 창 창 窓
집 호 戶
종이 지 紙

문을 *바르는 데 쓰는 / 얇고 질긴 / 흰 종이

예 *한옥의 문과 창문을 바르는 데 **창호지**가 많이 사용된다.

* 바르다   종이나 헝겊 따위에 풀칠을 하여 다른 물건에 붙이다
* 한옥(韓 한국 한, 屋 집 옥) 한국의 전통 건축양식으로 지은 집

벽지

한자 벽 벽 壁
종이 지 紙

벽에 바르는 / 종이

예 동생이 색연필로 **벽지**에 낙서를 해서 *새로 **벽지**를 발랐다.

* 새로   전과 달리 새롭게. 또는 새것으로

갱지

한자 다시 갱 更
종이 지 紙

겉면이 조금 거칠고·품질이 낮은 / 종이로 / 신문지·시험지 따위에 쓰임

예 학생들이 종이 냄새와 잉크 냄새가 뒤섞여 *독특한 향을 풍기는, **갱지**에 인쇄한 시험지를 풀고 있다.

* 독특하다(獨 홀로 독, 特 특별할 특) 특별하게 다르다

1 문장을 읽고, 알맞은 낱말을 써 넣어 봅시다.

1) 높은 지역에 위치한 넓고·평평한 땅

2) 산과 산 사이의 좁고·험한 골짜기

3) 이미 알고 있는 사실에 비추어 무엇이 어찌할 것이라고 생각하다

4) 문을 바르는 데 쓰는 얇고 질긴 흰 종이

5) 벽에 바르는 종이

6) 겉면이 조금 거칠고·품질이 낮은 종이로 신문지·시험지 따위에 쓰임

12주 3일

2 밑줄 친 곳에 알맞은 낱말을 써 넣어 문장을 완성해 봅시다.

1) 가파른 산길을 한참 동안 올라가니 드넓은 _____ 이 펼쳐졌다.

2) 화성을 찍은 사진을 보니 높이 솟은 고원 지대도 있고, 길게 뻗은 좁은 _____ 도 있다.

3) 친구의 굳은 표정을 보고 안 좋은 일이 생겼을 거라고 _____ .

4) 한옥의 문과 창문을 바르는 데 _____ 가 많이 사용된다.

5) 동생이 색연필로 _____ 에 낙서를 해서 새로 _____ 를 발랐다.

6) 학생들이 종이 냄새와 잉크 냄새가 뒤섞여 독특한 향을 풍기는, _____ 에 인쇄한 시험지를 풀고 있다.

한지 공예

한자 한국 한 韓
종이 지 紙
장인 공 工
재주 예 藝

*한지로 / *일상생활에 필요한 물건을 / 만드는 일

예 미술 시간에 **한지 공예**를 했는데, 나는 필통을 만들고 친구는 손거울을 만들었다.

* 한지　　　　닥나무 껍질 따위로 만든 한국 고유의 종이

* 일상생활(日 날 일, 常 항상 상, 生 날 생, 活 살 활)
　　날마다의 생활. 평소의 생활

최첨단

한자 가장 최 最
뾰족할 첨 尖
끝 단 端

시대 · *유행 · 기술 따위의 / 맨 앞

예 화면을 반으로 접었다 펼 수 있는 **최첨단** 휴대폰을 구입했다.

* 유행(流 흐를 유, 行 다닐 행)　　　　(언어, 복장, 취미 따위의 생활 양식이나 현상이) 사
　　회 구성원들에게 널리 퍼짐

일반화되다

한자 한 일 一
가지 반 般
될 화 化

보통 사람들에게 / 넓게 퍼지다

예 예전에는 *극소수 사람들만 휴대폰을 사용했는데, 요즘은 어린 아이들까
　　지 사용할 만큼 **일반화되었다.**

* 극소수(極 다할 극, 少 적을 소, 數 셈 수)　　　극히 적은 수

생활필수품

한자 날 생 生
살 활 活
반드시 필 必
쓰일 수 需
물건 품 品

일상생활에 / 반드시 있어야 할 / 물품

예 오늘날 컴퓨터와 휴대폰은 일반화되어서 *현대인의 **생활필수품**이 되었다.

* 현대인(現 나타날 현, 代 대신할 대, 人 사람 인)　　　오늘날의 시대(현시대)에 살고
　　있는 사람

비 생필품, 생활품, 필수품

보급되다

한자 넓을 보 普
미칠 급 及

무엇이 세상에 널리 퍼져 / 많은 사람들에게 *골고루 / 사용되다 또는 알려지다

예 20세기에는 컴퓨터를 *보유한 가정이 드물었지만, 오늘날은 대부분의 가
　　정에 컴퓨터가 **보급되었다.**

* 골고루(고루고루)　두루두루 빼놓지 않고

* 보유하다(保 지킬 보, 有 있을 유)　　(사람이 사물을) 갖고 있다

예상하다

한자 미리 예 豫
생각 상 想

일이 벌어지기 전에 / 앞으로 어찌될지 / 미리 생각해 보다

예 많은 사람이 컴퓨터가 널리 보급되면 종이의 사용이
　　줄어들 것이라고 **예상했다.**

비 예측하다(豫 미리 예, 測 헤아릴 측), 전망하다(展 펼 전, 望 바랄 망)

1 문장을 읽고, 알맞은 낱말을 써 넣어 봅시다.

1) 한지로 일상생활에 필요한 물건을 만드는 일 ☐☐☐☐

2) 시대·유행·기술 따위의 맨 앞 ☐☐☐

3) 보통 사람들에게 넓게 퍼지다 ☐☐☐☐☐

4) 일상생활에 반드시 있어야 할 물품 ☐☐☐☐

5) 무엇이 세상에 널리 퍼져 많은 사람들에게 골고루
   사용되다 또는 알려지다 ☐☐☐☐

6) 일이 벌어지기 전에 앞으로 어찌될지 미리 생각해 보다 ☐☐☐☐

12주 4일

2 밑줄 친 곳에 알맞은 낱말을 써 넣어 문장을 완성해 봅시다.

1) 미술 시간에 _____ 를 했는데, 나는 필통을 만들고 친구는 손거울을 만들었다.

2) 화면을 반으로 접었다 펼 수 있는 _____ 휴대폰을 구입했다.

3) 예전에는 극소수 사람들만 휴대폰을 사용했는데, 요즘은 어린 아이들까지 사용할
   만큼 _____ .

4) 오늘날 컴퓨터와 휴대폰은 일반화되어서 현대인의 _____ 이 되었다.

5) 20세기에는 컴퓨터를 보유한 가정이 드물었지만, 오늘날은 대부분의 가정에
   컴퓨터가 _____ .

6) 많은 사람이 컴퓨터가 널리 보급되면 종이의 사용이 줄어들 것이라고 _____ .

7. 사전은 내 친구

최첨단 과학, 종이 | 교과서 199~201쪽 |

대신하다
한자 대신할 대 代
몸 신 身

역할 · 책임을 / *떠맡아 하다
예 반장은 *담임이 교실에 없을 때 선생님을 **대신하여** 학생들을 조용히 시켰다.
* 떠맡다　남이 넘겨주는 일이나 책임 따위를 모두 받다
* 담임(擔 멜 · 짊어질 담, 任 맡길 임) 어떤 학급이나 학년을 책임지고 맡아봄. 또는 그 사람
비 대행하다(代 대신할 대, 行 다닐 행)

여기다

마음속으로 / 그러하다고 생각하다
예 담임은 반장을 믿음직한 학생으로 **여겨서** 여러 가지 일들을 맡겼다.

소비량
한자 사라질 소 消
쓸 비 費
헤아릴 량 量

연료 · 에너지 · 돈 · 물품 · 시간 따위를 / *들이는 양 또는 써서 없애는 양
예 많은 사람이 컴퓨터의 모니터가 종이를 대신할 것으로 여겼지만, 예상과 달리 종이의 **소비량**은 더 늘었다.
* 들이다　(사람이 어떤 일에 물자, 시간, 노력 따위를) 쓰거나 바치다

특유
한자 특별할 특 特
있을 유 有

어떤 사물만 / *특별히 / 가지고 있음
예 그에겐 **특유**의 걸음걸이가 있어서 뒷모습만 보고도 알아볼 수 있다.
* 특별히(特 특별할 특, 別 나눌 별)　일반적인 것(보통)과 아주 다르게

질감
한자 바탕 질 質
느낄 감 感

재료의 성질에서 느껴지는 / 독특한 느낌
예 이 소파는 가죽과 *원목의 **질감**을 동시에 느낄 수 있다.
* 원목(原 근원 원, 木 나무 목)
(아직 가공 처리를 하지 않은) 베어 낸 그대로의 상태인 나무

매력
한자 매혹할 매 魅
힘 력 力

사람의 마음을 *사로잡아 / 끌어당기는 힘
예 전자책과 달리 종이책은 특유의 질감에서 오는 **매력**이 있다.
* 사로잡다　생각 · 마음 · 정신을 온통 한곳으로 쏠리게 하다
비 매혹(惑 미혹할 혹), 고혹(蠱 뱃속벌레 고), 마력(魔 마귀 마)

1 문장을 읽고, 알맞은 낱말을 써 넣어 봅시다.

1) 역할·책임을 떠맡아 하다 ☐☐☐☐

2) 마음속으로 그러하다고 생각하다 ☐☐☐

3) 연료·에너지·돈·물품·시간 따위를 들이는 양 또는 써서 없애는 양 ☐☐☐

4) 어떤 사물만 특별히 가지고 있음 ☐☐

5) 재료의 성질에서 느껴지는 독특한 느낌 ☐☐

6) 사람의 마음을 사로잡아 끌어당기는 힘 ☐☐

12주 5일

2 밑줄 친 곳에 알맞은 낱말을 써 넣어 문장을 완성해 봅시다.

1) 반장은 담임이 교실에 없을 때 선생님을 _____ 학생들을 조용히 시켰다.

2) 담임은 반장을 믿음직한 학생으로 _____ 여러 가지 일들을 맡겼다.

3) 많은 사람이 컴퓨터의 모니터가 종이를 대신할 것으로 여겼지만, 예상과 달리 종이의 _____ 은 더 늘었다.

4) 그에겐 _____ 의 걸음걸이가 있어서 뒷모습만 보고도 알아볼 수 있다.

5) 이 소파는 가죽과 원목의 _____ 을 동시에 느낄 수 있다.

6) 전자책과 달리 종이책은 특유의 질감에서 오는 _____ 이 있다.

1 문장을 읽고, 알맞은 낱말을 써 넣어 봅시다.

1) 재료의 성질에서 느껴지는 독특한 느낌 _____

2) 옳다고 인정받도록 도움을 주다 _____

3) 한지로 일상생활에 필요한 물건을 만드는 일 _____

4) 빼놓지 않고 · 차이가 없이 똑같게 _____

5) 일상생활에 반드시 있어야 할 물품 _____

6) 말 · 글에서 가장 중요한 내용만 골라서 짧고
간단하게 뽑아내다 _____

7) 높은 지역에 위치한 넓고 평평한 땅 _____

8) 쓸쓸하고 황폐하다 _____

9) 태양에서 넷째로 가까운 행성 _____

10) 어떤 것에 마음이 끌려 주의를 기울임 _____

11) 벽에 바르는 종이 _____

12) 어떤 사물만 특별히 가지고 있음 _____

13) 연료 · 에너지 · 돈 · 물품 · 시간 따위를 들이는 양
또는 써서 없애는 양 _____

14) 여러 곳 _____

15) 보통 사람들에게 넓게 퍼지다 _____

16) 역할·책임을 떠맡아 하다   _____

17) 무엇이 세상에 널리 퍼져 많은 사람들에게 골고루
     사용되다 또는 알려지다   _____

18) 의견을 내놓아 여럿에게 알리다   _____

19) 남이 말하고 있을 때 끼어들어 말을 못 하게 하다   _____

20) 산과 산 사이의 좁고 험한 골짜기   _____

21) 귀하고 중요하게 여기다   _____

22) 이미 알고 있는 사실에 비추어 무엇이 어찌할
     것이라고 생각하다   _____

23) 의견이 나오게 된 까닭   _____

24) 뜻밖의 일을 당하여 어찌할 바를 모르다   _____

25) 문을 바르는 데 쓰는 얇고 질긴 흰 종이   _____

26) 시대·유행·기술 따위의 맨 앞   _____

27) 사람의 마음을 사로잡아 끌어당기는 힘   _____

28) 겉면이 조금 거칠고·품질이 낮은 종이로 신문지·
     시험지 따위에 쓰임   _____

29) 일이 벌어지기 전에 앞으로 어찌될지 미리 생각해 보다 _____

30) 마음속으로 그러하다고 생각하다   _____

2 밑줄 친 곳에 알맞은 낱말을 써 넣어 문장을 완성해 봅시다.

1) 수업 중에 선생님의 말을 자꾸 _____ 꾸지람을 들었다.

2) 의견을 말할 때는 그 의견을 _____ 근거를 함께 말해야 한다.

3) 담임은 반장을 믿음직한 학생으로 _____ 여러 가지 일들을 맡겼다.

4) 가파른 산길을 한참 동안 올라가니 드넓은 _____ 이 펼쳐졌다.

5) 친구의 굳은 표정을 보고 안 좋은 일이 생겼을 거라고 _____ .

6) 환경오염에 관한 영상을 보고 환경 보호 문제에 _____ 을 갖게 되었다.

7) 예전에는 극소수 사람들만 휴대폰을 사용했는데, 요즘은 어린 아이들까지
   사용할 만큼 _____ .

8) 거친 말을 쓰면 상대방에게 상처를 주고 다툼이 생기기 때문이라고 그 _____ 를
   덧붙였다.

9) 많은 사람이 컴퓨터가 널리 보급되면 종이의 사용이 줄어들 것이라고 _____ .

10) 동생이 색연필로 _____ 에 낙서를 해서 새로 _____ 를 발랐다.

11) 생명의 흔적이 사라진 겨울 들판은 무척 _____ .

12) 화성을 찍은 사진을 보니 높이 솟은 고원 지대도 있고, 길게 뻗은 좁은 _____ 도
    있다.

13) 선생님이 사탕을 한 봉지 가져오셔서 한 사람에 두 개씩 _____ 나눠주셨다.

14) 한옥의 문과 창문을 바르는 데 _____ 가 많이 사용된다.

15) 20세기에는 컴퓨터를 보유한 가정이 드물었지만, 오늘날은 대부분의 가정에 컴퓨터가
    _____ .

16) 자신의 의견을 _____ 때에는 그에 대한 근거를 함께 말해야 한다.

17) 학생들이 종이 냄새와 잉크 냄새가 뒤섞여 독특한 향을 풍기는, _____ 에 인쇄한 시험지를 풀고 있다.

18) 그에겐 _____ 의 걸음걸이가 있어서 뒷모습만 보고도 알아볼 수 있다.

19) 반장은 담임이 교실에 없을 때 선생님을 _____ 학생들을 조용히 시켰다.

20) 이 소파는 가죽과 원목의 _____ 을 동시에 느낄 수 있다.

12주 평가

21) _____ 은 스스로 빛을 내지 못하지만, 태양에서 빛을 받아 반사하여 붉게 빛나는 것처럼 보인다.

22) 전자책과 달리 종이책은 특유의 질감에서 오는 _____ 이 있다.

23) 미술 시간에 _____ 를 했는데, 나는 필통을 만들고 친구는 손거울을 만들었다.

24) 거센 비바람에 우산이 홀라당 뒤집어지더니 허공으로 날아가서 무척 _____ .

25) 화면을 반으로 접었다 펼 수 있는 _____ 휴대폰을 구입했다.

26) 공부의 시작은 교과서를 꼼꼼히 읽고 중요한 내용을 _____ 것이다.

27) 오늘날 컴퓨터와 휴대폰은 일반화되어서 현대인의 _____ 이 되었다.

28) 우리 반에서는 _____ 마음으로 서로를 대하자는 뜻으로 친구들끼리 높임말을 쓴다.

29) 많은 사람이 컴퓨터의 모니터가 종이를 대신할 것으로 여겼지만, 예상과 달리 종이의 _____ 은 더 늘었다.

30) 오래된 폐건물의 유리창이 _____ 깨지고 금가 있었다.

1 문장을 읽고, 알맞은 낱말을 써 넣어 봅시다.

1) 다른 사람에게 어떤 일을 하자고 의견을 내어놓다 ( )

2) 균형을 잃고 한쪽으로 기울어지면서 몰리다 ( )

3) 자신이 마땅히 해야 할 맡은 일 ( )

4) 사물의 가장 바깥쪽 ( )

5) 힘·용기·의욕 따위가 생겨나게 하다 또는 더욱 높여 주다 ( )

6) 조금도 축나거나·변하지 않고 그대로 온전한 상태로 ( )

7) 어지러운 기운이 나는 상태 ( )

8) 여러 사람이 다 함께 지키기로 정한 약속 ( )

9) 말로는 설명하기 힘든 추상적인 개념·사물·생각·느낌
따위를 구체적인 사물로 나타내다 ( )

10) 괜한 일로 고집을 피우거나 화가 난 마음 ( )

11) 규칙에 의하여 일정한 한도를 정하다 또는 정한 한도를
넘지 못하게 막다 ( )

12) 재료의 성질에서 느껴지는 독특한 느낌 ( )

13) 일정한 계획 아래 여러 가지 재료를 모아 엮어서 책·
신문·영화 따위를 만드는 일 ( )

14) 높은 지역에 위치한 넓고 평평한 땅 ( )

15) 뜻밖의 일을 당하여 어찌할 바를 모르다 ( )

16) 회의에서 어떤 안건에 대하여 찬성, 반대 의견을 표시하여
　　 결정함　　　　　　　　　　　　　　　　　　　　　　　(　　　　　　　　　)

17) 문제가 되는 일을 캐묻고 분명한 답을 요구하다　　　(　　　　　　　　　)

18) 일을 하는 데 거쳐야 하는 정해진 차례와 방법　　　(　　　　　　　　　)

19) 영원히 언제까지나　　　　　　　　　　　　　　　　(　　　　　　　　　)

20) 땅바닥으로 벋거나·다른 것에 감겨 오르는 식물의 줄기　(　　　　　　　　　)

21) 산과 산 사이의 좁고 험한 골짜기　　　　　　　　　(　　　　　　　　　)

22) 사물의 모양·상태 따위를 말·글·그림으로 그림을
　　 그리듯이 생생하게 표현하는 것　　　　　　　　　　(　　　　　　　　　)

23) 어떤 원인으로 결말이 생김 또는 그런 결말의 상태　(　　　　　　　　　)

24) 사물·현상의 뼈대, 틀, 근본을 이루는 기초가 되는 부분　(　　　　　　　　　)

25) 중간에서 양쪽의 관계를 맺어 주는 것을 비유적으로 이르는 말(　　　　　　　　　)

26) 말·글에서 가장 중요한 내용만 골라서 짧고 간단하게
　　 뽑아내다　　　　　　　　　　　　　　　　　　　　(　　　　　　　　　)

27) 물건의 아래쪽 부분 또는 식물의 뿌리(에 가까운) 부분　(　　　　　　　　　)

28) 일이 벌어지기 전에 앞으로 어찌될지 미리 생각해 보다　(　　　　　　　　　)

29) 비웃는 태도로 자꾸 얄밉게 놀리다　　　　　　　　(　　　　　　　　　)

30) 옳다고 인정받도록 도움을 주다　　　　　　　　　　(　　　　　　　　　)

2 밑줄 친 곳에 알맞은 낱말을 써 넣어 문장을 완성해 봅시다.

1) 동생을 태운 우두머리 까마귀는 _____ 쌓인 이 구름 저 구름을 지나 한참 만에 감나무 바로 아래로 내려왔다.

2) _____ 비꼬는 친구의 말을 듣고 기분이 살짝 상했다.

3) 학급 회의 주제는 친구들이 _____ 으로 관심을 가질 만한 것으로 정한다.

4) 초충도의 「수박과 들쥐」는 초록빛과 붉은빛이 서로 색상의 _____ 를 이룬다.

5) 정부는 환경 보호를 위하여 일회용 비닐 봉투 사용을 _____ 있다.

6) 선생님은 단원이 끝날 때마다 쪽지시험으로 학생들의 실력을 _____ .

7) 여행지에서 관광을 하느라 하루 종일 걸었더니 온몸이 _____ .

8) 학급 회의 주제를 네 가지 안건 중에서 '학교생활을 안전하게 하자'로 _____ .

9) 영화에서 가장 _____ 으로 기억에 남는 장면은 주인공이 죽는 모습이다.

10) 담임은 반장을 믿음직한 학생으로 _____ 여러 가지 일들을 맡겼다.

11) 공부를 열심히 하기 위해서는 우선 공부에 가치를 _____ 것이 무엇보다도 중요하다.

12) 처마 밑에 걸쳐 놓은 감들이 일정하게 들쑥날쑥하여 _____ 을 자아낸다.

13) 예전에는 극소수 사람들만 휴대폰을 사용했는데, 요즘은 어린 아이들까지 사용할 만큼 _____ .

14) 오래된 폐건물의 유리창이 _____ 깨지고 금가 있었다.

15) 아이의 100미터 달리기 실력은 친구들보다 30미터 이상 앞설 정도로 _____ 으뜸이었다.

16) 거센 비바람에 우산이 홀라당 뒤집어지더니 허공으로 날아가서 무척 _____ .

17) 커다란 동굴 안에 하얀 항아리들이 _____ 놓여 있었다.

18) 휴대폰을 잃어버린 줄 알고 걱정했는데, 교실 책상 속에 놓고 왔다는 사실이
     떠올라서 _____ .

19) 거친 말을 쓰면 상대방에게 상처를 주고 다툼이 생기기 때문이라고 그 _____
     를 덧붙였다.

20) 지붕 위에 쌓였던 눈이 녹아 _____ 끝에 송곳처럼 뾰족한 고드름이 달렸다.

21) 전자책과 달리 종이책은 특유의 질감에서 오는 _____ 이 있다.

22) 잃어버린 지갑을 되찾았는데, 카드와 돈이 _____ 들어 있었다.

23) 「아름다운 꼴찌」의 _____ 는 '아버지의 사랑'과 '포기하지 않고 끝까지
     노력하는 모습의 아름다움'이다.

24) 우리 반에서는 _____ 마음으로 서로를 대하자는 뜻으로 친구들끼리
     높임말을 쓴다.

25) 이 그림은 거의 사실에 가까운 세밀한 _____ 가 돋보인다.

26) 모둠 _____ 를 통해서 미술 시간에 만들 합동 작품을 정했다.

27) 교실, 복도, 운동장에서 위험한 행동을 했을 때 _____ 을 받는 학급 규칙을
     만들었다.

28) 자전거를 타고 오르막길을 올라가다가 갑자기 현기증이 _____ .

29) 아버지가 두 형제에게 많은 재산을 남겨 두고 세상을 떠났지만 형은 동생에게
     감나무가 있는 _____ 집 한 채만 주었다.

30) 수업 중에 선생님의 말을 자꾸 _____ 꾸지람을 들었다.

13~16주

7. 사전은 내 친구 학교 진도 시기 5월 3, 4주

8. 이런 제안 어때요 학교 진도 시기 6월 1, 2주

9. 자랑스러운 한글 학교 진도 시기 6월 2, 3, 4주

칭찬 사과 스티커

하루 공부를 잘 마쳤다면 나에게 칭찬 사과를 선물하세요.

사과 나무에 사과가 주렁주렁 열릴 때까지 열심히 공부합시다!

■ 스티커는 별책 바른답 및 색인 마지막 페이지에 있습니다.

1일 7. 사전은 내 친구

학교진도시기 5월 3, 4주

매체

한자 중매 매 媒
몸 체 體

무엇을 / 널리 *전달하거나 · 퍼뜨리는 역할을 / 하는 것

예 정보를 전달하는 **매체**로는 신문, 라디오, 티브이, 인터넷 등이 있다.

*전달하다(傳 전할 전, 達 통달할 달) 전하여 알게 하다

용도

한자 쓸 용 用
길 도 途

물건 따위가 / 쓰이는 곳 또는 쓰이는 방식

예 종이는 정보 전달 매체, *포장 재료, *기타 여러 가지 **용도**로 쓰인다.

*포장하다(包 쌀 포, 裝 꾸밀 장) 물건을 상자 따위에 넣거나 종이 따위에 싸서 천 · 끈 따위로 묶다

*기타(其 그것 기, 他 다를 타) 그 밖의 또 다른 것

비 쓰임새, 쓸모

품질

한자 물건 품 品
바탕 질 質

물품의 / *성질과 재료

예 500원짜리 샤프를 샀더니 **품질**이 좋지 않아서 며칠 만에 고장이 났다.

*성질(性 성품 성, 質 바탕 질) 사물이 본래부터 가지고 있는 특유의 것

비 품, 바탕, 질

극비(극비밀)

한자 극진할 극 極
숨길 비 祕

절대 알려져서는 안 되는 / 매우 중요한 / *비밀

예 친구가 "이건 완전 **극비**니까 누구에게도 말하면 안 돼!"라고 *호들갑을 떨 더니 귓속말로 깜짝 놀랄 이야기를 들려주었다.

*비밀(祕 숨길 비, 密 빽빽할 밀) 남에게 드러내거나 알리지 말아야 할 숨기는 일

*호들갑 가볍고 방정맞게 야단을 피우는 말이나 행동

공상 과학 영화

한자
빌 공 空 생각 상 想
과목 과 科 배울 학 學
비칠 영 映 그림 화 畫

*공상적 줄거리와 과학적 내용을 / 주제로 하는 / 영화

예 지난 주말에 가족과 함께 영화관에 가서 **공상 과학 영화**를 보았다.

*공상적 이루어질 가능성이 전혀 없는 것을 마음속으로 막연히 그려 보는 (것)

감응

한자 느낄 감 感
응할 응 應

어떤 *자극을 받아 / *반응을 일으킴

예 온도 **감응** 종이는 온도에 따라 색깔이 변하는 첨단 종이이다.

*자극(刺 찌를 자, 戟 창 극) 작용을 주어 반응이 일어나게 하는 사물

*반응(反 돌이킬 반, 應 응할 응) 자극에 의하여 어떤 현상이 일어남. 또는 그 현상

1 문장을 읽고, 알맞은 낱말을 써 넣어 봅시다.

1) 무엇을 널리 전달하거나 · 퍼뜨리는 역할을 하는 것 ☐☐

2) 물건 따위가 쓰이는 곳 또는 쓰이는 방식 ☐☐

3) 물품의 성질과 재료 ☐☐

4) 절대 알려져서는 안 되는 매우 중요한 비밀 ☐☐

5) 공상적 줄거리와 과학적 내용을
주제로 하는 영화 ☐☐☐☐☐☐

6) 어떤 자극을 받아 반응을 일으킴 ☐☐

2 밑줄 친 곳에 알맞은 낱말을 써 넣어 문장을 완성해 봅시다.

1) 정보를 전달하는 _____ 로는 신문, 라디오, 티브이, 인터넷 등이 있다.

2) 종이는 정보 전달 매체, 포장 재료, 기타 여러 가지 _____ 로 쓰인다.

3) 500원짜리 샤프를 샀더니 _____ 이 좋지 않아서 며칠 만에 고장이 났다.

4) 친구가 "이건 완전 _____ 니까 누구에게도 말하면 안 돼!"라고 호들갑을
떨더니 귓속말로 깜짝 놀랄 이야기를 들려주었다.

5) 지난 주말에 가족과 함께 영화관에 가서 _____ 를 보았다.

6) 온도 _____ 종이는 온도에 따라 색깔이 변하는 첨단 종이이다.

2일 7. 사전은 내 친구

기능
한자 틀 기 機
능할 능 能

기계 · 부품 따위가 / 특정한 일을 해내는 / 능력

예 내 가방에는 물에 전혀 젖지 않는 *방수 **기능**이 있다.

*방수(防 막을 방, 水 물 수) 물이 새거나 스며들거나 넘쳐흐르는 것을 막음

유지하다
한자 밧줄 유 維
가질 지 持

어떤 상태를 / 변함없이 / 계속 이어 가다

예 냉장고의 기능 중 하나는 음식의 *신선도를 **유지해** 주는 것이다.

*신선도(新 새로울 신, 鮮 고울 선, 度 법도 도)먹을거리의 싱싱한 정도

특수
한자 특별할 특 特
다를 수 殊

보통과는 / 특별히 다른

예 새로 *출시된 휴대폰에는 화면이 반으로 접히는 **특수** 기능이 있다.

*출시되다(出 날 출, 市 저자상품을 팔고 사는 시장 시) 상품이 시중(사람들이 생활하는 공개된 공간)에 나오다

원격
한자 멀 원 遠
사이 뜰 격 隔

시간적, 공간적으로 / 멀리 떨어져 있음

예 *드론을 **원격** *조종으로 하늘 높이 띄워서 산과 강의 모습을 영상으로 찍었다.

*드론(drone) 사람이 타지 않고 무선전파로 비행 및 조종이 가능한 비행기나 헬리콥터 모양의 비행체

*조종하다(操 잡을 조, 縱 세로 종) 비행기나 자동차 따위의 기계를 다루어 부리다

지면
한자 종이 지 紙
낯 면 面

기사 · 글이 실린 / 종이의 / 겉면

예 대회 *수상자 명단이 신문 **지면**에 실렸는데, 내 이름도 있었다.

*수상자(受 받을 수, 賞 상줄 상, 者 놈 자) 상을 받는 사람

신호
한자 믿을 신 信
부르짖을 호 號

*부호 · 소리 · 색깔 · 빛 · 모양 · 몸짓 따위로 / 특정한 내용 · 정보를 / 전달하거나 · 지시함 또는 그 부호 · 소리 · 색깔 · 빛 · 모양 · 몸짓

예 점심시간이 다 끝나갈 때까지 운동장에서 놀고 있는 친구들에게 빨간 종이를 흔들어서 교실로 들어오라는 **신호**를 보냈다.

*부호(符 부호 부, 號 이름 호) 일정한 뜻을 나타내기 위하여 쓰는 그림, 문자 따위를 통틀어 이르는 말

1 **문장을 읽고, 알맞은 낱말을 써 넣어 봅시다.**

1) 기계·부품 따위가 특정한 일을 해내는 능력 ☐☐

2) 어떤 상태를 변함없이 계속 이어 가다 ☐☐☐☐

3) 보통과는 특별히 다른 ☐☐

4) 시간적, 공간적으로 멀리 떨어져 있음 ☐☐

5) 기사·글이 실린 종이의 겉면 ☐☐

6) 부호·소리·색깔·빛·모양·몸짓 따위로 특정한 내용·정보를 ☐☐
   전달하거나 지시함 또는 그 부호·소리·색깔·빛·모양·몸짓

2 **밑줄 친 곳에 알맞은 낱말을 써 넣어 문장을 완성해 봅시다.**

1) 내 가방에는 물에 전혀 젖지 않는 방수 _____ 이 있다.

2) 냉장고의 기능 중 하나는 음식의 신선도를 _____ 주는 것이다.

3) 새로 출시된 휴대폰에는 화면이 반으로 접히는 _____ 기능이 있다.

4) 드론을 _____ 조종으로 하늘 높이 띄워서 산과 강의 모습을 영상으로 찍었다.

5) 대회 수상자 명단이 신문 _____ 에 실렸는데, 내 이름도 있었다.

6) 점심시간이 다 끝나갈 때까지 운동장에서 놀고 있는 친구들에게 빨간 종이를
   흔들어서 교실로 들어오라는 _____ 를 보냈다.

전자 신호

한자 번개 전 電
아들 자 子
믿을 신 信
이름 호 號

전자 통신 장치, 전자 *탐지 장치, 원격 조정 장치 따위의 / *전자 장치들이 /
보내고 · 받는 / 신호

㉖ 아이는 **전자 신호**를 보내서 원격으로 조정할 수 있는 드론을 샀다.

* 탐지(探 찾을 탐, 知 알 지) (드러나지 않은 물건 따위를) 더듬어 찾아 알아냄

* 전자 장치(裝 꾸밀 장, 置 둘 치)   (전자의 운동을 이용하는) 전기 기기

무선

한자 없을 무 無
줄 선 線

전선을 쓰지 않고 / *전파를 이용하여 / 정보를 주고받는 / *통신 방식

㉖ 예전에는 선으로 직접 연결하는 유선 이어폰을 주로 사용했지만, 요즘에는
*블루투스를 활용한 **무선** 이어폰을 많이 사용한다.

* 전파   진동 전류에 의해 에너지가 공간으로 퍼져 나가는 현상
* 통신   우편 · 전화 · 컴퓨터 등으로 의사나 정보를 전함
* 블루투스(Bluetooth)   휴대폰 · 노트북 · 이어폰 · 헤드폰 등의
    휴대기기를 서로 연결해 정보를 교환하는 근거리 무선 기술

상용화되다

한자 상줄 상 賞
쓸 용 用

어떤 물품이 / 널리 *일상적으로 / 쓰이게 되다

㉖ 휴대폰이 **상용화되면서** 공중전화를 이용하는 사람이 크게 줄었다.

* 일상적   특별하지 않고 날마다 접할 수 있는 (것)

즉석

한자 곧 즉 卽
자리 석 席

어떤 일이 / 벌어지고 있는 / 바로 그 자리

㉖ 그 가게는 김밥을 주문하면 **즉석**에서 만들어 준다.

봉사

한자 받들 봉 奉
섬길 사 仕

국가 · 사회 · *타인을 돕기 위하여 / *헌신적으로 일하다

㉖ 학교 주변과 운동장에 떨어져 있는 쓰레기를 줍는 **봉사** 활동을 했다.

* 타인(他 다를 타, 人 사람 인)   (자신 이외의) 다른 사람
* 헌신적(獻 드릴 헌, 身 몸 신)   (자신에게 이익이 될지
    손해가 될지 따지지 않고) 몸과 마음을 바쳐 있는 힘을 다하는 (것)

요양원(요양소)

한자 고칠 요 療
기를 양 養
집 원 院

환자들이 *요양할 수 있도록 / 시설을 갖추어 놓는 / 곳

㉖ 봉사 활동을 하기 위해 할머니, 할아버지 들이 계시는 **요양원**에 갔다.

* 요양(療 고칠 요, 養 기를 양)   환자가 질병을 치료하기 위하여 편안한 장소에서
    쉬면서 몸과 마음을 보살핌

1 **문장을 읽고, 알맞은 낱말을 써 넣어 봅시다.**

1) 전자 장치들이 보내고·받는 신호   ⬜⬜⬜⬜

2) 전선을 쓰지 않고 전파를 이용하여 정보를 주고받는 통신 방식   ⬜⬜

3) 어떤 물품이 널리 일상적으로 쓰이게 되다   ⬜⬜⬜⬜⬜

4) 어떤 일이 벌어지고 있는 바로 그 자리   ⬜⬜

5) 국가·사회·타인을 돕기 위하여 헌신적으로 일하다   ⬜⬜

6) 환자들이 요양할 수 있도록 시설을 갖추어 놓는 곳   ⬜⬜⬜

2 **밑줄 친 곳에 알맞은 낱말을 써 넣어 문장을 완성해 봅시다.**

1) 아이는 _____ 를 보내서 원격으로 조정할 수 있는 드론을 샀다.

2) 예전에는 선으로 직접 연결하는 유선 이어폰을 주로 사용했지만, 요즘에는
    블루투스를 활용한 _____ 이어폰을 많이 사용한다.

3) 휴대폰이 _____ 공중전화를 이용하는 사람이 크게 줄었다.

4) 그 가게는 김밥을 주문하면 _____ 에서 만들어 준다.

5) 학교 주변과 운동장에 떨어져 있는 쓰레기를 줍는 _____ 활동을 했다.

6) 봉사 활동을 하기 위해 할머니, 할아버지 들이 계시는 _____ 에 갔다.

4일 7. 사전은 내 친구

두리번거리다

눈을 크게 뜨고 / 이쪽저쪽을 자꾸 / *둘러보다

㉮ 처음 가 본 여행지에서 이곳저곳을 **두리번거리며** 돌아다녔다.

* **둘러보다** 주위를 이리저리 빠짐없이 살펴보다(하나하나 자세히 주의해서 보다)

손짓

손을 움직여서 / 자기의 생각을 남에게 전달하는 일 또는 어떤 사물을 가리키는 일

㉮ 친구가 교실 창가에 서서 **손짓**을 하는데, 그 신호가 교실로 돌아오라는 뜻인지 반갑다고 인사하는 것인지 *해석되지 않았다.

* **해석되다(解** 풀 해, **釋** 풀 석) (무엇이 특정한 의미로) 이해되거나 판단되다

침침하다

[한자] 잠길 침 沈
잠길 침 沈

눈이 *어두워 / 똑똑히 보이지 않고 / 흐릿하다

㉮ 할아버지께서는 "눈이 **침침해서** 글씨가 잘 보이지 않는구나"라고 말씀하시며 내게 편지를 읽어 달라고 부탁하셨다.

* **어둡다** 눈이 잘 보이지 않거나, 귀가 잘 들리지 않다

문학소녀

[한자] 글월 문 文
배울 학 學
적을 소 少
여자 녀 女

문학을 좋아하고 · 문학 작품의 창작에 뜻이 있는 / *소녀

㉮ 책 읽고 글 쓰기를 좋아하는 아이에게서 **문학소녀**의 기가 느껴졌다.

* **소녀(少** 적을 소, **女** 여자 녀) 아직 완전히 성숙하지 않은 어린 여자 아이

사양하다

[한자] 말씀 사 辭
사양할 양 讓

사물 · 일 따위를 / 응하지 않다 또는 받지 않다

㉮ 방과 후에 남아서 교실을 청소하자 선생님께서 사탕을 주셨는데, 봉사로 청소한 것이니 사탕을 받지 않겠다고 *정중히 **사양했다.**

* **정중히(鄭** 정나라나라의 이름 정, **重** 무거울 중) 점잖고 예의 바르게

비 거절하다(拒 막을 거, 絕 끊을 절), 사절하다(謝 사례할 · 사양할 사), 사하다

글썽이다

눈에 눈물이 / 넘칠 듯이 모이다

㉮ 아이는 전학을 가는 단짝 친구를 바라보면서 눈에 눈물을 **글썽였다.**

1 **문장을 읽고, 알맞은 낱말을 써 넣어 봅시다.**

1) 눈을 크게 뜨고 이쪽저쪽을 자꾸 둘러보다

2) 손을 움직여서 자기의 생각을 남에게 전달하는 일 또는
   어떤 사물을 가리키는 일

3) 눈이 어두워 똑똑히 보이지 않고 흐릿하다

4) 문학을 좋아하고 · 문학 작품의 창작에 뜻이 있는 소녀

5) 사물 · 일 따위를 응하지 않다 또는 받지 않다

6) 눈에 눈물이 넘칠 듯이 모이다

2 **밑줄 친 곳에 알맞은 낱말을 써 넣어 문장을 완성해 봅시다.**

1) 처음 가 본 여행지에서 이곳저곳을 _____ 돌아다녔다.

2) 친구가 교실 창가에 서서 _____ 을 하는데, 그 신호가 교실로 돌아오라는
   뜻인지 반갑다고 인사하는 것인지 해석되지 않았다.

3) 할아버지께서는 "눈이 _____ 글씨가 잘 보이지 않는구나"라고 말씀하시며
   내게 편지를 읽어 달라고 부탁하셨다.

4) 책 읽고 글 쓰기를 좋아하는 아이에게서 _____ 의 기가 느껴졌다.

5) 방과 후에 남아서 교실을 청소하자 선생님께서 사탕을 주셨는데, 봉사로 청소한
   것이니 사탕을 받지 않겠다고 정중히 _____ .

6) 아이는 전학을 가는 단짝 친구를 바라보며 눈에 눈물을 _____ .

포함하다
한자 쌀 포 包
머금을 함 含

함께 들어 있다 또는 함께 넣다
예 우리 가족은 나를 **포함해서** 모두 다섯이다.
비 포함시키다, 담다, 함유하다(含 머금을 함, 有 있을 유)

속담
한자 풍속 속 俗
말씀 담 談

옛날부터 말로 전해 내려온 / °교훈이 될 만한 / 짧은 말
예 '타고난 °재주 사람마다 하나씩은 있다'는 **속담**은 '사람은 누구나 한 가지씩
의 재주는 가지고 있어서 그것으로 먹고살아 가게 마련이다'는 뜻이다.
° 교훈   앞으로의 행동이나 생활에 도움이 되거나 참고할 만한 사실
° 재주   무엇을 잘하는 타고난 소질이나 능력

중세
한자 가운데 중 中
인간 세 世

역사의 시대를 고대–중세–근대–현대로 구분했을 때 / 고대와 근대의 / 중
간 시대
예 우리나라에서 **중세**는 고려 시대 혹은 고려 시대와 조선 시대를 합친 시기
를 말한다.

탐사하다
한자 찾을 탐 探
조사할 사 查

알려지지 않은 것을 / °샅샅이 찾아보고 · 자세히 알아보다
예 십 년 동안 바닷속을 **탐사한** 끝에 중세 시대에
°침몰한 보물선을 찾아냈다.
° 샅샅이   빈틈없이 모조리
° 침몰하다(沈 잠길 침, 沒 가라앉을 몰)   물속에 가라앉다

관측하다
한자 볼 관 觀
헤아릴 측 測

자연 현상을 / °관찰하여 · °측정하다
예 국보 31호 첨성대는 신라 시대에 별을 **관측하기** 위해
만들어졌다.
° 관찰하다(觀 볼 관, 察 살필 찰)   주의하여 자세히 살펴보다
° 측정하다(測 헤아릴 측, 定 정할 정) (무게 · 길이 · 거리 따위를) 재다

천체
한자 하늘 천 天
몸 체 體

지구 밖 우주 공간에 떠 있는 / 모든 물체. 항성(별), 행성, °위성, °혜성, 성단,
성운, 성간 물질, 인공위성 등을 통틀어 이르는 말
예 화성은 중세 이전에도 하늘을 관측하던 과학자들에게 중요한 **천체**였다.
° 위성(衛 지킬 위, 星 별 성) 행성 주위를 도는 천체
° 혜성   가스 상태의 빛나는 긴 꼬리를 끌고 태양이나 큰 질량의 행성에 대하여 타
원 또는 포물선에 가까운 궤도를 그리며 운행하는 천체

1 문장을 읽고, 알맞은 낱말을 써 넣어 봅시다.

1) 함께 들어 있다 또는 함께 넣다 ☐☐☐☐

2) 옛날부터 말로 전해 내려온 교훈이 될 만한 짧은 말 ☐☐

3) 역사의 시대를 고대-중세-근대-현대로 구분했을 때
고대와 근대의 중간 시대 ☐☐

4) 알려지지 않은 것을 샅샅이 찾아보고 · 자세히 알아보다 ☐☐☐☐

5) 자연 현상을 관찰하여 · 측정하다 ☐☐☐☐

6) 지구 밖 우주 공간에 떠 있는 모든 물체 ☐☐

2 밑줄 친 곳에 알맞은 낱말을 써 넣어 문장을 완성해 봅시다.

1) 우리 가족은 나를 _____ 모두 다섯이다.

2) '타고난 재주 사람마다 하나씩은 있다'는 _____ 은 '사람은 누구나 한 가지씩
의 재주는 가지고 있어서 그것으로 먹고살아 가게 마련이다'는 뜻이다.

3) 우리나라에서 _____ 는 고려 시대 혹은 고려 시대와 조선 시대를 합친
시기를 말한다.

4) 십 년 동안 바닷속을 _____ 끝에 중세 시대에 침몰한 보물선을 찾아냈다.

5) 국보 31호 첨성대는 신라 시대에 별을 _____ 위해 만들어졌다.

6) 화성은 중세 이전에도 하늘을 관측하던 과학자들에게 중요한 _____ 였다.

1 문장을 읽고, 알맞은 낱말을 써 넣어 봅시다.

1) 함께 들어 있다 또는 함께 넣다 _____

2) 물품의 성질과 재료 _____

3) 눈을 크게 뜨고 이쪽저쪽을 자꾸 둘러보다 _____

4) 지구 밖 우주 공간에 떠 있는 모든 물체 _____

5) 손을 움직여서 자기의 생각을 남에게 전달하는 일 또는
어떤 사물을 가리키는 일 _____

6) 국가·사회·타인을 돕기 위하여 헌신적으로 일하다 _____

7) 기계·부품 따위가 특정한 일을 해내는 능력 _____

8) 어떤 일이 벌어지고 있는 바로 그 자리 _____

9) 어떤 상태를 변함없이 계속 이어 가다 _____

10) 무엇을 널리 전달하거나·퍼뜨리는 역할을 하는 것 _____

11) 어떤 물품이 널리 일상적으로 쓰이게 되다 _____

12) 물건 따위가 쓰이는 곳 또는 쓰이는 방식 _____

13) 전자 장치들이 보내고 받는 신호 _____

14) 역사의 시대를 고대-중세-근대-현대로 구분했을 때
고대와 근대의 중간 시대 _____

15) 자연 현상을 관찰하여 측정하다 _____

16)　공상적 줄거리와 과학적 내용을 주제로 하는 영화　　_____

17)　어떤 자극을 받아 반응을 일으킴　　_____

18)　보통과는 특별히 다른　　_____

19)　눈에 눈물이 넘칠 듯이 모이다　　_____

20)　기사 · 글이 실린 종이의 겉면　　_____

21)　눈이 어두워 똑똑히 보이지 않고 흐릿하다　　_____

22)　옛날부터 말로 전해 내려온 교훈이 될 만한 짧은 말　　_____

23)　문학을 좋아하고 · 문학 작품의 창작에 뜻이 있는 소녀　　_____

24)　시간적, 공간적으로 멀리 떨어져 있음　　_____

25)　부호 · 소리 · 색깔 · 빛 · 모양 · 몸짓 따위로 특정한 내용 · 정보를
　　전달하거나 지시함 또는 그 부호 · 소리 · 색깔 · 빛 · 모양 · 몸짓_____

26)　전선을 쓰지 않고 전파를 이용하여 정보를 주고받는 통신 방식_____

27)　절대 알려져서는 안 되는 매우 중요한 비밀　　_____

28)　환자들이 요양할 수 있도록 시설을 갖추어 놓는 곳　　_____

29)　사물 · 일 따위를 응하지 않다 또는 받지 않다　　_____

30)　알려지지 않은 것을 샅샅이 찾아보고 · 자세히 알아보다　　_____

2 **밑줄 친 곳에 알맞은 낱말을 써 넣어 문장을 완성해 봅시다.**

1) 십 년 동안 바닷속을 _____ 끝에 중세 시대에 침몰한 보물선을 찾아냈다.

2) 화성은 중세 이전에도 하늘을 관측하던 과학자들에게 중요한 _____ 였다.

3) 학교 주변과 운동장에 떨어져 있는 쓰레기를 줍는 _____ 활동을 했다.

4) 드론을 _____ 조종으로 하늘 높이 띄워서 산과 강의 모습을 영상으로 찍었다.

5) 대회 수상자 명단이 신문 _____ 에 실렸는데, 내 이름도 있었다.

6) 할아버지께서는 "눈이 _____ 글씨가 잘 보이지 않는구나"라고 말씀하시며 내게 편지를 읽어 달라고 부탁하셨다.

7) 지난 주말에 가족과 함께 영화관에 가서 _____ 를 보았다.

8) 봉사 활동을 하기 위해 할머니, 할아버지 들이 계시는 _____ 에 갔다.

9) 방과 후에 남아서 교실을 청소하자 선생님께서 사탕을 주셨는데, 봉사로 청소한 것이니 사탕을 받지 않겠다고 정중히 _____ .

10) 책 읽고 글 쓰기를 좋아하는 아이에게서 _____ 의 기가 느껴졌다.

11) 아이는 전학을 가는 단짝 친구를 바라보며 눈에 눈물을 _____ .

12) '타고난 재주 사람마다 하나씩은 있다'는 _____ 은 '사람은 누구나 한 가지씩의 재주는 가지고 있어서 그것으로 먹고살아 가게 마련이다'는 뜻이다.

13) 아이는 _____ 를 보내서 원격으로 조정할 수 있는 드론을 샀다.

14) 국보 31호 첨성대는 신라 시대에 별을 _____ 위해 만들어졌다.

15) 500원짜리 샤프를 샀더니 _____ 이 좋지 않아서 며칠 만에 고장이 났다.

16) 예전에는 선으로 직접 연결하는 유선 이어폰을 주로 사용했지만, 요즘에는 블루투스를 활용한 _____ 이어폰을 많이 사용한다.

17) 휴대폰이 _____ 공중전화를 이용하는 사람이 크게 줄었다.

18) 처음 가 본 여행지에서 이곳저곳을 _____ 돌아다녔다.

19) 그 가게는 김밥을 주문하면 _____ 에서 만들어 준다.

20) 우리나라에서 _____ 는 고려 시대 혹은 고려 시대와 조선 시대를 합친 시기를 말한다.

21) 내 가방에는 물에 전혀 젖지 않는 방수 _____ 이 있다.

22) 온도 _____ 종이는 온도에 따라 색깔이 변하는 첨단 종이이다.

23) 냉장고의 기능 중 하나는 음식의 신선도를 _____ 주는 것이다.

24) 정보를 전달하는 _____ 로는 신문, 라디오, 티브이, 인터넷 등이 있다.

25) 점심시간이 다 끝나갈 때까지 운동장에서 놀고 있는 친구들에게 빨간 종이를 흔들어서 교실로 들어오라는 _____ 를 보냈다.

26) 종이는 정보 전달 매체, 포장 재료, 기타 여러 가지 _____ 로 쓰인다.

27) 우리 가족은 나를 _____ 모두 다섯이다.

28) 새로 출시된 휴대폰에는 화면이 반으로 접히는 _____ 기능이 있다.

29) 친구가 "이건 완전 _____ 니까 누구에게도 말하면 안 돼!"라고 호들갑을 떨더니 귓속말로 깜짝 놀랄 이야기를 들려주었다.

30) 친구가 교실 창가에 서서 _____ 을 하는데, 그 신호가 교실로 돌아오라는 뜻인지 반갑다고 인사하는 것인지 해석되지 않았다.

착륙하다

한자 붙을 착 着
물 륙 陸

비행기 · 우주선 따위가 / 땅 위에 / 내려앉다

예 아폴로 11호는 1969년 7월 20일에 인류 역사상 처음으로 달 표면에 **착륙**했다.

궤도

한자 바퀴 자국 궤 軌
길 도 道

어떤 천체가 / 다른 천체의 둘레를 돌면서 그리는 / 일정한 •곡선의 길

예 달은 지구 둘레를 돌며 **궤도**를 이루고, 지구는 태양 둘레를 돌며 **궤도**를 이룬다.

•곡선(曲 굽을 곡, 線 줄 선) 부드럽게 굽은 선

진입하다

한자 나아갈 진 進
들 입 入

움직여서 / 어디에 들어가다

예 주말이라서 •평일보다 긴 시간이 걸려서 고속도로에 **진입**했다.

•평일(평상일)(平 평평할 평, 日 날 일)

토요일 · 일요일 · 공휴일이 아닌 보통 날

상세하다

한자 자세할 상 詳
가늘 세 細

깊은 속까지 / 샅샅이 자세하다

예 미국의 화성 탐사선 마스 글로벌 서베이어는 화성의 궤도에 진입해 화성 표면의 모습을 **상세하게** 찍은 사진을 지구로 보내 주었다.

태양계

한자 클 태 太
볕 양 陽
맬 계 系

태양의 영향이 미치는 공간과 / 그 공간 안에 있는 천체를 / 통틀어 이르는 말

예 **태양계**는 태양을 •비롯한 여덟 개의 행성과 그 행성 주위에 있는 위성, •소행성, 혜성 등으로 구성되어 있다.

•비롯하다 여럿 가운데서 앞의 것을 첫째로 삼아 그것을 중심으로 다른 것도 포함하다

•소행성 화성과 목성의 사이에서 태양 주위를 공전하는 수많은 행성들

화산 지형

한자 불 화 火
메 산 山
땅 지 地
모양 형 形

•화산 활동에 의하여 생기는 / 땅의 모습을 / 통틀어 이르는 말

예 **화산 지형**에는 화산섬, 온천, 용암 동굴, 분화구 등이 있으며 많은 사람들이 •이색적인 풍경과 온천을 즐기기 위해 **화산 지형**의 관광지를 찾는다.

•화산 활동 지하 깊은 곳에 있던 마그마(지구 내부에 있는 암석이 열에 녹아 액체 상태로 된 것)가 지각의 갈라진 틈을 뚫고 뿜어 나오는 현상

•이색적(異 다를 이, 色 빛 색, 的 과녁 적) 보통의 것과 두드러지게 차이가 나고 색다른 성질을 지닌 (것)

화성 탐사선이 만져온 미래 | 교과서 206~211쪽 |

1 문장을 읽고, 알맞은 낱말을 써 넣어 봅시다.

1) 비행기 · 우주선 따위가 땅 위에 내려앉다

2) 어떤 천체가 다른 천체의 둘레를 돌면서 그리는 일정한 곡선의 길

3) 움직여서 어디에 들어가다

4) 깊은 속까지 샅샅이 자세하다

5) 태양의 영향이 미치는 공간과 그 공간 안에 있는 천체를 통틀어 이르는 말

6) 화산 활동에 의하여 생기는 땅의 모습을 통틀어 이르는 말

2 밑줄 친 곳에 알맞은 낱말을 써 넣어 문장을 완성해 봅시다.

1) 아폴로 11호는 1969년 7월 20일에 인류 역사상 처음으로 달 표면에 _____ .

2) 달은 지구 둘레를 돌며 _____ 를 이루고, 지구는 태양 둘레를 돌며 _____ 를 이룬다.

3) 주말이라서 평일보다 긴 시간이 걸려서 고속도로에 _____ .

4) 미국의 화성 탐사선 마스 글로벌 서베이어는 화성의 궤도에 진입해 화성 표면의 모습을 _____ 찍은 사진을 지구로 보내 주었다.

5) _____ 는 태양을 비롯한 여덟 개의 행성과 그 행성 주위에 있는 위성, 소행성, 혜성 등으로 구성되어 있다.

6) _____ 에는 화산섬, 온천, 용암 동굴, 분화구 등이 있으며 많은 사람들이 이색적인 풍경과 온천을 즐기기 위해 _____ 의 관광지를 찾는다.

암석
한자 바위 암 巖
돌 석 石

•지각을 •구성하고 있는 / 부피가 매우 크고 · 단단한 / 돌
예 **암석**은 •생성 원인에 따라 화성암, 퇴적암, 변성암으로 구분된다.
• **지각(地 땅 지, 殼 껍질 각)** 지구의 가장 바깥쪽을 차지하는 부분. 대륙 지역에서는
약 35km, 해양 지역에서는 5~10km의 두께이다
• **구성하다(構 얽을 구, 成 이룰 성)**　부분들을 모아서 전체를 짜 이루다
• **생성(生 날 생, 成 이룰 성)** 사물이 생겨남

침식
한자 잠길 침 浸
좀먹을 식 蝕

지구의 표면(지표)에 있는 바위 · 돌 · 모래 따위가 / 빗물 · 강물 · 파도 · 빙
하 · 바람 등에 의하여 / 깎여 나가는 것
예 강물에 의한 **침식** 작용은 강바닥의 기울기가 급할수록
빠르게 일어난다.

퇴적
한자 쌓을 퇴 堆
쌓을 적 積

지구의 표면(지표)에 있는 바위 · 돌 · 모래 따위가 / 빗물 · 강물 · 파도 · 빙
하 · 바람 등에 의하여 / 깎여 생긴 알갱이들이 •운반되어 / 어떤 곳에 쌓이는 것
예 강의 상류에서 침식되어 운반된 **퇴적** 물질 중에서
무거운 것은 먼저, 가벼운 것은 나중에 가라앉는다.
• **운반되다(運 옮길 운, 搬 옮길 반)**　이리저리 옮겨 날라지다

작용
한자 지을 작 作
쓸 용 用

현상을 일으킴 또는 영향을 미침
예 침식 **작용**이란 지표의 바위, 돌, 흙 등이 흐르는 물, 바람, 파도에 깎여 나가
는 것을 말한다.

증거
한자 증거 증 證
근거 거 據

어떤 사실을 / •증명할 수 있는 근거
예 동생이 내 지갑에 있는 돈을 몰래 가져간 것 같은데, **증거**가 없어서 따지고
캐물을 수 없었다.
• **증명하다(證 증거 증, 明 밝을 명)**　(참인지 거짓인지, 진짜인지 가짜인지) 증거를 들
어서 밝히다

반복하다
한자 돌이킬 반 反
회복할 복 復

같은 일을 여러 번 / 하고 또 하다
예 교과서를 일곱 번 **반복해서** 읽으면 어떤 시험이든 어렵지 않게 백 점을 맞
을 수 있다.
비 되풀이하다, 거듭하다

1 문장을 읽고, 알맞은 낱말을 써 넣어 봅시다.

1) 지각을 구성하고 있는 부피가 매우 크고 단단한 돌

2) 지구의 표면(지표)에 있는 바위·돌·모래 따위가
   빗물·강물·파도·빙하·바람 등에 의하여 깎여 나가는 것

3) 깎여 생긴 알갱이들이 운반되어 어떤 곳에 쌓이는 것

4) 현상을 일으킴 또는 영향을 미침

5) 어떤 사실을 증명할 수 있는 근거

6) 같은 일을 여러 번 하고 또 하다

2 밑줄 친 곳에 알맞은 낱말을 써 넣어 문장을 완성해 봅시다.

1) _____ 은 생성 원인에 따라 화성암, 퇴적암, 변성암으로 구분된다.

2) 강물에 의한 _____ 작용은 강바닥의 기울기가 급할수록 빠르게 일어난다.

3) 강의 상류에서 침식되어 운반된 _____ 물질 중에서 무거운 것은 먼저,
   가벼운 것은 나중에 가라앉는다.

4) 침식 _____ 이란 지표의 바위, 돌, 흙 등이 흐르는 물, 바람, 파도에 깎여
   나가는 것을 말한다.

5) 동생이 내 지갑에 있는 돈을 몰래 가져간 것 같은데, _____ 가 없어서 따지고
   캐물을 수 없었다.

6) 교과서를 일곱 번 _____ 읽으면 어떤 시험이든 어렵지 않게 백 점을 맞을 수
   있다.

번갈아

한자 차례 번 番

하나씩 하나씩 / 차례대로 바꾸어서

예 음악 시간에 남학생과 여학생이 노래를 네 마디씩 **번갈아** 불렀다.

증발하다

한자 더할 증 增
필 발 發

*액체 상태의 어떤 물질이 / 그 표면에서 / 기체 상태로 변하다

예 액체인 물이 **증발하면** 기체인 수증기로 변해 눈에 보이지 않게 된다.

*액체(液 진 액, 體 몸 체)   모양이 일정하지 않고 담는 그릇에 따라 변하며,
    힘을 가해도 부피가 줄어들지 않는 상태의 물질

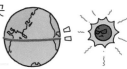

적도

한자 붉을 적 赤
길 도 道

북극과 남극으로부터 같은 거리에 있는 / 지구의 *중심에 있는 *지점들을 / 이은 선

예 지구의 한가운데 위치한 **적도** 지역은 늘 햇볕이 똑바로 내리쬐기 때문에
    일 년 내내 여름이다.

*중심(中 가운데 중, 心 마음 심)   사물의 한가운데가 되는 곳

부근

한자 붙을 부 附
가까울 근 近

어떤 대상에서 / 가까운 곳

예 미국의 화성 탐사선인 큐리오시티는 2012년에 화성의 적도 **부근**에 착륙해
    서 화성 표면 바로 아래에 있는 얼음을 발견했다.

비 근방(方 모 방), 근처(處 곳 처), 인근(鄰 이웃 인)

준비하다

한자 *준할 준 準
갖출 비 備

필요한 것을 생각해서 / 미리 *갖추다

예 라면을 끓여 먹으려고 필요한 재료들을 **준비했다**

*준하다   어떤 본보기에 비추어 그대로 좇다

*갖추다   있어야 할 것을 가지거나 챙기다

비 마련하다, 대비하다(對 대할 대, 備 갖출 비)

예정

한자 미리 예 豫
정할 정 定

앞으로 할 일을 / 미리 정함

예 이번 여름방학 기간 중에 해외로 여행을 떠날 **예정**이다.

비 계획(計 셈할 계, 劃 그을 획), 생각

1 문장을 읽고, 알맞은 낱말을 써 넣어 봅시다.

1) 하나씩 하나씩 차례대로 바꾸어서

2) 액체 상태의 어떤 물질이 그 표면에서 기체 상태로
변하다

3) 북극과 남극으로부터 같은 거리에 있는 지구의 중심에 있는
지점들을 이은 선

4) 어떤 대상에서 가까운 곳

5) 필요한 것을 생각해서 미리 갖추다

6) 앞으로 할 일을 미리 정함

2 밑줄 친 곳에 알맞은 낱말을 써 넣어 문장을 완성해 봅시다.

1) 음악 시간에 남학생과 여학생이 노래를 네 마디씩 _____ 불렀다.

2) 액체인 물이 _____ 기체인 수증기로 변해 눈에 보이지 않게 된다.

3) 지구의 한가운데 위치한 _____ 지역은 늘 햇볕이 똑바로 내리쬐기 때문에
일 년 내내 여름이다.

4) 미국의 화성 탐사선인 큐리오시티는 2012년에 화성의 적도 _____ 에
착륙해서 화성 표면 바로 아래에 있는 얼음을 발견했다

5) 라면을 끓여 먹으려고 필요한 재료들을 _____ .

6) 이번 여름방학 기간 중에 해외로 여행을 떠날 _____ 이다.

종종

한자 씨 종 種
씨 종 種

시간적 간격이 / 얼마쯤씩 있게

예 아침에 자주 늦잠을 자서 학교에 **종종** 지각한다.

비 가끔, 때때로, 이따금, 왕왕(往 갈 왕)

하찮다

•대수롭지 않다

예 그는 기분 나쁘게 쳐다본다는 둥, 말투가 마음에 안 든다는 둥 **하찮은** 일

들로 •트집을 잡아 싸움을 벌였다.

• 대수롭다 대단하거나 중요하게 여길 만하다

• 트집(을) 잡다 아무 까닭 없이 조그만 흠집을 들추어내거나 없는 흠집을 만들어 남

을 괴롭히다

비 보잘것없다, 사소하다(些 적을 사, 少 적을 소)

마치

거의 비슷하게

예 고양이가 침대에 •벌러덩 드러누워 자고 있는 모습이 **마치** 사람 같다.

• 벌러덩   팔이나 다리를 활짝 벌리고 뒤로 눕거나 자빠지는 모양

엄연히

한자 엄연할 엄 儼
그럴 연 然

누구도 •부정하거나 · 의심할 여지가 없이 / 아주 뚜렷하게(명백히)

예 이 자전거는 **엄연히** 내 것인데, 동생이 자꾸 '우리 것'이라고 말한다.

• 부정하다(否 아닐 부, 定 정할 정)   그렇지 않다고 단정하거나 옳지 않다고 반대하다

일정하다

한자 한 일 一
정할 정 定

어떤 것의 크기 · 모양 · 범위 · 시간 따위가 / 바뀌어 달라지지

않고 / 하나로 정해져서 •고정되다

예 실내 수영장에서는 **일정한** 방향으로 수영을 해야 한다.

• 고정되다(固 굳을 고, 定 정할 정)   한번 정한 그대로 다르게 바뀌지 않다

포유동물

한자 먹일 포 哺
젖 유 乳
움직일 동 動
물건 물 物

허파로 숨을 쉬고 · •정온 동물이며 · 새끼에게 젖을 먹여 키우는 / 동물을 통

틀어 이르는 말

예 **포유동물**이란 '새끼에게 젖을 먹여 키우는 동물'이란 뜻으로,

인간도 엄연히 **포유동물**에 속한다.

• 정온 동물(定 정할 정, 溫 따뜻할 온)   바깥의 온도 변화에 관계없이

체온을 항상 일정하고 따뜻하게 유지하는 동물

포유류

1 문장을 읽고, 알맞은 낱말을 써 넣어 봅시다.

1) 시간적 간격이 얼마쯤씩 있게

2) 대수롭지 않다

3) 거의 비슷하게

4) 누구도 부정하거나 · 의심할 여지가 없이 아주 뚜렷하게

5) 어떤 것의 크기 · 모양 · 범위 · 시간 따위가 바뀌어
달라지지 않고 하나로 정해져서 고정되다

6) 허파로 숨을 쉬고 · 정온 동물이며 · 새끼에게 젖을 먹여
키우는 동물을 통틀어 이르는 말

2 밑줄 친 곳에 알맞은 낱말을 써 넣어 문장을 완성해 봅시다.

1) 아침에 자주 늦잠을 자서 학교에 _____ 지각한다.

2) 그는 기분 나쁘게 쳐다본다는 둥, 말투가 마음에 안 든다는 둥 _____ 일들로
트집을 잡아 싸움을 벌였다.

3) 고양이가 침대에 벌러덩 드러누워 자고 있는 모습이 _____ 사람 같다.

4) 이 자전거는 _____ 내 것인데, 동생이 자꾸 '우리 것'이라고 말한다.

5) 실내 수영장에서는 _____ 방향으로 수영을 해야 한다.

6) _____ 이란 '새끼에게 젖을 먹여 키우는 동물'이란 뜻으로, 인간도 엄연히
_____ 에 속한다.

동물 속에 인간이 있다 | 교과서 212~217쪽 |

조상
한자 할아버지 조 祖
윗 상 上

자기가 살고 있는 *세대 / 이전의 모든 세대

예 인간의 **조상**이 지구에 처음으로 나타난 시기는 지금으로부터 20~25만 년 전이다.

* 세대(世 인간 세, 代 대신할 대) 같은 시대에 살면서 공통의 의식을 가지는 비슷한 나이인 사람 전체

주민
한자 살 주 住
백성 민 民

일정한 지역에 / 살고 있는 / 사람

예 그는 한평생 서울 **주민**으로 살아오다가 올해 제주도로 이사를 해서 제주도 **주민**이 되었다.

자연계
한자 스스로 자 自
그럴 연 然
지경 계 界

인간 *세계를 둘러싸고 있는 / 동물, 식물, 산, 강, 바다, 천체 따위의 / 모든 세계

예 우리가 살고 있는 **자연계**에서 *부피가 없는 물체란 존재할 수 없다.

* 부피 물건이 차지하고 있는 공간의 크기

공경하다
한자 공손할 공 恭
공경 경 敬

*겸손하고 · *예의 바른 / 말 · 행동으로 / 받들어 모시다

예 설날에 할아버지와 할머니께 **공경하는** 마음을 담아 큰절을 올렸다.

* 겸손하다(謙 겸손할 겸, 遜 겸손할 손) 남을 존중하고 자신을 낮추는 태도가 있다

* 예의(禮 예도 예, 儀 거동 의) (사람 사이의 관계에서 존경 · 감사 · 사과 따위의 뜻을 나타내기 위해서) 예로써 나타내는 말투나 몸가짐

문화
한자 글월 문 文
될 화 化

어떤 *집단에 속한 구성원(사람들)이 가지는 / 특유한 *행동 양식 및 *사고방식

예 우리 반에는 친구 사이에 존댓말을 쓰는 학급 **문화**가 있다.

* 집단(集 모을 집, 團 둥글 · 모일 단) 여럿이 모여 이룬 모임

* 행동 양식 인간 생활에 규칙으로 정해져 있는 일정한 방법이나 형식

* 사고방식 어떤 문제를 생각하고 판단하는 방식이나 태도

무시하다
한자 없을 무 無
볼 시 視

낮추어 보다 또는 하찮게 대하다

예 친구가 내 말에 대꾸도 하지 않고 **무시해서** 나도 똑같이 친구를 *본척만척 **무시했다.**

* 본척만척(본체만체) 보고도 안 본 듯이

1 문장을 읽고, 알맞은 낱말을 써 넣어 봅시다.

1) 자기가 살고 있는 세대 이전의 모든 세대 ☐☐

2) 일정한 지역에 살고 있는 사람 ☐☐

3) 인간 세계를 둘러싸고 있는 동물, 식물, 산, 강, 바다, 천체 따위의 모든 세계 ☐☐☐

4) 겸손하고 · 예의 바른 말 · 행동으로 받들어 모시다 ☐☐☐

5) 어떤 집단에 속한 구성원이 가지는 특유한 행동 양식 및 사고방식 ☐☐

6) 낮추어 보다 또는 하찮게 대하다 ☐☐☐

2 밑줄 친 곳에 알맞은 낱말을 써 넣어 문장을 완성해 봅시다.

1) 인간의 _____ 이 지구에 처음으로 나타난 시기는 지금으로부터 20~25만 년 전이다.

2) 그는 한평생 서울 _____ 으로 살아오다가 올해 제주도로 이사를 해서 제주도 _____ 이 되었다.

3) 우리가 살고 있는 _____ 에서 부피가 없는 물체란 존재할 수 없다.

4) 설날에 할아버지와 할머니께 _____ 마음을 담아 큰절을 올렸다.

5) 우리 반에는 친구 사이에 존댓말을 쓰는 학급 _____ 가 있다.

6) 친구가 내 말에 대꾸도 하지 않고 _____ 나도 똑같이 친구를 본척만척 _____ .

1 문장을 읽고, 알맞은 낱말을 써 넣어 봅시다.

1) 대수롭지 않다 _____

2) 깊은 속까지 샅샅이 자세하다 _____

3) 일정한 지역에 살고 있는 사람 _____

4) 어떤 천체가 다른 천체의 둘레를 돌면서 그리는
   일정한 곡선의 길 _____

5) 지구의 표면(지표)에 있는 바위 · 돌 · 모래 따위가
   빗물 · 강물 · 파도 · 빙하 · 바람 등에 의하여 깎여 나가는 것 _____

6) 현상을 일으킴 또는 영향을 미침 _____

7) 액체 상태의 어떤 물질이 그 표면에서 기체 상태로 변하다 _____

8) 같은 일을 여러 번 하고 또 하다 _____

9) 북극과 남극으로부터 같은 거리에 있는 지구의 중심에 있는
   지점들을 이은 선 _____

10) 화산 활동에 의하여 생기는 땅의 모습을 통틀어 이르는 말 _____

11) 겸손하고 · 예의 바른 말 · 행동으로 받들어 모시다 _____

12) 시간적 간격이 얼마쯤씩 있게 _____

13) 어떤 것의 크기 · 모양 · 범위 · 시간 따위가 바뀌어
    달라지지 않고 하나로 정해져서 고정되다 _____

14) 필요한 것을 생각해서 미리 갖추다 _____

15) 자기가 살고 있는 세대 이전의 모든 세대 _____

16) 어떤 대상에서 가까운 곳   _____

17) 앞으로 할 일을 미리 정함   _____

18) 인간 세계를 둘러싸고 있는 동물, 식물, 산, 강, 바다,
    천체 따위의 모든 세계   _____

19) 비행기·우주선 따위가 땅 위에 내려앉다   _____

20) 거의 비슷하게   _____

21) 어떤 집단에 속한 구성원이 가지는 특유한 행동 양식 및
    사고방식   _____

22) 깎여 생긴 알갱이들이 운반되어 어떤 곳에 쌓이는 것   _____

23) 하나씩 하나씩 차례대로 바꾸어서   _____

24) 허파로 숨을 쉬고·정온 동물이며·새끼에게 젖을 먹여
    키우는 동물을 통틀어 이르는 말   _____

25) 낮추어 보다 또는 하찮게 대하다   _____

26) 지각을 구성하고 있는 부피가 매우 크고 단단한 돌   _____

27) 어떤 사실을 증명할 수 있는 근거   _____

28) 누구도 부정하거나·의심할 여지가 없이 아주 뚜렷하게   _____

29) 움직여서 어디에 들어가다   _____

30) 태양의 영향이 미치는 공간과 그 공간 안에 있는
    천체를 통틀어 이르는 말   _____

2 밑줄 친 곳에 알맞은 낱말을 써 넣어 문장을 완성해 봅시다.

1) 우리가 살고 있는 _____ 에서 부피가 없는 물체란 존재할 수 없다.

2) 인간의 _____ 이 지구에 처음으로 나타난 시기는 지금으로부터 20~25만 년 전이다.

3) 아침에 자주 늦잠을 자서 학교에 _____ 지각한다.

4) 라면을 끓여 먹으려고 필요한 재료들을 _____ .

5) 고양이가 침대에 벌러덩 드러누워 자고 있는 모습이 _____ 사람 같다.

6) 달은 지구 둘레를 돌며 _____ 를 이루고, 지구는 태양 둘레를 돌며 _____ 를 이룬다.

7) _____ 에는 화산섬, 온천, 용암 동굴, 분화구 등이 있으며 많은 사람들이 이색적인 풍경과 온천을 즐기기 위해 _____ 의 관광지를 찾는다.

8) 실내 수영장에서는 _____ 방향으로 수영을 해야 한다.

9) 그는 한평생 서울 _____ 으로 살아오다가 올해 제주도로 이사를 해서 제주도 _____ 이 되었다.

10) 교과서를 일곱 번 _____ 읽으면 어떤 시험이든 어렵지 않게 백 점을 맞을 수 있다.

11) 음악 시간에 남학생과 여학생이 노래를 네 마디씩 _____ 불렀다.

12) 미국의 화성 탐사선 마스 글로벌 서베이어는 화성의 궤도에 진입해 화성 표면의 모습을 _____ 찍은 사진을 지구로 보내 주었다.

13) 액체인 물이 _____ 기체인 수증기로 변해 눈에 보이지 않게 된다.

14) _____ 이란 '새끼에게 젖을 먹여 키우는 동물'이란 뜻으로, 인간도 엄연히 _____ 에 속한다.

15) 지구의 한가운데 위치한 _____ 지역은 늘 햇볕이 똑바로 내리쬐기 때문에 일 년 내내 여름이다.

16) 친구가 내 말에 대꾸도 하지 않고 _____ 나도 똑같이 친구를 본척만척 _____ .

17) 미국의 화성 탐사선인 큐리오시티는 2012년에 화성의 적도 _____ 에 착륙해서 화성 표면 바로 아래에 있는 얼음을 발견했다

18) 이 자전거는 _____ 내 것인데, 동생이 자꾸 '우리 것'이라고 말한다.

19) 아폴로 11호는 1969년 7월 20일에 인류 역사상 처음으로 달 표면에 _____ .

20) 이번 여름방학 기간 중에 해외로 여행을 떠날 _____ 이다.

21) 주말이라서 평일보다 긴 시간이 걸려서 고속도로에 _____ .

22) _____ 는 태양을 비롯한 여덟 개의 행성과 그 행성 주위에 있는 위성, 소행성, 혜성 등으로 구성되어 있다.

23) 우리 반에는 친구 사이에 존댓말을 쓰는 학급 _____ 가 있다.

24) 침식 _____ 이란 지표의 바위, 돌, 흙 등이 흐르는 물, 바람, 파도에 깎여 나가는 것을 말한다.

25) 설날에 할아버지와 할머니께 _____ 마음을 담아 큰절을 올렸다.

26) _____ 은 생성 원인에 따라 화성암, 퇴적암, 변성암으로 구분된다.

27) 강의 상류에서 침식되어 운반된 _____ 물질 중에서 무거운 것은 먼저, 가벼운 것은 나중에 가라앉는다.

28) 그는 기분 나쁘게 쳐다본다는 등, 말투가 마음에 안 든다는 등 _____ 일들로 트집을 잡아 싸움을 벌였다.

29) 동생이 내 지갑에 있는 돈을 몰래 가져간 것 같은데, _____ 가 없어서 따지고 캐물을 수 없었다.

30) 강물에 의한 _____ 작용은 강바닥의 기울기가 급할수록 빠르게 일어난다.

| 교과서 212~217쪽 | 영양분 흡수 인간의 욕심 동물 |

지긋하다

나이가 / 비교적 많다

예 *연세가 **지긋하신** 할머니께서 *짐을 힘겹게 들고 가시는 모습을 보고 그 짐을 *대신 들어드렸다.

* **연세**(年 해 년, 歲 해 세)   '나이'의 높임말

* **짐**   들거나 지거나 나르도록 꾸려 놓은 물건

* **대신**(代 대신할 대, 身 몸 신)   남의 일이나 책임을 떠맡음

험하다
한자 험할 험 險

말 · 행동 따위가 / 버릇없고 · 거칠다

예 아이는 말과 행동이 너무 **험해서** 주위 친구들과 자주 다툰다.

흠씬

매 따위를 / 심하게 맞는 모양

예 때린 사람보다 **흠씬** 두들겨 맞은 사람이 오히려 다리를 뻗고 잘 수 있다.

가지

*근원에서부터 / 갈라져 나온 것을 / 비유적으로 이르는 말

예 거짓말에서 시작된 하나의 사건이 **가지**를 뻗어 많은 사건을 만들어낸다.

* **근원**(根 뿌리 근, 源 근원 원)   사물이나 현상이 생겨나는 본바탕 (본래부터 가지고 있는 성질)

진화하다
한자 나아갈 진 進 될 화 化

생물이 / 오랜 기간 동안 여러 세대를 거치면서 / 환경에 *적응하여 / 몸의 구조와 · 생김새가 *변하다

예 *인류는 수백 만 년 동안 끊임없이 **진화해** 왔다.

* **적응하다**(適 맞을 적, 應 응할 응)   일정한 조건이나 환경에 맞추어 잘 어울리다

* **변하다**(變 변할 변)   무엇이 다른 것이 되거나 또는 다른 상태로 되다

* **인류**(人 사람 인, 類 무리 류)   사람을 동물의 한 종류로서 다른 동물과 구별하여 이르는 말

우연히
한자 짝 우 偶 그럴 연 然

뜻하지 않게

예 주말에 극장에 갔는데 그곳에서 **우연히** 전학 간 친구를 만났다.

비 뜻밖에, 어쩌다가

1 문장을 읽고, 알맞은 낱말을 써 넣어 봅시다.

1) 나이가 비교적 많다 ☐☐☐ ☐

2) 말·행동 따위가 버릇없고·거칠다 ☐☐☐

3) 매 따위를 심하게 맞는 모양 ☐☐

4) 근원에서부터 갈라져 나온 것을 비유적으로 이르는 말 ☐☐

5) 생물이 오랜 기간 동안 여러 세대를 거치면서 환경에 적응하여 몸의 구조와·생김새가 변하다 ☐☐☐☐

6) 뜻하지 않게 ☐☐☐

2 밑줄 친 곳에 알맞은 낱말을 써 넣어 문장을 완성해 봅시다.

1) 연세가 _____ 할머니께서 짐을 힘겹게 들고 가시는 모습을 보고 그 짐을 대신 들어드렸다.

2) 아이는 말과 행동이 너무 _____ 주위 친구들과 자주 다툰다.

3) 때린 사람보다 _____ 두들겨 맞은 사람이 오히려 다리를 뻗고 잘 수 있다.

4) 거짓말에서 시작된 하나의 사건이 _____ 를 뻗어 많은 사건을 만들어낸다.

5) 인류는 수백 만 년 동안 끊임없이 _____ 왔다.

6) 주말에 극장에 갔는데 그곳에서 _____ 전학 간 친구를 만났다.

종
한자 씨 종 種

생물을 *분류하는 / 가장 *기본적 단위

예 *생태계 파괴로 인해 1970년부터 2006년까지 36년 동안 지구상에 *서식하
는 생물 종의 31%가 사라졌다.

* 분류하다(分 나눌 분, 類 무리 류)   종류에 따라 가르다
* 생태계(生 날 생, 態 모습 태, 系 맬 계)   어떤 장소 안에서 사는 생물이 서로 조화
를 이루며 살아가는 세계
* 서식하다 (棲 깃들일 서, 息 쉴 식)   (어떤 장소나 환경에) 자리를 잡고 살다

능력(역능)
한자 능할 능 能
힘 력 力

어떤 일을 / *해낼 수 있는 / 힘

예 아이는 운동 능력이 뛰어나서 운동이라면 뭐든 다 잘한다.

* 해내다   맡은 일이나 닥친 일을 잘 처리하다
비 역량(力 힘 역, 量 헤아릴 량)

지능
한자 알 지 知
능할 능 能

문제를 해결하고 / 사물·현상을 *이해하고 / 지식·기술을 배우고 *적용할
수 있는 / *지적 능력

예 돌고래의 지능은 어린 아이 수준과 비슷할 정도로 높다.

* 이해하다(理 다스릴 이, 解 풀 해)   깨달아 알다. 또는 잘 알아서 받아들이다
* 적용하다(適 맞을 적, 用 쓸 용)   알맞게 이용하거나 맞추어 쓰다
* 지적(知 알 지, 的 과녁 적) 지식에 관한 (것)

분명
한자 나눌 분 分
밝을 명 明

틀림없이 확실하게

예 두 친구가 서로 말을 걸지 않는 것으로 보아 분명 다툼이 있었다.

발견하다
한자 필 발 發
볼 견 見

이제까지 찾아내지 못했거나·세상에 알려지지 않은 것을
처음으로 / 찾아내다 또는 알아내다

예 뉴턴은 나무에서 사과가 떨어지는 모습을 보고
*만유인력을 발견했다.

* 만유인력(萬 일 만 만, 有 있을 유, 引 끌 인, 力 힘 력) 질량을 가진 모든 물체 사이에
작용하는, 서로를 끌어당기는 힘

흔히

일상적으로 / 보고 듣고 겪을 만큼 / 자주 또는 많이

예 요즘은 길거리를 오가면서 외국인을 흔히 볼 수 있다.

비 비근히(卑 낮을 비, 近 가까울 근)

1 **문장을 읽고, 알맞은 낱말을 써 넣어 봅시다.**

1)　생물을 분류하는 가장 기본적 단위

2)　어떤 일을 해낼 수 있는 힘

3)　문제를 해결하고 사물·현상을 이해하고 지식·기술을
　　배우고 적용할 수 있는 지적 능력

15주
2일

4)　틀림없이 확실하게

5)　이제까지 찾아내지 못했거나·세상에 알려지지 않은
　　것을 처음으로 찾아내다 또는 알아내다

6)　일상적으로 보고 듣고 겪을 만큼 자주 또는 많이

2 **밑줄 친 곳에 알맞은 낱말을 써 넣어 문장을 완성해 봅시다.**

1)　생태계 파괴로 인해 1970년부터 2006년까지 36년 동안 지구상에 서식하는
　　생물 _____ 의 31%가 사라졌다.

2)　아이는 운동 _____ 이 뛰어나서 운동이라면 뭐든 다 잘한다.

3)　돌고래의 _____ 은 어린 아이 수준과 비슷할 정도로 높다.

4)　두 친구가 서로 말을 걸지 않는 것으로 보아 _____ 다툼이 있었다.

5)　뉴턴은 나무에서 사과가 떨어지는 모습을 보고 만유인력을 _____ .

6)　요즘은 길거리를 오가면서 외국인을 _____ 볼 수 있다.

쳐주다

인정하여 주다

예 우리는 다른 사람의 아픔과 슬픔을 내 일처럼 여기는 따뜻한 마음을 높이 **쳐주고** •본받고 싶어 한다.

• 본받다(本 근본 본)　　　(사람이 무엇을) 본보기로 하여 그대로 따라 하다

이기심

한자 이로울 이 利
몸 기 己
마음 심 心

자신의 •이익만을 / •꾀하는 마음

예 좋은 물건은 다 자기가 갖겠다고 •우기는 동생의 **이기심**에 화가 난다.

• 이익(利 이로울 이, 益 더할 익)　　정신적, 물질적으로 이롭고 보탬이 되는 일

• 꾀하다　　어떤 일을 이루려고 뜻을 두거나 힘을 쓰다

• 우기다　　억지를 부려 제 의견을 고집스럽게 내세우다

넘어서다

수준 · 한계 따위를 / 넘어서 지나다

예 우주의 •무한한 •광활함은 인간의 상상을 **넘어선다.**

• 무한하다(無 없을 무, 限 한할 한)　　수 · 양 · 공간 · 시간 따위에 제한이나 한계가 없다

• 광활하다(廣 넓을 광, 闊 넓을 활)　　막힌 데가 없이 트이고 넓다

비 초월하다(超 뛰어넘을 초, 越 넘을 월), 초과하다(過 지날 과), 넘다

가르다

무엇을 나누어 / 서로를 구분 짓다

예 체육 시간에 청팀과 백팀으로 편을 **갈라서** 피구를 했다.

비 가리다, 구별하다(區 구분할 구, 別 나눌 별), 갈라놓다

기준

한자 터 기 基
준할 준 準

기본이 되는 / •표준

예 동물과 식물을 나누는 **기준**은 스스로 몸을 움직여 먹이를 구할 수 있느냐, 없느냐이다.

• 표준(標 표할 표, 準 준할 준)　　사물의 정도나 성격 따위를 정하는 근거나 목표

삼다

어떤 대상(A)을 다른 대상(B)이라고 / 인정하다 또는 생각하다

예 이기심을 넘어서 남을 위하거나 이롭게 하는 마음(A)을 동물과 인간을 가르는 기준(B)으로 **삼기도** 한다.

1 문장을 읽고, 알맞은 낱말을 써 넣어 봅시다.

1) 인정하여 주다

2) 자신의 이익만을 꾀하는 마음

3) 수준·한계 따위를 넘어서 지나다

4) 무엇을 나누어 서로를 구분 짓다

5) 기본이 되는 표준

6) 어떤 대상(A)을 다른 대상(B)이라고 인정하다 또는 생각하다

15주
3일

2 밑줄 친 곳에 알맞은 낱말을 써 넣어 문장을 완성해 봅시다.

1) 우리는 다른 사람의 아픔과 슬픔을 내 일처럼 여기는 따뜻한 마음을 높이
＿＿＿＿ 본받고 싶어 한다.

2) 좋은 물건은 다 자기가 갖겠다고 우기는 동생의 ＿＿＿＿ 에 화가 난다.

3) 우주의 무한한 광활함은 인간의 상상을 ＿＿＿＿ .

4) 체육 시간에 청팀과 백팀으로 편을 ＿＿＿＿ 피구를 했다.

5) 동물과 식물을 나누는 ＿＿＿＿ 은 스스로 몸을 움직여 먹이를 구할 수 있느냐,
없느냐이다.

6) 이기심을 넘어서 남을 위하거나 이롭게 하는 마음(A)을 동물과 인간을 가르는
기준(B)으로 ＿＿＿＿ 한다.

동물 속에 인간이 보여요 | 교과서 212~217쪽 |

동료

한자 한가지 동 同
동료 료 僚

같은 직장 · *동아리에서 / 함께 일하거나 활동하는 / 사람

예 우리 가족은 아빠가 다니시는 회사의 **동료** 가족과 함께 저녁 식사를 했다.

*동아리 같은 뜻을 가진 사람들이 모여서 한패를 이룬 무리

비 동무, 일벗

떠받치다

떨어지거나 · 주저앉거나 · 쓰러지지 않도록 / 밑에서 위로 받쳐서 / 버티다

예 고래는 다친 동료가 있으면 여러 마리가 둘러싸고 거의 들어 올리듯 **떠받치며** *보살핀다.

*보살피다 정성을 기울여 보호하며 돕다

방해하다

한자 방해할 방 妨
해할 해 害

남의 일에 / 쓸데없이 참견하고 막아 / 일을 못하게 하다

예 숙제를 하는데 동생이 자꾸 소란을 피워서 "**방해하지** 말고 밖에 나가서 놀아!"하고 소리를 질렀다.

비 훼방하다(毀 헐 훼, 謗 헐뜯을 방)

허파(폐)

가슴안의 양쪽에 있는 / *호흡을 하는 / 기관

예 고래는 물속에서 살지만 물 위로 몸을 내밀어 **허파**로 숨을 쉰다.

*호흡(呼 부를 호, 吸 마실 흡) 숨을 내쉬거나 들이쉼. 또는 그 숨

훈훈하다

마음을 부드럽게 할 만큼 / 따뜻하다

예 그의 *선행은 주위 사람들의 마음을 **훈훈하게** 만들었다.

*선행(善 착할 선, 行 다닐 행) 착하고 어진 행실

잠기다

한자 향초 훈 薰
향초 훈 薰

어떤 *기분에 / 놓이게 되다

예 아이가 쉼 없이 *말썽을 피우자 엄마는 깊은 *시름에 **잠겼다.**

*기분(氣 기운 기, 分 나눌 분) 마음에 저절로 느껴지는 유쾌함이나 불쾌함 따위의 감정

*말썽 트집이나 문젯거리를 일으키는 말이나 행동

*시름 근심과 걱정으로 속을 태우거나 우울해 함

1 **문장을 읽고, 알맞은 낱말을 써 넣어 봅시다.**

1) 같은 직장·동아리에서 함께 일하거나 활동하는 사람 ☐☐

2) 떨어지거나·주저앉거나·쓰러지지 않도록
   밑에서 위로 받쳐서 버티다 ☐☐☐☐

3) 남의 일에 쓸데없이 참견하고 막아 일을 못하게 하다 ☐☐☐☐

4) 가슴안의 양쪽에 있는 호흡을 하는 기관 ☐☐

5) 마음을 부드럽게 할 만큼 따뜻하다 ☐☐☐

6) 어떤 기분에 놓이게 되다 ☐☐☐

15주 — 4일

2 **밑줄 친 곳에 알맞은 낱말을 써 넣어 문장을 완성해 봅시다.**

1) 우리 가족은 아빠가 다니시는 회사의 _____ 가족과 함께 저녁 식사를 했다.

2) 고래는 다친 동료가 있으면 여러 마리가 둘러싸고 거의 들어 올리듯 _____ 보살핀다.

3) 숙제를 하는데 동생이 자꾸 소란을 피워서 " _____ 말고 밖에 나가서 놀아!"
   하고 소리를 질렀다.

4) 고래는 물속에서 살지만 물 위로 몸을 내밀어 _____ 로 숨을 쉰다.

5) 그의 선행은 주위 사람들의 마음을 _____ 만들었다.

6) 아이가 쉼 없이 말썽을 피우자 엄마는 깊은 시름에 _____ .

아무런

주로 '않다 · 없다 · 못하다' 따위의 / 부정적인 말과 함께 쓰여 / '전혀 어떠한' 의 / 뜻을 나타내는 말

예 시험이 *코앞인데 아이는 지금까지 **아무런** 공부도 하지 않았다.

* 코앞　　어떤 기회나 시간이 매우 가까이 다가왔음을 비유적으로 이르는 말

차마

부끄럽거나 · 안타까워서 / 감히

예 아이는 초라한 성적표를 부모님께 **차마** 보여 드릴 수 없었다.

서럽다

*억울하고 · *원망스럽고 · 슬프다

예 시험을 못 봤다고 엄마에게 꾸지람을 들은 아이는 *한없이 **서러웠다**.

* 억울하다(抑 누를 억, 鬱 답답할 울) 아무 잘못 없이 꾸중을 듣거나 벌을 받거나 하여 화나고 답답하다

* 원망스럽다(怨 원망할 원, 望 바랄 망)　　어떤 대상이 못마땅하게 여겨져 탓하거나 미워하는 마음이 있다

* 한없이(限 한할몹시 억울하거나 원통하여 원망스럽게 생각할 한) 끝이 없이

때로

경우에 따라서

예 보통은 집에서 저녁밥을 먹지만 **때로** *외식하는 날도 있다.

* 외식하다 음식을 집에서 직접 해 먹지 아니하고 밖에서 사 먹다

비 가끔, 간혹(間 사이 간, 或 혹 혹), 이따금

신선하다

한자 새 신 新
고울 선 鮮

물 · 공기가 / 깨끗하다

예 시골에 있는 할머니 댁에 오면 **신선한** 물과 공기를 마실 수 있어서 기분이 *상쾌해진다.

* 상쾌하다(爽 시원할 상, 快 쾌할 쾌) 기분이나 느낌이 깨끗하고 시원하다

도중

한자 길 도 途
가운데 중 中

어떤 일이 / 진행되고 있는 / 동안

예 수업 **도중**에 화장실에 가려는 학생들이 많아지자, 선생님은 "쉬는 시간이 되면 먼저 화장실부터 다녀오라"고 *주의를 주셨다.

* 주의(注 부을 주, 意 뜻 의) 특정한 일에 대하여 경고나 충고를 하여 일깨움. 또는 그러한 말이나 행위

1 문장을 읽고, 알맞은 낱말을 써 넣어 봅시다.

1) 주로 '않다 · 없다 · 못하다' 따위의 부정적인 말과 함께 쓰여 ▢▢▢
   '전혀 어떠한'의 뜻을 나타내는 말

2) 부끄럽거나 · 안타까워서 감히 ▢▢

15주
5일

3) 억울하고 · 원망스럽고 · 슬프다 ▢▢▢

4) 경우에 따라서 ▢▢

5) 물 · 공기가 깨끗하다 ▢▢▢

6) 어떤 일이 진행되고 있는 동안 ▢▢

2 밑줄 친 곳에 알맞은 낱말을 써 넣어 문장을 완성해 봅시다.

1) 시험이 코앞인데 아이는 지금까지 _____ 공부도 하지 않았다.

2) 아이는 초라한 성적표를 부모님께 _____ 보여 드릴 수 없었다.

3) 시험을 못 봤다고 엄마에게 꾸지람을 들은 아이는 한없이 _____ .

4) 보통은 집에서 저녁밥을 먹지만 _____ 외식하는 날도 있다.

5) 시골에 있는 할머니 댁에 오면 _____ 물과 공기를 마실 수 있어서 기분이
   상쾌해진다.

6) 수업 _____ 에 화장실에 가려는 학생들이 많아지자, 선생님은 "쉬는 시간이
   되면 먼저 화장실부터 다녀오라"고 주의를 주셨다.

1 **문장을 읽고, 알맞은 낱말을 써 넣어 봅시다.**

1) 자신의 이익만을 꾀하는 마음 _____

2) 매 따위를 심하게 맞는 모양 _____

3) 주로 '않다 · 없다 · 못하다' 따위의 부정적인 말과 함께 쓰여
   '전혀 어떠한'의 뜻을 나타내는 말 _____

4) 나이가 비교적 많다 _____

5) 부끄럽거나 · 안타까워서 감히 _____

6) 같은 직장 · 동아리에서 함께 일하거나 활동하는 사람 _____

7) 물 · 공기가 깨끗하다 _____

8) 떨어지거나 · 주저앉거나 · 쓰러지지 않도록
   밑에서 위로 받쳐서 버티다 _____

9) 뜻하지 않게 _____

10) 남의 일에 쓸데없이 참견하고 막아 일을 못하게 하다 _____

11) 어떤 기분에 놓이게 되다 _____

12) 틀림없이 확실하게 _____

13) 가슴안의 양쪽에 있는 호흡을 하는 기관 _____

14) 어떤 일을 해낼 수 있는 힘 _____

15) 어떤 일이 진행되고 있는 동안 _____

16) 인정하여 주다　　　　　　　　　　　　　　　　　　_____

17) 이제까지 찾아내지 못했거나 · 세상에 알려지지 않은
　　것을 처음으로 찾아내다 또는 알아내다　　　　　　_____

18) 근원에서부터 갈라져 나온 것을 비유적으로 이르는 말　_____

19) 무엇을 나누어 서로를 구분 짓다　　　　　　　　　　_____

20) 어떤 대상(A)을 다른 대상(B)이라고 인정하다 또는 생각하다　_____

21) 억울하고 · 원망스럽고 · 슬프다　　　　　　　　　　_____

22) 문제를 해결하고 · 사물 · 현상을 이해하고 · 지식 · 기술을
　　배우고 적용할 수 있는 지적 능력　　　　　　　　　_____

23) 일상적으로 보고 듣고 겪을 만큼 자주 또는 많이　　_____

24) 경우에 따라서　　　　　　　　　　　　　　　　　　_____

25) 수준 · 한계 따위를 넘어서 지나다　　　　　　　　　_____

26) 마음을 부드럽게 할 만큼 따뜻하다　　　　　　　　　_____

27) 생물을 분류하는 가장 기본적 단위　　　　　　　　　_____

28) 기본이 되는 표준　　　　　　　　　　　　　　　　　_____

29) 말 · 행동 따위가 버릇없고 거칠다　　　　　　　　　_____

30) 생물이 오랜 기간 동안 여러 세대를 거치면서 환경에
　　적응하여 몸의 구조와 생김새가 변하다　　　　　　_____

2 밑줄 친 곳에 알맞은 낱말을 써 넣어 문장을 완성해 봅시다.

1) 아이는 운동 _____ 이 뛰어나서 운동이라면 뭐든 다 잘한다.

2) 연세가 _____ 할머니께서 짐을 힘겹게 들고 가시는 모습을 보고 그 짐을 대신 들어드렸다.

3) 체육 시간에 청팀과 백팀으로 편을 _____ 피구를 했다.

4) 때린 사람보다 _____ 두들겨 맞은 사람이 오히려 다리를 뻗고 잘 수 있다.

5) 생태계 파괴로 인해 1970년부터 2006년까지 36년 동안 지구상에 서식하는 생물 _____ 의 31%가 사라졌다.

6) 두 친구가 서로 말을 걸지 않는 것으로 보아 _____ 다툼이 있었다.

7) 아이가 쉴 없이 말썽을 피우자 엄마는 깊은 시름에 _____ .

8) 인류는 수백 만 년 동안 끊임없이 _____ 왔다.

9) 돌고래의 _____ 은 어린 아이 수준과 비슷할 정도로 높다.

10) 동물과 식물을 나누는 _____ 은 스스로 몸을 움직여 먹이를 구할 수 있느냐, 없느냐이다.

11) 우리는 다른 사람의 아픔과 슬픔을 내 일처럼 여기는 따뜻한 마음을 높이 _____ 본받고 싶어 한다.

12) 보통은 집에서 저녁밥을 먹지만 _____ 외식하는 날도 있다.

13) 좋은 물건은 다 자기가 갖겠다고 우기는 동생의 _____ 에 화가 난다.

14) 아이는 초라한 성적표를 부모님께 _____ 보여 드릴 수 없었다.

15) 시골에 있는 할머니 댁에 오면 _____ 물과 공기를 마실 수 있어서 기분이 상쾌해진다.

16) 그의 선행은 주위 사람들의 마음을 _____ 만들었다.

17) 아이는 말과 행동이 너무 _____ 주위 친구들과 자주 다툰다.

18) 요즘은 길거리를 오가면서 외국인을 _____ 볼 수 있다.

19) 거짓말에서 시작된 하나의 사건이 _____ 를 뻗어 많은 사건을 만들어낸다.

20) 우리 가족은 아빠가 다니시는 회사의 _____ 가족과 함께 저녁 식사를 했다.

21) 우주의 무한한 광활함은 인간의 상상을 _____ .

22) 숙제를 하는데 동생이 자꾸 소란을 피워서 "_____ 말고 밖에 나가서 놀아!" 하고 소리를 질렀다.

23) 고래는 다친 동료가 있으면 여러 마리가 둘러싸고 거의 들어 올리듯 _____ 보살핀다.

24) 뉴턴은 나무에서 사과가 떨어지는 모습을 보고 만유인력을 _____ .

25) 고래는 물속에서 살지만 물 위로 몸을 내밀어 _____ 로 숨을 쉰다.

26) 시험이 코앞인데 아이는 지금까지 _____ 공부도 하지 않았다.

27) 이기심을 넘어서 남을 위하거나 이롭게 하는 마음(A)을 동물과 인간을 가르는 기준(B)으로 _____ 한다.

28) 수업 _____ 에 화장실에 가려는 학생들이 많아지자, 선생님은 "쉬는 시간이 되면 먼저 화장실부터 다녀오라"고 주의를 주셨다.

29) 주말에 극장에 갔는데 그곳에서 _____ 전학 간 친구를 만났다.

30) 시험을 못 봤다고 엄마에게 꾸지람을 들은 아이는 한없이 _____ .

참으로

사실 · 이치에 / 조금도 어긋남이 없이 / 정말로

예 틀린 문제가 *하나같이 실수로 틀린 것이라서 **참으로** *안타깝다.

* **하나같이** 여럿이 모두 똑같다. 예외 없이 모두 같다

* **안타깝다** 일이 뜻대로 되지 않아 애가 타고 답답하다

비 실로(實 열매 실), 진실로(眞 참 진), 정말로, 과연(果 실과 과, 然 그럴 연)

한숨

걱정이 있을 때 · 서러울 때 · 긴장이 풀려 *안도할 때 / 길게 몰아서 내쉬는 / 숨

예 아이는 성적표를 차마 펼치지 못하고 걱정 섞인 **한숨**만 푹푹
내쉬다가 성적표를 펼쳐 보고는 안도의 **한숨**을 내쉬었다.

* **안도**(安 편안 안, 堵 담 도) 일이 잘 진행되어 불안했던 마음을 놓음

숱하다

아주 많다

예 갓난아이는 앞으로 **숱한** 날들을 살면서 **숱한** 일들을 겪게 될 것이다.

비 수두룩하다, 많다, 흔하다

멸종

한자 꺼질 멸 滅
씨 종 種

한 종류의 생물이 / 완전히 없어지는 것

예 공룡은 옛날에 지구에 살았지만, **멸종**이 되어 지금은 볼 수 없다.

위기

한자 위태할 위 危
틀 기 機

어떤 일이 진행되는 과정에서 / 갑작스럽게 *악화된 상황 또는 *파국을 맞을
만큼 위험한 *고비

예 영화의 주인공은 핵전쟁이 벌어질 **위기**에 빠진 인류를 *구원했다.

* **악화**(惡 악할 악, 化 될 화) 어떤 상태나 관계 따위가 나쁘게 변하여 가게 되다

* **파국**(破 깨뜨릴 파, 局 판 국) (일이나 상황이 잘못되어) 완전히 깨어짐

* **고비** 일이 되어 가는 과정에서 가장 중요한 시기 · 과정 · 상황

* **구원하다**(救 구원할 구, 援 도울 원) 어려움 · 위험에서 벗어나도록 돕거나 구하다

다채롭다

한자 많을 다 多
채색 채 彩

여러 가지 색깔 · 모양 · 종류 따위가 / 서로 어울려 / *화려하다

예 동물원에 모인 사람들은 공작새의 **다채로운** 꼬리
깃털을 보며 *감탄했다.

* **화려하다**(華 빛날 화, 麗 고울 려) 환하게 빛나며 곱고 아름답다

* **감탄하다**(感 느낄 감, 歎 탄식할 탄) 마음속 깊이 느끼거나 놀라 칭찬하다

1 　**문장을 읽고, 알맞은 낱말을 써 넣어 봅시다.**

1) 　사실 · 이치에 조금도 어긋남이 없이 정말로

2) 　걱정이 있을 때 · 서러울 때 · 긴장이 풀려 안도할 때
　　길게 몰아서 내쉬는 숨

3) 　아주 많다

4) 　한 종류의 생물이 완전히 없어지는 것

5) 　어떤 일이 진행되는 과정에서 갑작스럽게 악화된 상황 또는
　　파국을 맞을 만큼 위험한 고비

6) 　여러 가지 색깔 · 모양 · 종류 따위가 서로 어울려
　　화려하다

16주
1일

2 　**밑줄 친 곳에 알맞은 낱말을 써 넣어 문장을 완성해 봅시다.**

1) 　틀린 문제가 하나같이 실수로 틀린 것이라서 _____ 안타깝다.

2) 　아이는 성적표를 차마 펼치지 못하고 걱정 섞인 _____ 만 푹푹 내쉬다가
　　성적표를 펼쳐 보고는 안도의 _____ 을 내쉬었다.

3) 　갓난아이는 앞으로 _____ 날들을 살면서 _____ 일들을 겪게 될 것이다.

4) 　공룡은 옛날에 지구에 살았지만, _____ 이 되어 지금은 볼 수 없다.

5) 　영화의 주인공은 핵전쟁이 벌어질 _____ 에 빠진 인류를 구원했다.

6) 　동물원에 모인 사람들은 공작새의 _____ 꼬리 깃털을 보며 감탄했다.

풍성하다

한자 풍년 풍 豊
성할 성 盛

* 넉넉하고 많다

예 *오곡백과가 무르익는 가을은 **풍성한** *결실의 계절이다.

* 넉넉하다 크기나 수량 따위가 기준에 차고도 남음이 있다

* 오곡백과(五 다섯 오, 穀 곡식 곡, 百 일백 백, 果 실과(먹을 수 있는 열매) 과)
  온갖 곡식과 여러 가지 과실(과수에 열리는 열매)

* 결실(結 맺을 결, 實 열매 실)   식물이 열매를 맺음. 또는 그 열매

비 풍부하다(富 부유할 부), 풍요하다(饒 넉넉할 요), 가득하다

온갖

모든 종류의 또는 여러 가지의

예 그는 큰 여행 가방에 **온갖** 물건을 집어넣었다.

비 갖가지, 가지가지, 별의별(別 나눌 · 다를 별)

우쭐하다

* 의기양양하여 / *뽐내다

예 아이는 *압도적인 표 차이로 반장에 *당선되자 **우쭐했다.**

* 의기양양(意 뜻 의, 氣 기운 기, 揚 날릴 양)   뜻한 바를 이루어 만족한 마음이 얼굴에
  나타난 모양

* 뽐내다   기를 펴고 잘난 체하다

* 압도적(壓 누를 압, 倒 넘어질 도, 的 과녁 적) 월등하게 뛰어난 힘이나 능력으로 남을
  눌러 꼼짝 못하게 하는 (것)

* 당선되다(當 마땅 당, 選 가릴 · 뽑을 선)   선거를 통해서 뽑히다

겸손

한자 겸손할 겸 謙
겸손할 손 遜

남을 *존중하고 · 자신을 내세우지 않는 / 태도가 있음

예 반장에 당선되었다고 우쭐대는 친구를 보며 **겸손**의 필요성을 새삼 느꼈다.

* 존중하다(尊 높을 존, 重 무거울 중) 높이여 귀중하게 여기다

실망하다

한자 잃을 실 失
바랄 망 望

바라던 일이 / 뜻대로 되지 않거나 · 기대에 어긋나서 / 마음 · 기분이 / 못마
땅하고 괴롭다

예 내 형편없는 성적표를 보시고 **실망하실** 부모님의 모습을
생각하니 마음이 무겁다.

흩어지다

한곳에 모여 있던 무엇이 / 여기저기 따로 / 떨어지다 · 퍼지다

예 수북이 쌓여 있던 낙엽들이 세찬 가을바람에 사방으로 **흩어졌다.**

1 문장을 읽고, 알맞은 낱말을 써 넣어 봅시다.

1) 넉넉하고 많다

2) 모든 종류의 또는 여러 가지의

3) 의기양양하여 뽐내다

4) 남을 존중하고 · 자신을 내세우지 않는 태도가 있음

5) 바라던 일이 뜻대로 되지 않거나 · 기대에 어긋나서 마음 · 기분이 못마땅하고 괴롭다

6) 한곳에 모여 있던 무엇이 여기저기 따로 떨어지다 · 퍼지다

16주
2일

2 밑줄 친 곳에 알맞은 낱말을 써 넣어 문장을 완성해 봅시다.

1) 오곡백과가 무르익는 가을은 _____ 결실의 계절이다.

2) 그는 큰 여행 가방에 _____ 물건을 집어넣었다.

3) 아이는 압도적인 표 차이로 반장에 당선되자 _____ .

4) 반장에 당선되었다고 우쭐대는 친구를 보며 _____ 의 필요성을 새삼 느꼈다.

5) 내 형편없는 성적표를 보시고 _____ 부모님의 모습을 생각하니 마음이 무겁다.

6) 수북이 쌓여 있던 낙엽들이 세찬 가을바람에 사방으로 _____ .

속(이)상하다
한자 다칠 상 傷

화가 나거나 · 걱정이 되어 / 마음이 / 편하지 않고 · 괴롭고 · 우울하다
예 두 달 전에 잃어버린 휴대폰만 생각하면 지금도 여전히 **속상하다**.

짜임

부분들을 모아서 / 일정한 전체를 / *짜 이룸
예 한 문단의 **짜임**은 문단의 내용을 *대표하는 '중심 문장'과 중심 문장을 자세히 설명해 주는 '뒷받침 문장'으로 이루어져 있다.
*짜다   부분을 맞추어 전체를 꾸며 만들다
*대표하다(代 대신할 대, 表 겉 표)   전체를 어느 하나로 잘 나타내다

어찌하다

*주어의 행동을 / *서술하는 말
예 문장의 짜임은 '누가+**어찌하다**' '누가+어떠하다' '무엇이+**어찌하다**' '무엇이+어떠하다'와 같이 나눌 수 있다.
*주어(主 주인 주, 語 말씀 어)   서술어가 나타내는 동작이나 상태의 주체가 되는 말
*서술하다(敍 차례 서, 述 글 지을 술)   사건 · 생각 따위를 차례대로 말하거나 적다

어떠하다

주어의 상태 · 성질을 / 서술하는 말
예 *서술어는 '어찌하다' '**어떠하다**' '무엇이다'의 꼴로 쓰여 주어의 행동, 상태, 성질 등을 나타난다.
*서술어   한 문장에서, 주어의 행동 · 상태 · 성질 등을 서술하는 말

과속
한자 지날 과 過
빠를 속 速

*지나치게 / 빠르게 달림
예 고속도로 위를 달리는 차들이 **과속**을 해서 *겁이 났다.
*지나치다   한도를 넘어 정도가 심하다
*겁나다   무섭고 두려운 마음이 생기다

위치
한자 자리 위 位
둘 치 置

일정한 곳에 자리를 차지함 또는 그 자리
예 약속 장소의 **위치**를 알기 위해서 스마트폰으로 주소를 *검색했다.
*검색하다(檢 검사할 검, 索 찾을 색) 정보를 살펴보고 찾아보다

1 문장을 읽고, 알맞은 낱말을 써 넣어 봅시다.

1) 화가 나거나 · 걱정이 되어 마음이 편하지 않고
· 괴롭고 · 우울하다

2) 부분들을 모아서 일정한 전체를 짜 이룸

3) 주어의 행동을 서술하는 말

4) 주어의 상태 · 성질을 서술하는 말

5) 지나치게 빠르게 달림

6) 일정한 곳에 자리를 차지함 또는 그 자리

2 밑줄 친 곳에 알맞은 낱말을 써 넣어 문장을 완성해 봅시다.

1) 두 달 전에 잃어버린 휴대폰만 생각하면 지금도 여전히 _____ .

2) 한 문단의 _____ 은 문단의 내용을 대표하는 '중심 문장'과 중심 문장을 자세히 설명해 주는 '뒷받침 문장'으로 이루어져 있다.

3) 문장의 짜임은 '누가+ _____ ' '누가+어떠하다' '무엇이+ _____ ' '무엇이 +어떠하다'와 같이 나눌 수 있다.

4) 서술어는 '어찌하다' ' _____ ' '무엇이다'의 꼴로 쓰여 주어의 행동, 상태, 성질 등을 나타난다.

5) 고속도로 위를 달리는 차들이 _____ 을 해서 겁이 났다.

6) 약속 장소의 _____ 를 알기 위해서 스마트폰으로 주소를 검색했다.

4일 8. 이런 제안 어때요

드러나다

겉으로 / 나타나다 또는 *두드러지다

예 *제안하는 글을 쓸 때에는 제안하는 내용과 까닭이 잘 **드러나야** 한다.

* 두드러지다　겉으로 드러나서 뚜렷하다

* 제안하다(提 끌 제, 案 책상·생각 안)　　의견을 내어놓다

강조하다

한자 강할 강 強
　　고를 조 調

어떤 부분을 / 특별히 강하게 / 두드러지게 하다 또는 *주장하다

예 선생님은 "그림을 그릴 때 **강조하고** 싶은 부분이 잘 드러나게 색을 칠해야 한다"고 **강조하셨다.**

* 주장하다(主 주인 주, 張 베풀 장)　어떤 일에 관하여 자기의 생각을 내놓다

전달

한자 전할 전 傳
　　통달할 달 達

말·글·감정 따위를 / 사람에게 *전하여 / 알게 함

예 내가 친구에게 **전달한** 말이 다른 친구에게 *잘못 **전달되어** *헛소문이 되었다.

* 전하다(傳 전할 전) 소식이나 안부 따위를 알려 주다

* 잘못　　틀리거나, 올바르지 않거나, 나쁘게

* 헛소문(所 바 소, 聞 들을 문)　근거 없이 사람들 입에 오르내리며 전하여 떠도는 말

발표하다

한자 필 발 發
　　겉 표 表

어떤 사실·결과·작품 따위를 / 세상에 널리 드러내어 / *알리다

예 국어 시간에 내가 쓴 글을 선생님과 친구들 앞에서 **발표했다.**

* 알리다　다른 사람에게 어떤 것을 소개하여 알게 하다

뿌듯하다

마음에 기쁨 · *감격이 / 넘칠 듯이 *가득하다

예 발표를 마치고 선생님의 칭찬과 친구들의 박수를 받아서 **뿌듯했다.**

* 감격(感 느낄 감, 激 격할 격)　　마음에 깊이 느껴 크게 감동함 또는 그 감동

* 가득하다　꽉 차 있다

긴장

한자 긴할 긴 緊
　　베풀 장 張

정신을 / 바짝 차림

예 수영을 처음 배울 때는 **긴장**을 많이 했는데, 이제는 익숙해져서 *느긋이 수영을 한다.

* 느긋이　(조급하거나 서두르는 기색이 없이) 여유롭게

1 문장을 읽고, 알맞은 낱말을 써 넣어 봅시다.

1) 겉으로 나타나다 또는 두드러지다

2) 어떤 부분을 특별히 강하게 두드러지게 하다
    또는 주장하다

3) 말·글·감정 따위를 사람에게 전하여 알게 함

4) 어떤 사실·결과·작품 따위를 세상에 널리
    드러내어 알리다

5) 마음에 기쁨·감격이 넘칠 듯이 가득하다

6) 정신을 바짝 차림

16주
4일

2 밑줄 친 곳에 알맞은 낱말을 써 넣어 문장을 완성해 봅시다.

1) 제안하는 글을 쓸 때에는 제안하는 내용과 까닭이 잘 _____ 한다.

2) 선생님은 "그림을 그릴 때 _____ 싶은 부분이 잘 드러나게 색을 칠해야 한다"고
    _____ .

3) 내가 친구에게 _____ 말이 다른 친구에게 잘못 _____ 헛소문이 되었다.

4) 국어 시간에 내가 쓴 글을 선생님과 친구들 앞에서 _____ .

5) 발표를 마치고 선생님의 칭찬과 친구들의 박수를 받아서 _____ .

6) 수영을 처음 배울 때는 _____ 을 많이 했는데, 이제는 익숙해져서 느긋이
    수영을 한다.

9. 자랑스러운 한글

우수성
한자 넉넉할 우 優
빼어날 수 秀
성품 성 性

여럿 가운데 / 뛰어난 °특성

예 한글은 2012년에 태국 방콕에서 열린 「제 2회 세계 문자 올림픽」에서 금메달을 따내면서 그 **우수성**을 전 세계에 °입증했다.

°특성(特 특별할 특, 性 성품 성)　일정한 사물에만 있는 특수한 성질

°입증하다(立 설 입, 證 증거 증)　증거를 내세워 어떤 사실을 증명하다

발명하다
한자 필 발 發
밝을 명 明

전에 없던 것을 / 처음으로 만들어 내다

예 에디슨의 위인전을 읽고 나도 뭔가를 **발명하고** 싶다는 생각이 들었다.

문자
한자 글월 문 文
글자 자 字

말의 소리 · 뜻을 적는 데 사용하는 / °시각적 °기호

예 한글이 발명되기 전까지는 우리의 **문자**가 없었기 때문에 중국의 **문자**인 한자를 빌려 썼다.

°시각적(視 볼 시, 覺 깨달을 각, 的 과녁 적)　눈으로 보는 (것)

°기호(記 기록할 기, 號 이름 호)　어떠한 뜻을 나타내기 위하여 쓰는 그림, 문자 따위를 통틀어 이르는 말

ㄱㄴㄷㄹ
ㅁㅂㅅ
ㅏㅑㅓㅕ

기록하다
한자 기록할 기 記
기록할 록 錄

남길 필요가 있는 사실을 / 글 · 기호로 적다

예 문자가 발명되기 전에는 그림으로 정보를 **기록했다.**

암각화(바위그림)
한자 바위 암 巖
새길 각 刻
그림 화 畵

바위 · 동굴 벽에 / 그리거나 · 새겨놓은 / 그림

예 바위에 °새긴 그림이라는 뜻의 **암각화**는 바위에 동물이나 식물 또는 여러 무늬를 그려 넣은 °선사 시대의 그림이다.

°새기다　글씨나 형상을 파다

°선사 시대(先 먼저 선, 史 역사 사, 時 때 시, 代 대신할 대)
문자가 아직 만들어지지 않아서 역사적 사실이 전혀 남아 있지 않은 시대. 즉 문자로 역사적 사실을 기록하기 시작한 시대의 이전 시대

벽화
한자 벽 벽 壁
그림 화 畵

건물 · 동굴 · 무덤 등의 / 벽면 · 천장 · 기둥 따위에 그린 / 그림

예 동굴이나 무덤에 그려진 **벽화**를 보면 옛날에 살았던 사람들의 생활 모습을 엿볼 수 있다.

1 문장을 읽고, 알맞은 낱말을 써 넣어 봅시다.

1) 여럿 가운데 뛰어난 특성

2) 전에 없던 것을 처음으로 만들어 내다

3) 말의 소리·뜻을 적는 데 사용하는 시각적 기호

4) 남길 필요가 있는 사실을 글·기호로 적다

5) 바위·동굴 벽에 그리거나·새겨놓은 그림

6) 건물·동굴·무덤 등의 벽면·천장·기둥 따위에 그린 그림

16주
5일

2 밑줄 친 곳에 알맞은 낱말을 써 넣어 문장을 완성해 봅시다.

1) 한글은 2012년에 태국 방콕에서 열린 「제 2회 세계 문자 올림픽」에서 금메달을 따내면서 그 _____ 을 전 세계에 입증했다.

2) 에디슨의 위인전을 읽고 나도 뭔가를 _____ 싶다는 생각이 들었다.

3) 한글이 발명되기 전까지는 우리의 _____ 가 없었기 때문에 중국의 _____ 인 한자를 빌려 썼다.

4) 문자가 발명되기 전에는 그림으로 정보를 _____ .

5) 바위에 새긴 그림이라는 뜻의 _____ 는 바위에 동물이나 식물 또는 여러 무늬를 그려 넣은 선사 시대의 그림이다.

6) 동굴이나 무덤에 그려진 _____ 를 보면 옛날에 살았던 사람들의 생활 모습을 엿볼 수 있다.

1 문장을 읽고, 알맞은 낱말을 써 넣어 봅시다.

1) 의기양양하여 뽐내다 _____

2) 일정한 곳에 자리를 차지함 또는 그 자리 _____

3) 남길 필요가 있는 사실을 글·기호로 적다 _____

4) 주어의 행동을 서술하는 말 _____

5) 겉으로 나타나다 또는 두드러지다 _____

6) 아주 많다 _____

7) 말·글·감정 따위를 사람에게 전하여 알게 함 _____

8) 모든 종류의 또는 여러 가지의 _____

9) 화가 나거나·걱정이 되어 마음이 편하지 않고 ·괴롭고·우울하다 _____

10) 사실·이치에 조금도 어긋남이 없이 정말로 _____

11) 정신을 바짝 차림 _____

12) 걱정이 있을 때·서러울 때·긴장이 풀려 안도할 때 길게 몰아서 내쉬는 숨 _____

13) 마음에 기쁨·감격이 넘칠 듯이 가득하다 _____

14) 어떤 일이 진행되는 과정에서 갑작스럽게 악화된 상황 또는 파국을 맞을 만큼 위험한 고비 _____

15) 부분들을 모아서 일정한 전체를 짜 이룸 _____

16) 어떤 사실 · 결과 · 작품 따위를 세상에 널리
　　드러내어 알리다　　　　　　　　　＿＿＿＿＿＿

17) 여럿 가운데 뛰어난 특성　　　　　　＿＿＿＿＿＿

18) 주어의 상태 · 성질을 서술하는 말　　＿＿＿＿＿＿

19) 넉넉하고 많다　　　　　　　　　　　＿＿＿＿＿＿

20) 한 종류의 생물이 완전히 없어지는 것　＿＿＿＿＿＿

21) 여러 가지 색깔 · 모양 · 종류 따위가 서로 어울려 화려하다　＿＿＿＿＿＿

22) 남을 존중하고 자신을 내세우지 않는 태도가 있음　＿＿＿＿＿＿

23) 어떤 부분을 특별히 강하게 두드러지게 하다 또는
　　주장하다　　　　　　　　　　　　　＿＿＿＿＿＿

24) 바위 · 동굴 벽에 그리거나 · 새겨놓은 그림　＿＿＿＿＿＿

25) 한곳에 모여 있던 무엇이 여기저기 따로 떨어지다 · 퍼지다　＿＿＿＿＿＿

26) 지나치게 빠르게 달림　　　　　　　　＿＿＿＿＿＿

27) 바라던 일이 뜻대로 되지 않거나 · 기대에 어긋나서
　　마음 · 기분이 못마땅하고 괴롭다　　＿＿＿＿＿＿

28) 전에 없던 것을 처음으로 만들어 내다　＿＿＿＿＿＿

29) 건물 · 동굴 · 무덤 등의 벽면 · 천장 · 기둥 따위에 그린 그림　＿＿＿＿＿＿

30) 말의 소리 · 뜻을 적는 데 사용하는 시각적 기호　＿＿＿＿＿＿

16주
평가

2 밑줄 친 곳에 알맞은 낱말을 써 넣어 문장을 완성해 봅시다.

1) 한글은 2012년에 태국 방콕에서 열린 「제 2회 세계 문자 올림픽」에서 금메달을 따내면서 그 _____ 을 전 세계에 입증했다.

2) 오곡백과가 무르익는 가을은 _____ 결실의 계절이다.

3) 수북이 쌓여 있던 낙엽들이 세찬 가을바람에 사방으로 _____ .

4) 바위에 새긴 그림이라는 뜻의 _____ 는 바위에 동물이나 식물 또는 여러 무늬를 그려 넣은 선사 시대의 그림이다.

5) 한글이 발명되기 전까지는 우리의 _____ 가 없었기 때문에 중국의 _____ 인 한자를 빌려 썼다.

6) 제안하는 글을 쓸 때에는 제안하는 내용과 까닭이 잘 _____ 한다.

7) 아이는 압도적인 표 차이로 반장에 당선되자 _____ .

8) 고속도로 위를 달리는 차들이 _____ 을 해서 겁이 났다.

9) 영화의 주인공은 핵전쟁이 벌어질 _____ 에 빠진 인류를 구원했다.

10) 내가 친구에게 _____ 말이 다른 친구에게 잘못 _____ 헛소문이 되었다.

11) 동굴이나 무덤에 그려진 _____ 를 보면 옛날에 살았던 사람들의 생활 모습을 엿볼 수 있다.

12) 국어 시간에 내가 쓴 글을 선생님과 친구들 앞에서 _____ .

13) 발표를 마치고 선생님의 칭찬과 친구들의 박수를 받아서 _____ .

14) 두 달 전에 잃어버린 휴대폰만 생각하면 지금도 여전히 _____ .

15) 내 형편없는 성적표를 보시고 _____ 부모님의 모습을 생각하니 마음이 무겁다.

16) 한 문단의 _____ 은 문단의 내용을 대표하는 '중심 문장'과 중심 문장을 자세히 설명해 주는 '뒷받침 문장'으로 이루어져 있다.

17) 반장에 당선되었다고 우쭐대는 친구를 보며 _____ 의 필요성을 새삼 느꼈다.

18) 문장의 짜임은 '누가+ _____ ' '누가+어떠하다' '무엇이+ _____ ' '무엇이+어떠하다'와 같이 나눌 수 있다.

19) 틀린 문제가 하나같이 실수로 틀린 것이라서 _____ 안타깝다.

20) 갓난아이는 앞으로 _____ 날들을 살면서 _____ 일들을 겪게 될 것이다.

21) 선생님은 "그림을 그릴 때 _____ 싶은 부분이 잘 드러나게 색을 칠해야 한다"고 _____ .

22) 에디슨의 위인전을 읽고 나도 뭔가를 _____ 싶다는 생각이 들었다.

23) 아이는 성적표를 차마 펼치지 못하고 걱정 섞인 _____ 만 푹푹 내쉬다가 성적표를 펼쳐 보고는 안도의 _____ 을 내쉬었다.

24) 동물원에 모인 사람들은 공작새의 _____ 꼬리 깃털을 보며 감탄했다.

25) 서술어는 '어찌하다' ' _____ ' '무엇이다'의 꼴로 쓰여 주어의 행동, 상태, 성질 등을 나타난다.

26) 공룡은 옛날에 지구에 살았지만, _____ 이 되어 지금은 볼 수 없다.

27) 약속 장소의 _____ 를 알기 위해서 스마트폰으로 주소를 검색했다.

28) 수영을 처음 배울 때는 _____ 을 많이 했는데, 이제는 익숙해져서 느긋이 수영을 한다.

29) 문자가 발명되기 전에는 그림으로 정보를 _____ .

30) 그는 큰 여행 가방에 _____ 물건을 집어넣었다.

1 문장을 읽고, 알맞은 낱말을 써 넣어 봅시다.

1) 깎여 생긴 알갱이들이 운반되어 어떤 곳에 쌓이는 것 ( )

2) 깊은 속까지 샅샅이 자세하다 ( )

3) 누구도 부정하거나 · 의심할 여지가 없이 아주 뚜렷하게 ( )

4) 나이가 비교적 많다 ( )

5) 눈이 어두워 똑똑히 보이지 않고 흐릿하다 ( )

6) 함께 들어 있다 또는 함께 넣다 ( )

7) 의기양양하여 뽐내다 ( )

8) 떨어지거나 · 주저앉거나 · 쓰러지지 않도록 밑에서 위로
받쳐서 버티다 ( )

9) 알려지지 않은 것을 샅샅이 찾아보고 · 자세히 알아보다 ( )

10) 여러 가지 색깔 · 모양 · 종류 따위가 서로 어울려 화려하다 ( )

11) 생물을 분류하는 가장 기본적 단위 ( )

12) 어떤 상태를 변함없이 계속 이어 가다 ( )

13) 아주 많다 ( )

14) 어떤 대상(A)을 다른 대상(B)이라고 인정하다 또는
생각하다 ( )

15) 시간적 간격이 얼마쯤씩 있게 ( )

16) 부분들을 모아서 일정한 전체를 짜 이룸   (   )

17) 생물이 오랜 기간 동안 여러 세대를 거치면서 환경에
    적응하여 몸의 구조와 생김새가 변하다   (   )

18) 지각을 구성하고 있는 부피가 매우 크고 단단한 돌   (   )

19) 어떤 물품이 널리 일상적으로 쓰이게 되다   (   )

20) 자신의 이익만을 꾀하는 마음   (   )

21) 어떤 자극을 받아 반응을 일으킴   (   )

22) 인간 세계를 둘러싸고 있는 동물, 식물, 산, 강, 바다,
    천체 따위의 모든 세계   (   )

23) 바위·동굴 벽에 그리거나·새겨놓은 그림   (   )

24) 지구 밖 우주 공간에 떠 있는 모든 물체   (   )

25) 근원에서부터 갈라져 나온 것을 비유적으로 이르는 말   (   )

26) 한곳에 모여 있던 무엇이 여기저기 따로 떨어지다·퍼지다   (   )

27) 부호·소리·색깔·빛·모양·몸짓 따위로 특정한 내용·정보를 전달하거나
    지시함 또는 그 부호·소리·색깔·빛·모양·몸짓   (   )

28) 마음을 부드럽게 할 만큼 따뜻하다   (   )

29) 말의 소리·뜻을 적는 데 사용하는 시각적 기호   (   )

30) 하나씩 하나씩 차례대로 바꾸어서   (   )

2 **밑줄 친 곳에 알맞은 낱말을 써 넣어 문장을 완성해 봅시다.**

1) 강물에 의한 _____ 작용은 강바닥의 기울기가 급할수록 빠르게 일어난다.

2) 달은 지구 둘레를 돌며 _____ 를 이루고, 지구는 태양 둘레를 돌며 _____ 를 이룬다.

3) 제안하는 글을 쓸 때에는 제안하는 내용과 까닭이 잘 _____ 한다.

4) 내 가방에는 물에 전혀 젖지 않는 방수 _____ 이 있다.

5) 시험이 코앞인데 아이는 지금까지 _____ 공부도 하지 않았다.

6) 그는 기분 나쁘게 처다본다는 둥, 말투가 마음에 안 든다는 둥 _____ 일들로 트집을 잡아 싸움을 벌였다.

7) _____ 은 생성 원인에 따라 화성암, 퇴적암, 변성암으로 구분된다.

8) 아이는 전학을 가는 단짝 친구를 바라보며 눈에 눈물을 _____ .

9) 액체인 물이 _____ 기체인 수증기로 변해 눈에 보이지 않게 된다.

10) 인간의 _____ 이 지구에 처음으로 나타난 시기는 지금으로부터 20~25만 년 전이다.

11) 수업 _____ 에 화장실에 가려는 학생들이 많아지자, 선생님은 "쉬는 시간이 되면 먼저 화장실부터 다녀오라"고 주의를 주셨다.

12) 문장의 짜임은 '누가+ _____ ' '누가+어떠하다' '무엇이+ _____ ' '무엇이+어떠하다'와 같이 나눌 수 있다.

13) 방과 후에 남아서 교실을 청소하자 선생님께서 사탕을 주셨는데, 봉사로 청소한 것이니 사탕을 받지 않겠다고 정중히 _____ .

14) 발표를 마치고 선생님의 칭찬과 친구들의 박수를 받아서 _____ .

15) 그는 큰 여행 가방에 _____ 물건을 집어넣었다.

16) 교과서를 일곱 번 _____ 읽으면 어떤 시험이든 어렵지 않게 백 점을 맞을 수 있다.

17) 우리는 다른 사람의 아픔과 슬픔을 내 일처럼 여기는 따뜻한 마음을 높이 _____ 본받고 싶어 한다.

18) 시험을 못 봤다고 엄마에게 꾸지람을 들은 아이는 한없이 _____.

19) 공룡은 옛날에 지구에 살았지만, _____ 이 되어 지금은 볼 수 없다.

20) 정보를 전달하는 _____ 로는 신문, 라디오, 티브이, 인터넷 등이 있다.

21) 동물과 식물을 나누는 _____ 은 스스로 몸을 움직여 먹이를 구할 수 있느냐, 없느냐이다.

22) 아이는 말과 행동이 너무 _____ 주위 친구들과 자주 다툰다.

23) 새로 출시된 휴대폰에는 화면이 반으로 접히는 _____ 기능이 있다.

24) 요즘은 길거리를 오가면서 외국인을 _____ 볼 수 있다.

25) 지구의 한가운데 위치한 _____ 지역은 늘 햇볕이 똑바로 내리쬐기 때문에 일 년 내내 여름이다.

26) 때린 사람보다 _____ 두들겨 맞은 사람이 오히려 다리를 뻗고 잘 수 있다.

27) 드론을 _____ 조종으로 하늘 높이 띄워서 산과 강의 모습을 영상으로 찍었다.

28) 수영을 처음 배울 때는 _____ 을 많이 했는데, 이제는 익숙해져서 느긋이 수영을 한다.

29) 예전에는 선으로 직접 연결하는 유선 이어폰을 주로 사용했지만, 요즘에는 블루투스를 활용한 _____ 이어폰을 많이 사용한다.

30) 내가 친구에게 _____ 말이 다른 친구에게 잘못 _____ 헛소문이 되었다.

17~20주

9. 자랑스러운 한글 학교 진도 시기 6월 2, 3, 4주

10. 인물의 마음을 알아봐요 학교 진도 시기 6월 4주, 7월 1주

칭찬 사과 스티커

하루 공부를 잘 마쳤다면 나에게 칭찬 사과를 선물하세요.
사과 나무에 사과가 주렁주렁 열릴 때까지 열심히 공부합시다!

■ 스티커는 별책 바른답 및 색인 마지막 페이지에 있습니다.

칭찬 사과를
붙여보세요!!

17주 1일
17주 2일
17주 3일
17주 4일
17주 5일
18주 1일
18주 2일
18주 3일
19주 2일
19주 4일
19주 1일
19주 3일
18주 4일
18주 5일
20주 2일
19주 5일
20주 1일

1일 9. 자랑스러운 한글

근본
한자 뿌리 근 根
근본 본 本

사물을 이루는 / *본디의 바탕

예 국가의 **근본**은 국민이고, 학교의 **근본**은 학생이다.

* **본디**　　사물이 전해 내려온 그 처음(본래, 원래, 본시)

비 본근, 기초, 기반, 밑, 밑바탕, 본바탕, 근간, 근원, 근저, 원천, 연원

평안하다
한자 평평할 평 平
편안할 안 安

무사히 잘 있다 또는 걱정 · *탈이 없다

예 세종 대왕은 '백성은 나라의 근본이요, 근본이 튼튼해야만 나라가 **평안하다**'고 여겼다.

* **탈**　　　뜻밖에 일어난 좋지 않은 일이나 걱정할 만한 사고

억울하다
한자 누를 억 抑
답답할 울 鬱

아무 잘못 없이 꾸중을 듣거나 벌을 받아서 또는 사람이 처한 형편 · 일 따위가 *불공정하여 / 화나고 · 답답하다

예 동생이 잘못한 일로 나까지 *싸잡아 혼나서 **억울했다**.

* **불공정하다**(不 아닐 불, 公 공평할 공, 正 바를 정)　　공평하고 올바르지 아니하다
* **싸잡다**　　(사람이 사람이나 사물 따위를) 한꺼번에 한가지로 몰아넣다

태평하다
(태강하다)
한자 클 태 太
평평할 평 平

나라 · 세상이 *안정되어 / 평안하다

예 억울한 사람이 없고 **태평한** 세상, 이것이 바로 세종 대왕이 꿈꾸던 조선이었다.

* **안정되다**(安 편안 안, 定 정할 정)　　일정한 상태가 유지되다

불효
한자 아닐 불 不
효도 효 孝

부모를 *효성스럽게 잘 *섬기지 않아 / 자식된 *도리를 못함

예 자신의 역할에 최선을 다하지 않고 게으름을 피우는 것은 부모님의 기대에 어긋나는 **불효**이다.

* **효성**(孝 효도 효, 誠 정성 성)　　마음을 다해 부모를 섬기는 정성
* **섬기다**　　신이나 윗사람을 잘 모시어 받들다
* **도리**(道 길 도, 理 다스릴 리)　　사람이 마땅히 행하여야 할 바른 길

효행
한자 효도 효 孝
다닐 행 行

부모를 잘 섬기는 / 행동과 *몸가짐

예 조선시대에는 효자 · 효녀의 **효행**을 널리 알리기 위해 「삼강행실도」라는 책을 만들었다.

* **몸가짐**　　몸을 움직일 때 나타나는 태도나 모양

1 문장을 읽고, 알맞은 낱말을 써 넣어 봅시다.

1) 사물을 이루는 본디의 바탕

2) 무사히 잘 있다 또는 걱정·탈이 없다

3) 아무 잘못 없이 꾸중을 듣거나 벌을 받아서 또는 사람이 처한 형편·일 따위가 불공정하여 화나고·답답하다

4) 나라·세상이 안정되어 평안하다

5) 부모를 효성스럽게 잘 섬기지 않아 자식된 도리를 못함

6) 부모를 잘 섬기는 행동과 몸가짐

2 밑줄 친 곳에 알맞은 낱말을 써 넣어 문장을 완성해 봅시다.

1) 국가의 _____ 은 국민이고, 학교의 _____ 은 학생이다.

2) 세종 대왕은 '백성은 나라의 근본이요, 근본이 튼튼해야만 나라가 _____'고 여겼다.

3) 동생이 잘못한 일로 나까지 싸잡아 혼나서 _____ .

4) 억울한 사람이 없고 _____ 세상, 이것이 바로 세종 대왕이 꿈꾸던 조선이었다.

5) 자신의 역할에 최선을 다하지 않고 게으름을 피우는 것은 부모님의 기대에 어긋나는 _____ 이다.

6) 조선시대에는 효자·효녀의 _____ 을 널리 알리기 위해 「삼강행실도」라는 책을 만들었다.

저지르다

죄를 짓다 또는 잘못을 하다

㉠ 아이가 자꾸 일을 **저질러서** 엄마는 무척 *속상했다.

* 속상하다(傷 다칠 상) 마음이 편하지 않고, 괴롭고, 우울하다

깨우치다

사람이 무엇을 / 깨달아 알게 하다

㉠ 엄마의 슬프게 우는 모습을 보고 아이는
자신의 잘못을 **깨우쳤다.**

암만(아무리)

정도가 매우 심함을 / 나타내는 말

㉠ 복습을 하지 않으면 **암만** 공부를 해도 *성적이 잘 나오지 않는다.

* 성적(成 이룰 성, 績 길쌈할 적) 학생들이 배운 지식이나 기능 등이 평가된 결과

소용

한자 바 소 所
쓸 용 用

쓸 곳 또는 무엇에 쓰임

㉠ 임금님께서 농사 잘 지으라고 책을 만드셨다는데, 글을 읽지 못하니 무슨
소용이람?

제구실

자신이 책임지고 맡은 / *마땅히 해야 할 / 일

㉠ 반장이 한 학기 동안 **제구실**을 *톡톡히 해서 선생님께 *칭찬을 받았다.

* 마땅히 그렇게 하거나 되는 것이 옳게

* 톡톡히 구실이나 역할 따위에 충실히(충직하고 성실하게)

* 칭찬(稱 일컬을 칭, 讚 기릴 찬) 좋은 점이나 착하고 훌륭한 일을 높이 평가함

비 역할, 임무(任 맡길 임, 務 힘쓸 무), 책무(責 꾸짖을 책), 소임, 사명(使 부릴 사, 命 목숨 명)

사신(사개)

한자 부릴 사 使
신하 신 臣

예전에, 왕의 명령을 받아 / 다른 나라에 *사절로 가는 / *신하

㉠ 고려 말에 *서관장의 임무를 *띠고 중국 원나라에 **사신**으로 갔던 문익점
은 목화씨를 붓대에 숨겨서 고려에 가져 왔다.

* 사절(節 마디 절) 임무(맡은 일)를 받고 나라를 대표하여 다른 나라에 가는 사람

* 신하(臣 신하 신, 下 아래 하) 임금을 섬기어 벼슬하는 사람

* 서관장 외국에 보내는 사신 가운데 기록을 맡아보던 임시 벼슬

* 띠다 (사람이 사명이나 임무 따위를) 행해야 하는 것으로 가지다

1　문장을 읽고, 알맞은 낱말을 써 넣어 봅시다.

1) 죄를 짓다 또는 잘못을 하다 ☐☐☐☐

2) 사람이 무엇을 깨달아 알게 하다 ☐☐☐☐

3) 정도가 매우 심함을 나타내는 말 ☐☐

4) 쓸 곳 또는 무엇에 쓰임 ☐☐

5) 자신이 책임지고 맡은 마땅히 해야 할 일 ☐☐☐

6) 예전에, 왕의 명령을 받아 다른 나라에 사절로 가는 신하 ☐☐

2　밑줄 친 곳에 알맞은 낱말을 써 넣어 문장을 완성해 봅시다.

1) 아이가 자꾸 일을 _____ 엄마는 무척 속상했다.

2) 엄마의 슬프게 우는 모습을 보고 아이는 자신의 잘못을 _____ .

3) 복습을 하지 않으면 _____ 공부를 해도 성적이 잘 나오지 않는다.

4) 임금님께서 농사 잘 지으라고 책을 만드셨다는데, 글을 읽지 못하니 무슨 _____ 이람?

5) 반장이 한 학기 동안 _____ 을 톡톡히 해서 선생님께 칭찬을 받았다.

6) 고려 말에 서관장의 임무를 띠고 중국 원나라에 _____ 으로 갔던 문익점은 목화씨를 붓대에 숨겨서 고려에 가져 왔다.

9. 자랑스러운 한글

학문

한자 배울 학 學
물을 문 問

어떤 *전문 *분야에서 / 그 분야의 학자들이 / 오랜 세월 동안 연구한 결과를
*축적해 놓은 / *체계화된 지식

예 조선 후기에 등장한 실학은 백성들의 생활에 도움이 되고, 필요한 것을 연구하는 **학문**이다.

* **전문** 상당한 지식과 경험을 가지고 그 분야만 연구하거나 맡음. 또는 그 분야

* **분야** 여러 갈래(갈라져 나간 낱낱의 부분)로 나눈 각각의 범위나 부분

* **축적하다(蓄 모을 축, 積 쌓을 적)** (지식·경험 따위를) 모아서 쌓다

* **체계화되다** 낱낱의 부분이 짜임새 있게 조직되어 통일된 전체로 되다

과인

한자 적을 과 寡
사람 인 人

덕이 적은 사람이라는 뜻으로 / 임금이 자기 자신을 / 낮추어 부르던 말

예 세종은 "허허, 그저 궁금해서 그런 것뿐이오. **과인**이 관심을 둔 학문이 어디 한두 가지요?"라고 *둘러댔다.

* **둘러대다** 이유나 핑계 따위를 말로 그럴듯하게 꾸며 대다

기울이다

정성·노력 따위를 / 한곳으로 모으다

예 선생님이 이번 *퀴즈 문제를 맞힌 사람에게 사탕을 주겠다고 하자, 모든 학생이 선생님의 말에 주의를 **기울였다**.

* **퀴즈(quiz)** 어떤 질문에 대한 답을 알아맞히는 놀이. 또는 그 질문

안정

한자 편안 안 安
정할 정 定

평안한 상태를 / 계속 이어 감

예 임금이 나라를 잘 다스리면 백성들의 삶은 **안정**을 *유지한다.

* **유지하다(維 벼리 유, 持 가질 지)** (어떤 상태나 상황을) 변함없이 계속 이어 가다

어진

한자 거느릴 어 御
참 진 眞

임금의 얼굴을 / 그린 그림 또는 찍은 사진

예 전주 한옥마을 옆에 있는 경기전에 가서 조선을 세운 태조 이성계의 **어진**을 보았다.

철저히

한자 통할 철 徹
밑 저 底

*속속들이 꿰뚫어 / 깊은 구석구석까지 / 빈틈없이

예 교과서를 모르는 내용이 하나도 없을 때까지 **철저히** 읽은 후에 문제집 한 권을 틀리는 문제가 하나도 없을 때까지 **철저히** 풀면 어떤 과목이라도 백 점을 받을 수 있다.

* **속속들이(미주알고주알)** 깊은 속까지 샅샅이

1 문장을 읽고, 알맞은 낱말을 써 넣어 봅시다.

1) 어떤 전문 분야에서 그 분야의 학자들이 오랜 세월 동안
    연구한 결과를 축적해 놓은 체계화된 지식
    ☐☐

2) 덕이 적은 사람이라는 뜻으로 임금이 자기 자신을 낮추어 부르던 말
    ☐☐

3) 정성·노력 따위를 한곳으로 모으다
    ☐☐☐

4) 평안한 상태를 계속 이어 감
    ☐☐

5) 임금의 얼굴을 그린 그림 또는 찍은 사진
    ☐☐

6) 속속들이 꿰뚫어 깊은 구석구석까지 빈틈없이
    ☐☐☐

2 밑줄 친 곳에 알맞은 낱말을 써 넣어 문장을 완성해 봅시다.

1) 조선 후기에 등장한 실학은 백성들의 생활에 도움이 되고, 필요한 것을 연구하는
    _____ 이다.

2) 세종은 "허허, 그저 궁금해서 그런 것뿐이오. _____ 이 관심을 둔 학문이
    어디 한두 가지요?"라고 둘러댔다.

3) 선생님이 이번 퀴즈 문제를 맞힌 사람에게 사탕을 주겠다고 하자, 모든 학생이
    선생님의 말에 주의를 _____ .

4) 임금이 나라를 잘 다스리면 백성들의 삶은 _____ 을 유지한다.

5) 전주 한옥마을 옆에 있는 경기전에 가서 조선을 세운 태조 이성계의 _____
    을 보았다.

6) 교과서를 모르는 내용이 하나도 없을 때까지 _____ 읽은 후에 문제집 한 권을
    틀리는 문제가 하나도 없을 때까지 _____ 풀면 어떤 과목이라도 백점을 받을
    수 있다.

9. 자랑스러운 한글

비밀

한자 숨길 비 祕
빽빽할 밀 密

남에게 / 알리지 말거나 · 밝히지 말아야 할 / 숨기는 일

예 아무에게도 말하지 않는 •남모를 **비밀**은 누구에게나
하나씩 있다.

• **남모르다** 남이 알지 못하다

비 내밀(內 안 내), 기밀(機 틀 기)

자부심

한자 스스로 자 自
질 부 負
마음 심 心

자신의 가치 · 능력을 믿고 / •당당히 여기는 마음

예 영어 실력에 **자부심**이 넘쳤던 그녀는 외국인을 만날 때면 •스스럼없이 영
어로 먼저 말을 걸었다.

• **당당히**(堂 집 당) 남 앞에서 내세울 만큼 떳떳한 모습이나 태도로

• **스스럼없이** 조심스럽거나 부끄러운 마음이 없이

어의

한자 거느릴 어 御
의원 의 醫

궁궐 안에서 / 임금이나 · 임금의 가족이 걸린 / 병을 •치료하던 / •의원

예 "•전하, 방이 어두운 게 아니오라 전하의 눈이 점점 어두워지는 것이옵니
다"라고 **어의**가 말하자, 세종은 하늘이 무너지는 것만 같았다.

• **치료하다**(治 다스릴 치, 療 고칠 료) 병이나 상처를 다스려 낫게 하다

• **의원**(醫 의원 의, 員 인원 원) 의술(병이나 다친 곳을 고치는 기술)을 직업으로
삼은 사람

• **전하**(殿 궁궐 전, 下 아래 하) 조선 시대에, 왕을 높여 부르던 말

납작

몸을 바닥에 바짝 붙이고 / •냉큼 엎드리는 모양

예 호랑이는 •먹잇감이 나타나자 그 순간 몸을 바닥에 **납작** 엎드렸다.

• **냉큼** 머뭇거리거나 시간을 끌지 않고 재빨리

• **먹잇감** 동물의 먹이가 되는 것

조만간

한자 이를 조 早
늦을 만 晚
사이 간 間

앞으로 얼마 안 가서

예 삼 년 동안 다녔던 피아노 학원을 **조만간** 그만둘 것 같다.

비 머지않아, 곧

시력

한자 볼 시 視
힘 력 力

사물을 알아볼 수 있는 / 눈의 능력

예 최근에 **시력**이 갑자기 나빠져서 안경을 쓰기 시작했다.

1 문장을 읽고, 알맞은 낱말을 써 넣어 봅시다.

1) 남에게 알리지 말거나 · 밝히지 말아야 할 숨기는 일 ☐☐

2) 자신의 가치 · 능력을 믿고 당당히 여기는 마음 ☐☐☐

3) 궁궐 안에서 임금이나 · 임금의 가족이 걸린 병을 치료하던 의원 ☐☐☐

4) 몸을 바닥에 바짝 붙이고 냉큼 엎드리는 모양 ☐☐☐

5) 앞으로 얼마 안 가서 ☐☐☐

6) 사물을 알아볼 수 있는 눈의 능력 ☐☐

2 밑줄 친 곳에 알맞은 낱말을 써 넣어 문장을 완성해 봅시다.

1) 아무에게도 말하지 않는 남모를 _____ 은 누구에게나 하나씩 있다.

2) 영어 실력에 _____ 이 넘쳤던 그녀는 외국인을 만날 때면 스스럼없이 영어로 먼저 말을 걸었다.

3) "전하, 방이 어두운 게 아니오라 전하의 눈이 점점 어두워지는 것이옵니다"라고 _____ 가 말하자, 세종은 하늘이 무너지는 것만 같았다.

4) 호랑이는 먹잇감이 나타나자 그 순간 몸을 바닥에 _____ 엎드렸다.

5) 삼 년 동안 다녔던 피아노 학원을 _____ 그만둘 것 같다.

6) 최근에 _____ 이 갑자기 나빠져서 안경을 쓰기 시작했다.

만물

한자 일만 만 萬
물건 물 物

세상에 *존재하는 / 모든 것

㉖ 봄은 **만물**이 *소생하는 계절이고, 여름은 **만물**이 성장하는 계절이다.

* 존재하다(存 있을 존, 在 있을 재) 현실에 실제로 있다

* 소생하다(蘇 되살아날 소, 生 날 생) 다시 살아나다

원리

한자 언덕 원 原
다스릴 리 理

사물 · 현상의 근본이 되는 / 이치 · 방법 · 순서

㉖ 세종 대왕은 '우주 만물에는 하늘과 땅이 있고, 그 가운데 사람이 있다'는 **원리**를 바탕으로 훈민정음을 만들었다.

발음 기관

한자
필 발 發 소리 음 音
기운 기 氣 대롱 관 管

동물이 / 소리를 내는 기관

㉖ 한글 자음자는 **발음 기관**의 모양을 본떠 'ㄱ, ㄴ, ㅁ, ㅅ, ㅇ'의 기본 문자를 만들었다.

본뜨다

한자 근본 본 本

이미 있는 것을 *본보기로 삼아 / 그것과 똑같이 만들다

㉖ 수학 시간에 삼각형을 *투명 종이 위에 **본떠서** 그린 후에 위쪽, 아래쪽, 왼쪽, 오른쪽으로 뒤집어 보았다.

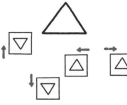

* 본보기(本 근본 본) 본받을(그대로 따라 할) 만한 대상

* 투명(透 꿰뚫을 투, 明 밝을 명) 속까지 환히 비침

묵묵히

한자 잠잠할 묵 默
잠잠할 묵 默

아무 말없이 / *조용히

㉖ 세종 대왕은 오랜 세월 동안 **묵묵히** 연구한 끝에 훈민정음 스물여덟 자를 *완성했다.

* 조용히 일의 진행이 소란스럽지 않고 은밀히(숨어 있어서 겉으로 드러나지 않게)

* 완성하다(完 완전할 완, 成 이룰 성) 어떤 일을 완전히 다 이루다

훈민정음해례본

한자 가르칠 훈 訓
백성 민 民 바를 정 正
소리 음 音 풀 해 解
법식 례 例 근본 본 本

조선 세종 28년(1446년)에 훈민정음 스물여덟 자를 세상에 알릴 때 / 나뭇조각에 새긴 글씨를 찍어 낸 / *원본

㉖ 1940년에 **훈민정음해례본**이 발견되면서 한글의 *창제 목적과 원리가 밝혀졌다.

* 원본(原 근원 원) 베끼거나 고친 것에 대하여 근본이 되는 서류 · 그림 · 책 따위

* 창제(創 비롯할 · 시작할 창, 製 지을 제) 전에 없던 것을 처음으로 만듦

1 **문장을 읽고, 알맞은 낱말을 써 넣어 봅시다.**

1) 세상에 존재하는 모든 것

2) 사물·현상의 근본이 되는 이치·방법·순서

3) 동물이 소리를 내는 기관

4) 이미 있는 것을 본보기로 삼아 그것과 똑같이 만들다

5) 아무 말없이 조용히

6) 조선 세종 28년(1446년)에 훈민정음 스물여덟 자를 세상에 알릴 때 나뭇조각에
새긴 글씨를 찍어 낸 원본

2 **밑줄 친 곳에 알맞은 낱말을 써 넣어 문장을 완성해 봅시다.**

1) 봄은 _____ 이 소생하는 계절이고, 여름은 _____이 성장하는 계절이다.

2) 세종 대왕은 '우주 만물에는 하늘과 땅이 있고, 그 가운데 사람이 있다'는
_____ 를 바탕으로 훈민정음을 만들었다.

3) 한글 자음자는 _____ 의 모양을 본떠 'ㄱ, ㄴ, ㅁ, ㅅ, ㅇ'의 기본 문자를
만들었다.

4) 수학 시간에 삼각형을 투명 종이 위에 _____ 그린 후에 위쪽, 아래쪽, 왼쪽,
오른쪽으로 뒤집어 보았다.

5) 세종 대왕은 오랜 세월 동안 _____ 연구한 끝에 훈민정음 스물여덟 자를
완성했다.

6) 1940년에 _____ 이 발견되면서 한글의 창제 목적과 원리가 밝혀졌다.

1 문장을 읽고, 알맞은 낱말을 써 넣어 봅시다.

1) 자신의 가치·능력을 믿고 당당히 여기는 마음 _____

2) 아무 말없이 조용히 _____

3) 무사히 잘 있다 또는 걱정·탈이 없다 _____

4) 죄를 짓다 또는 잘못을 하다 _____

5) 부모를 잘 섬기는 행동과 몸가짐 _____

6) 동물이 소리를 내는 기관 _____

7) 아무 잘못 없이 꾸중을 듣거나 벌을 받아서 또는 사람이 처한 형편·일 따위가 불공정하여 화나고 답답하다 _____

8) 정도가 매우 심함을 나타내는 말 _____

9) 어떤 전문 분야에서 그 분야의 학자들이 오랜 세월 동안 연구한 결과를 축적해 놓은 체계화된 지식 _____

10) 부모를 효성스럽게 잘 섬기지 않아 자식된 도리를 못함 _____

11) 나라·세상이 안정되어 평안하다 _____

12) 정성·노력 따위를 한곳으로 모으다 _____

13) 덕이 적은 사람이라는 뜻으로 임금이 자기 자신을 낮추어 부르던 말 _____

14) 예전에, 왕의 명령을 받아 다른 나라에 사절로 가는 신하 _____

15) 평안한 상태를 계속 이어 감 _____

16) 조선 세종 28년(1446년)에 훈민정음 스물여덟 자를 세상에 알릴 때 나뭇조각에
　　　새긴 글씨를 찍어 낸 원본　　　　　　　　　　　_____

17) 속속들이 꿰뚫어 깊은 구석구석까지 빈틈없이　　　_____

18) 쓸 곳 또는 무엇에 쓰임　　　_____

19) 남에게 알리지 말거나 · 밝히지 말아야 할 숨기는 일　　　_____

20) 궁궐 안에서 임금이나 임금의 가족이 걸린 병을 치료하던
　　　의원　　　　　　　　　　　_____

21) 임금의 얼굴을 그린 그림 또는 찍은 사진　　　_____

22) 앞으로 얼마 안 가서　　　_____

23) 사물을 이루는 본디의 바탕　　　_____

24) 사물을 알아볼 수 있는 눈의 능력　　　_____

25) 자신이 책임지고 맡은 마땅히 해야 할 일　　　_____

26) 세상에 존재하는 모든 것　　　_____

27) 사물 · 현상의 근본이 되는 이치 · 방법 · 순서　　　_____

28) 몸을 바닥에 바짝 붙이고 냉큼 엎드리는 모양　　　_____

29) 이미 있는 것을 본보기로 삼아 그것과 똑같이 만들다　　　_____

30) 사람이 무엇을 깨달아 알게 하다　　　_____

2 밑줄 친 곳에 알맞은 낱말을 써 넣어 문장을 완성해 봅시다.

1) 최근에 _____ 이 갑자기 나빠져서 안경을 쓰기 시작했다.

2) 1940년에 _____ 이 발견되면서 한글의 창제 목적과 원리가 밝혀졌다.

3) 국가의 _____ 은 국민이고, 학교의 _____ 은 학생이다.

4) 조선시대에는 효자·효녀의 _____ 을 널리 알리기 위해 「삼강행실도」라는 책을 만들었다.

5) 호랑이는 먹잇감이 나타나자 그 순간 몸을 바닥에 _____ 엎드렸다.

6) 복습을 하지 않으면 _____ 공부를 해도 성적이 잘 나오지 않는다.

7) 동생이 잘못한 일로 나까지 싸잡아 혼나서 _____ .

8) 세종 대왕은 오랜 세월 동안 _____ 연구한 끝에 훈민정음 스물여덟 자를 완성했다.

9) 억울한 사람이 없고 _____ 세상, 이것이 바로 세종 대왕이 꿈꾸던 조선이었다.

10) 아이가 자꾸 일을 _____ 엄마는 무척 속상했다.

11) 조선 후기에 등장한 실학은 백성들의 생활에 도움이 되고, 필요한 것을 연구하는 _____ 이다.

12) 삼 년 동안 다녔던 피아노 학원을 _____ 그만둘 것 같다.

13) 세종은 "허허, 그저 궁금해서 그런 것뿐이오. _____ 이 관심을 둔 학문이 어디 한두 가지요?"라고 둘러댔다.

14) 반장이 한 학기 동안 _____ 을 톡톡히 해서 선생님께 칭찬을 받았다.

15) 선생님이 이번 퀴즈 문제를 맞힌 사람에게 사탕을 주겠다고 하자, 모든 학생이 선생님의 말에 주의를 _____ .

16) 자신의 역할에 최선을 다하지 않고 게으름을 피우는 것은 부모님의 기대에 어긋나는 _____ 이다.

17) 임금이 나라를 잘 다스리면 백성들의 삶은 _____ 을 유지한다.

18) 엄마의 슬프게 우는 모습을 보고 아이는 자신의 잘못을 _____ .

19) 교과서를 모르는 내용이 하나도 없을 때까지 _____ 읽은 후에 문제집 한 권을 틀리는 문제가 하나도 없을 때까지 _____ 풀면 어떤 과목이라도 백점을 받을 수 있다.

20) 세종 대왕은 '우주 만물에는 하늘과 땅이 있고, 그 가운데 사람이 있다'는 _____ 를 바탕으로 훈민정음을 만들었다.

21) 임금님께서 농사 잘 지으라고 책을 만드셨다는데, 글을 읽지 못하니 무슨 _____ 이람?

22) 고려 말에 서관장의 임무를 띠고 중국 원나라에 _____ 으로 갔던 문익점은 목화씨를 붓대에 숨겨서 고려에 가져 왔다.

23) 한글 자음자는 _____ 의 모양을 본떠 'ㄱ, ㄴ, ㅁ, ㅅ, ㅇ'의 기본 문자를 만들었다.

24) 세종 대왕은 '백성은 나라의 근본이요, 근본이 튼튼해야만 나라가 _____ '고 여겼다.

25) 아무에게도 말하지 않는 남모를 _____ 은 누구에게나 하나씩 있다.

26) "전하, 방이 어두운 게 아니오라 전하의 눈이 점점 어두워지는 것이옵니다"라고 _____ 가 말하자, 세종은 하늘이 무너지는 것만 같았다.

27) 봄은 _____ 이 소생하는 계절이고, 여름은 _____ 이 성장하는 계절이다.

28) 전주 한옥마을 옆에 있는 경기전에 가서 조선을 세운 태조 이성계의 _____ 을 보았다.

29) 수학 시간에 삼각형을 투명 종이 위에 _____ 그린 후에 위쪽, 아래쪽, 왼쪽, 오른쪽으로 뒤집어 보았다.

30) 영어 실력에 _____ 이 넘쳤던 그녀는 외국인을 만날 때면 스스럼없이 영어로 먼저 말을 걸었다.

위대하다

한자 클 위 偉
클 대 大

사람 · 능력 · *업적 따위가 / 뛰어나고 · 훌륭하다

예 나는 충무공 이순신을 우리나라 역사상 가장 **위대한**
*인물이라고 생각한다.

*업적(業 업 업, 績 길쌈할 적)   일에서 이룬 결과(성과)

*인물(人 사람 인, 物 물건 물)   남보다 훨씬 뛰어나서 내세울 만한 사람

우수하다

한자 넉넉할 우 優
다를 수 殊

여럿 가운데에서 / 두드러지게 *뛰어나다

예 아이는 이번 수학 시험에서 *유일하게 백점을 받아서
학급에서 가장 **우수한** 성적을 거두었다.

*뛰어나다 다른 비교 대상보다 월등히 훌륭하거나 앞서 있다

*유일하다(唯 오직 유, 一 한 일)   오직 그것 하나뿐이다

인정하다

한자 알 인 認
정할 정 定

마음속으로 / 확실히 그렇다고 생각하다

예 아이가 자신의 잘못을 *순순히 **인정하자**, 선생님은 아이의 잘못을 *용서
해 주었다.

*순순히(順 순할 순)   성질이나 태도가 매우 고분고분하고 온순하게

*용서하다(容 얼굴 용, 恕 용서할 서) 지은 죄나 잘못한 일을 꾸짖거나 벌하지 아니하
고 덮어 주다

독창성

한자 홀로 독 獨
비롯할 창 創
성품 성 性

예전에 없던 것을 / 처음으로 / 만들어 내거나 · 생각해 내는 / 성질

예 아이는 **독창성**이 뛰어나서 어디에서도 본 적 없는 신기한 그림들을 *곧잘
그린다.

*곧잘   제법 잘

덕분

한자 큰 덕 德
나눌 분 分

일이 / 좋은 결과를 얻게 된 / 원인 · 조건

예 며칠 동안 열심히 공부한 **덕분에** 시험에서 백점을 맞을 수 있었다.

문맹률

한자 글월 문 文
소경 맹 盲
비율 률 率

한 나라 안의 전체 사람들 중에서 글을 / 읽지 못하거나 · 쓰지 못하는 / 사람
의 수

예 우수한 한글 덕분에 우리나라의 **문맹률**은 세계에서 가장 낮은 수준이다.

한글이 위대한 이유 | 258~263쪽 | 교과서 연계

1 문장을 읽고, 알맞은 낱말을 써 넣어 봅시다.

1) 사람 · 능력 · 업적 따위가 뛰어나고 · 훌륭하다

2) 여럿 가운데에서 두드러지게 뛰어나다

3) 마음속으로 확실히 그렇다고 생각하다

4) 예전에 없던 것을 처음으로 만들어 내거나 · 생각해 내는 성질

5) 일이 좋은 결과를 얻게 된 원인 · 조건

6) 한 나라 안의 전체 사람들 중에서 글을 읽지 못하거나
 · 쓰지 못하는 사람의 수

2 밑줄 친 곳에 알맞은 낱말을 써 넣어 문장을 완성해 봅시다.

1) 나는 충무공 이순신을 우리나라 역사상 가장 _____ 인물이라고 생각한다.

2) 아이는 이번 수학 시험에서 유일하게 백점을 받아서 학급에서 가장 _____
 성적을 거두었다.

3) 아이가 자신의 잘못을 순순히 _____, 선생님은 아이의 잘못을 용서해 주었다.

4) 아이는 _____ 이 뛰어나서 어디에서도 본 적 없는 신기한 그림들을 곧잘
 그린다.

5) 며칠 동안 열심히 공부한 _____ 시험에서 백점을 맞을 수 있었다.

6) 우수한 한글 덕분에 우리나라의 _____ 은 세계에서 가장 낮은 수준이다.

훈민정음

창제하다

한자 비롯할 창 創
　　 지을 제 製

전에 없던 것을 / 처음으로 만들다

예 조선 °왕조의 4대 임금인 세종 대왕은 훈민정음을 **창제했다**.

°**왕조**(王 임금 왕, 朝 아침 조)　　같은 왕가에 속하는 임금의 가족 또는

　 그 혈통(같은 조상에서 갈려 나온 같은 핏줄로 이루어진 집단)이 지배하는 시대

구체적

한자 갖출 구 具
　　 몸 체 體
　　 과녁 적 的

°실제적이고 · 세밀한 부분까지 / 담고 있는 (것)

예 친구와 이번 주 토요일에 만나기로 약속했는데, 만나는 시간과 장소는 아

　 직 **구체적**으로 정해지지 않았다.

°**실제적**(實 열매 실, 際 즈음 제, 的 과녁 적)　 현실에 바탕을 두거나 현실을 중요하게

　　　　　　　　　　　　　　　　　　　 여기는 (것)

체계

한자 몸 체 體
　　 맬 계 系

일정한 원리에 따라 / 낱낱의 부분이 잘 짜여서 / °조화를 이룬 / 전체

예 자음자 14자와 모음자 10자로 그 **체계**를 갖춘 한글은 모든 소리를 글로

　 나타낼 수 있다.

°**조화**(調 고를 조, 和 화할 화)　　서로 잘 어울리게 함. 또는 잘 어울림

제자

한자 지을 제 制
　　 글자 자 字

글자를 / 새로 만듦

예 한글은 그 **제자** 원리가 독창적이고 과학적인 문자이다.

획

한자 그을 획 劃

글씨 · 그림에서 / 연필 · 붓 따위로 한 번 그은 / 선 또는 점

예 아이는 '가'와 '사'를 종이 위에 적더니 세로로 **획**을 하나씩

　 그어 '개'와 '새'라는 글자로 바꾸었다.

음소 문자

한자 소리 음 音
　　 본디 소 素
　　 글월 문 文
　　 글자 자 字

하나의 문자 기호가 / 한 개의 °음소(낱소리)를 나타내는 / 문자 체계

예 한글은 자음 14자와 모음 10자, 총 24자의 낱소리로 이루어진 **음소 문자**이다.

°**음소(낱소리)**(音 소리 음, 素 본디 소)　　(그 이상 더 작게 나눌 수 없는) 문자의

　　　　　　　　　　　　　　　　　 가장 작은 단위

한글이 위대한 이유 | 교과서 258~263쪽 |

1 문장을 읽고, 알맞은 낱말을 써 넣어 봅시다.

18주
2일

1) 전에 없던 것을 처음으로 만들다   ◻◻◻◻

2) 실제적이고 · 세밀한 부분까지 담고 있는 (것)   ◻◻◻

3) 일정한 원리에 따라 낱낱의 부분이 잘 짜여서 조화를 이룬 전체   ◻◻

4) 글자를 새로 만듦   ◻◻

5) 글씨 · 그림에서 연필 · 붓 따위로 한 번 그은 선 또는 점   ◻

6) 하나의 문자 기호가 한 개의 음소(낱소리)를
    나타내는 문자 체계   ◻◻◻◻

2 밑줄 친 곳에 알맞은 낱말을 써 넣어 문장을 완성해 봅시다.

1) 조선 왕조의 4대 임금인 세종 대왕은 훈민정음을 _____ .

2) 친구와 이번 주 토요일에 만나기로 약속했는데, 만나는 시간과 장소는 아직
    _____ 으로 정해지지 않았다.

3) 자음자 14자와 모음자 10자로 그 _____ 를 갖춘 한글은 모든 소리를 글로
    나타낼 수 있다.

4) 한글은 그 _____ 원리가 독창적이고 과학적인 문자이다.

5) 아이는 '가'와 '사'를 종이 위에 적더니 세로로 _____ 을 하나씩 그어 '개'와 '새'
    라는 글자로 바꾸었다.

6) 한글은 자음 14자와 모음 10자, 총 24자의 낱소리로 이루어진 _____ 이다.

음절

한자 소리 음 音
마디 절 節

음소가 모여서 이루어진 / 소리를 낼 수 있는 / 가장 작은 °덩어리

㉠ '산에 꽃이 피네'를 소리 나는 대로 적으면 '사네꼬치피네'인데, 이때 [사] [네] [꼬] [치] [피] [네]처럼 음소가 모여 한 뭉치로 이루어진 소리의 덩어리를 **음절**이라고 한다.

°덩어리 　뭉쳐서 이루어진 것을 세는 단위

절약하다

한자 마디 절 節
맺을 약 約

돈 · 물건을 / 꼭 필요한 데에만 써서 / 아끼다

㉠ 용돈을 **절약해서** 모은 돈으로 아빠의 생신 선물을 샀다.

연관

한자 연이을 연 聯
관계할 관 關

사물 · 현상 따위가 / 관련을 맺는 / 일

㉠ 나와 전혀 **연관**이 없는 두 친구의 싸움에 괜히 끼어들었다가 나까지 그 싸움에 **연관**이 되고 말았다.

비 관계(係 맬 계), 관련(聯 연이을·끊어지지 않고 계속될 련)

미루다

이미 알고 있는 사실에 °견주어 / 다른 것을 °헤아리다

㉠ 친구가 °단톡방에 올린 사진들로 **미루어** 봤을 때 친구는 가족과 함께 바닷가로 여행을 간 것 같다.

°견주다 　어떠한 차이가 있는지 알기 위해 맞대어 보거나 비교하다

°헤아리다 　생각하여 알아내다

°단톡방(團 둥글 · 모일 단, talk, 房 방 방) 　모바일 메신저에서 단체로 대화를 나누는 공간을 이르는 말

상당하다

한자 서로 상 相
마땅 당 當

°어지간하게 많다

㉠ 시험 범위가 **상당히** 넓어서 공부해야 할 분량이 **상당하다.**

°어지간하다 　수준이나 정도가 꽤 많다

발음법

한자 필 발 發
소리 음 音
법 법 法

말의 소리를 내는 / 방법

㉠ 한글의 '아'는 언제나 [아]로만 °발음되지만, 영어의 'a'는 각각의 낱말 안에서 여러 가지로 발음되기 때문에, 영어는 **발음법**을 배우는 데 상당한 노력을 기울여야 한다.

°발음(發 필 발, 音 소리 음) 　소리를 냄. 또는 그 소리

한글이 위대한 이유 | 교과서 258~263쪽 |

1 문장을 읽고, 알맞은 낱말을 써 넣어 봅시다.

1) 음소가 모여서 이루어진 소리를 낼 수 있는 가장 작은 덩어리 ☐☐

2) 돈·물건을 꼭 필요한 데에만 써서 아끼다 ☐☐☐☐

3) 사물·현상 따위가 관련을 맺는 일 ☐☐

4) 이미 알고 있는 사실에 견주어 다른 것을 헤아리다 ☐☐☐

5) 어지간하게 많다 ☐☐☐

6) 말의 소리를 내는 방법 ☐☐☐

2 밑줄 친 곳에 알맞은 낱말을 써 넣어 문장을 완성해 봅시다.

1) '산에 꽃이 피네'를 소리 나는 대로 적으면 '사네꼬치피네'인데, 이때 [사] [네] [꼬] [치] [피] [네]처럼 음소가 모여 한 뭉치로 이루어진 소리의 덩어리를 _____ 이 라고 한다.

2) 용돈을 _____ 모은 돈으로 아빠의 생신 선물을 샀다.

3) 나와 전혀 _____ 이 없는 두 친구의 싸움에 괜히 끼어들었다가 나까지 그 싸움에 _____ 이 되고 말았다.

4) 친구가 단톡방에 올린 사진들로 _____ 봤을 때 친구는 가족과 함께 바닷가로 여행을 간 것 같다.

5) 시험 범위가 _____ 넓어서 공부해야 할 분량이 _____ .

6) 한글의 '아'는 언제나 [아]로만 발음되지만, 영어의 'a'는 각각의 낱말 안에서 여러 가지로 발음되기 때문에, 영어는 _____ 을 배우는 데 상당한 노력을 기울여야 한다.

한글이 위대한 이유 | 교과서 258~263쪽

표현하다

한자 겉 표 表
나타날 현 現

생각 · 감정 따위를 / 말 · 행동 · 글 · 음악 · 그림 따위를 통해 / 겉으로 드러내어 / •나타내다

예 미술 시간에 바다 그림을 그렸는데, 바다를 파란색으로 칠해서 시원한 느낌이 나도록 **표현했다**.

• **나타내다** 생각이나 느낌 따위를 글, 그림, 음악 따위로 드러내다

비 표현시키다, 나타내다, 그리다, 표시하다, 표하다

적합하다

한자 맞을 적 適
합할 합 合

일 · 조건 따위에 / 꼭 알맞다

예 강낭콩이 날이 갈수록 •시들어 가는 것으로 미루어 보아 교실은 식물을 기르기에 **적합한** 환경이 아닌 것 같다.

• **시들다** 꽃 · 풀 따위가 물기가 거의 말라 생기가 없어지다

탁월하다

한자 높을 탁 卓
넘을 월 越

남보다 / 훨씬 뛰어나다

예 아이는 운동 능력이 **탁월해서** 무슨 운동이든 다 잘한다.

비 걸출하다(傑 뛰어날 걸, 出 날 출), 비범하다(非 아닐 비, 凡 무릇대체로 보아 범), 우수하다, 뛰어나다

설계되다

한자 베풀 설 設
설 계 計

목적에 따라 / 실제적인 계획이 세워지다

예 휴대 전화의 한글 자판은 한글의 자음과 모음의 획을 더하는 원리에 기초하여 **설계되었다**.

성취

한자 이룰 성 成
나아갈 취 就

목적한 바를 / 이룸

예 일의 **성취**도 중요하지만 그보다는 과정이 더 중요하다.

비 성공(功 공로 공), 달성(達 통달할 달), 완수(完 완전할 완, 遂 드디어 수)

특성

한자 특별할 특 特
성품 성 性

일정한 사물에만 있는 / •특수한 성질

예 용수철저울은 외부의 힘에 의해 늘어나거나 줄어들었다가 외부의 힘이 없어지면 다시 원래대로 돌아오는 용수철의 **특성**을 이용하여 만들었다.

• **특수하다(殊 다를 수)** 보통과는 특별하게 다르다

비 특유성(有 있을 유), 특이성(異 다를 이), 특수성, 특징(徵 부를 징), 특질(質 바탕 질)

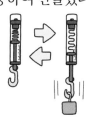

1 문장을 읽고, 알맞은 낱말을 써 넣어 봅시다.

1) 생각·감정 따위를 말·행동·글·음악·그림 따위를 통해 겉으로 드러내어 나타내다 ☐☐☐☐

2) 일·조건 따위에 꼭 알맞다 ☐☐☐

3) 남보다 훨씬 뛰어나다 ☐☐☐

4) 목적에 따라 실제적인 계획이 세워지다 ☐☐☐

5) 목적한 바를 이룸 ☐☐

6) 일정한 사물에만 있는 특수한 성질 ☐☐

2 밑줄 친 곳에 알맞은 낱말을 써 넣어 문장을 완성해 봅시다.

1) 미술 시간에 바다 그림을 그렸는데, 바다를 파란색으로 칠해서 시원한 느낌이 나도록 _____ .

2) 강낭콩이 날이 갈수록 시들어 가는 것으로 미루어 보아 교실은 식물을 기르기에 _____ 환경이 아닌 것 같다.

3) 아이는 운동 능력이 _____ 무슨 운동이든 다 잘한다.

4) 휴대 전화의 한글 자판은 한글의 자음과 모음의 획을 더하는 원리에 기초하여 _____ .

5) 일의 _____ 도 중요하지만 그보다는 과정이 더 중요하다.

6) 용수철저울은 외부의 힘에 의해 늘어나거나 줄어들었다가 외부의 힘이 없어지면 다시 원래대로 돌아오는 용수철의 _____ 을 이용하여 만들었다.

과거

한자 과목 과 科
들 거 擧

옛날에, *관리를 뽑을 때 / *실시하던 시험

예 한 젊은 *선비가 **과거**를 보기 위해 *달포 전에 한양으로 떠났다.

* 관리(官 벼슬 관, 吏 벼슬아치 리) 봉급을 받고 나랏일을 맡아서 하던 사람

* 실시하다(實 열매 실, 施 베풀 시) (어떤 일 따위를) 실제로 행하다

* 선비 예전에, 학식은 있으나 벼슬하지 않은 사람

* 달포 한 달이 조금 넘는 기간

게을리하다

움직이거나 · 일하는 것을 / 몹시 싫어하여 / 행동을 느리게 하다 또는 일을 제대로 하지 않다

예 아이는 해가 *중천에 떠 있을 때 *굼적굼적 일어날 만큼 **게을렀다**.

* 중천 (中 가운데 중, 天 하늘 천) 하늘의 한가운데(한복판)

* 굼적굼적(곰작곰작) 몸을 조금 둔하고 느리게 자꾸 움직이는 모양

무렵

바로 그때쯤

예 아이는 학교가 끝나면 곧장 학원에 가서 해질 **무렵**에 집에 들어간다.

비 즈음

곰곰이

*여러모로 깊이 / 생각하는 모양

예 쉬운 문제는 답이 *금방 나오지만, 어려운 문제는 **곰곰이** 생각해야 겨우 풀린다.

* 여러모로 다각도로. 여러 방면으로

* 금방(今 이제 금, 方 모 방) 바로 조금 후에

의논하다

한자 의논할 의 議
논할 논 論

어떤 일에 대하여 / 의견을 / 주고받다

예 부모님은 나를 어느 영어 학원에 보낼지 한 시간 넘게 **의논하셨다**.

근처

한자 가까울 근 近
곳 처 處

어떤 지역 · 지점 · 사물 · 사람을 중심으로 / 가까운 곳

예 부모님은 긴 의논 끝에 나를 집 **근처**에 있는 학원으로 보내기로 *결정하셨다.

* 결정하다(決 결단할 결, 定 정할 정) 행동 · 태도 · 입장 따위를 분명하게 정하다

비 근방(方 모 방), 부근(附 붙을 부) 인근(鄰 이웃 인), 가까이

1 문장을 읽고, 알맞은 낱말을 써 넣어 봅시다.

1) 옛날에, 관리를 뽑을 때 실시하던 시험

2) 움직이거나ㆍ일하는 것을 몹시 싫어하여 행동을
   느리게 하다 또는 일을 제대로 하지 않다

3) 바로 그때쯤

4) 여러모로 깊이 생각하는 모양

5) 어떤 일에 대하여 의견을 주고받다

6) 어떤 지역ㆍ지점ㆍ사물ㆍ사람을 중심으로 가까운 곳

2 밑줄 친 곳에 알맞은 낱말을 써 넣어 문장을 완성해 봅시다.

1) 한 젊은 선비가 _____ 를 보기 위해 달포 전에 한양으로 떠났다.

2) 아이는 해가 중천에 떠 있을 때 굼적굼적 일어날 만큼 _____ .

3) 아이는 학교가 끝나면 곧장 학원에 가서 해질 _____ 에 집에 들어간다.

4) 쉬운 문제는 답이 금방 나오지만, 어려운 문제는 _____ 생각해야 겨우 풀린다.

5) 부모님은 나를 어느 영어 학원에 보낼지 한 시간 넘게 _____ .

6) 부모님은 긴 의논 끝에 나를 집 _____ 에 있는 학원으로 보내기로 결정하셨다.

1 문장을 읽고, 알맞은 낱말을 써 넣어 봅시다.

1) 여러모로 깊이 생각하는 모양 _____

2) 사물·현상 따위가 관련을 맺는 일 _____

3) 일정한 원리에 따라 낱낱의 부분이 잘 짜여서 조화를 이룬 전체 _____

4) 한 나라 안의 전체 사람들 중에서 글을 읽지 못하거나 ·쓰지 못하는 사람의 수 _____

5) 일·조건 따위에 꼭 알맞다 _____

6) 남보다 훨씬 뛰어나다 _____

7) 생각·감정 따위를 말·행동·글·음악·그림 따위를 통해 겉으로 드러내어 나타내다 _____

8) 어떤 일에 대하여 의견을 주고받다 _____

9) 목적에 따라 실제적인 계획이 세워지다 _____

10) 하나의 문자 기호가 한 개의 음소(낱소리)를 나타내는 문자 체계 _____

11) 사람·능력·업적 따위가 뛰어나고 훌륭하다 _____

12) 목적한 바를 이룸 _____

13) 일정한 사물에만 있는 특수한 성질 _____

14) 예전에 없던 것을 처음으로 만들어 내거나 ·생각해 내는 성질 _____

15) 여럿 가운데에서 두드러지게 뛰어나다　　_____

16) 전에 없던 것을 처음으로 만들다　　_____

17) 일이 좋은 결과를 얻게 된 원인 · 조건　　_____

18) 실제적이고 · 세밀한 부분까지 담고 있는 (것)　　_____

19) 말의 소리를 내는 방법　　_____

20) 마음속으로 확실히 그렇다고 생각하다　　_____

21) 바로 그때쯤　　_____

22) 음소가 모여서 이루어진 소리를 낼 수 있는 가장 작은 덩어리　　_____

23) 글자를 새로 만듦　　_____

24) 돈 · 물건을 꼭 필요한 데에만 써서 아끼다　　_____

25) 이미 알고 있는 사실에 견주어 다른 것을 헤아리다　　_____

26) 옛날에 관리를 뽑을 때 실시하던 시험　　_____

27) 글씨 · 그림에서 연필 · 붓 따위로 한 번 그은 선 또는 점　　_____

28) 움직이거나 · 일하는 것을 몹시 싫어하여 행동을
　　 느리게 하다 또는 일을 제대로 하지 않다　　_____

29) 어떤 지역 · 지점 · 사물 · 사람을 중심으로 가까운 곳　　_____

30) 어지간하게 많다　　_____

2 **밑줄 친 곳에 알맞은 낱말을 써 넣어 문장을 완성해 봅시다.**

1) 한글은 그 _____ 원리가 독창적이고 과학적인 문자이다.

2) 친구가 단톡방에 올린 사진들로 _____ 봤을 때 친구는 가족과 함께 바닷가로 여행을 간 것 같다.

3) 아이는 학교가 끝나면 곧장 학원에 가서 해질 _____ 에 집에 들어간다.

4) 한 젊은 선비가 _____ 를 보기 위해 달포 전에 한양으로 떠났다.

5) 미술 시간에 바다 그림을 그렸는데, 바다를 파란색으로 칠해서 시원한 느낌이 나도록 _____ .

6) 휴대 전화의 한글 자판은 한글의 자음과 모음의 획을 더하는 원리에 기초하여 _____ .

7) 나는 충무공 이순신을 우리나라 역사상 가장 _____ 인물이라고 생각한다.

8) 며칠 동안 열심히 공부한 _____ 시험에서 백점을 맞을 수 있었다.

9) 아이가 자신의 잘못을 순순히 _____ , 선생님은 아이의 잘못을 용서해 주었다.

10) 강낭콩이 날이 갈수록 시들어 가는 것으로 미루어 보아 교실은 식물을 기르기에 _____ 환경이 아닌 것 같다.

11) 아이는 _____ 이 뛰어나서 어디에서도 본 적 없는 신기한 그림들을 곧잘 그린다.

12) 아이는 '가'와 '사'를 종이 위에 적더니 세로로 _____ 을 하나씩 그어 '개'와 '새' 라는 글자로 바꾸었다.

13) 일의 _____ 도 중요하지만 그보다는 과정이 더 중요하다.

14) 용수철저울은 외부의 힘에 의해 늘어나거나 줄어들었다가 외부의 힘이 없어지면 다시 원래대로 돌아오는 용수철의 _____ 을 이용하여 만들었다.

15) 아이는 이번 수학 시험에서 유일하게 백점을 받아서 학급에서 가장 _____ 성적을 거두었다.

16) 아이는 해가 중천에 떠 있을 때 굼적굼적 일어날 만큼 _____ .

17) 쉬운 문제는 답이 금방 나오지만, 어려운 문제는 _____ 생각해야 겨우 풀린다.

18) '산에 꽃이 피네'를 소리 나는 대로 적으면 '사네꼬치피네'인데, 이때 [사] [네] [꼬] [치] [피] [네]처럼 음소가 모여 한 뭉치로 이루어진 소리의 덩어리를 _____ 이라고 한다.

19) 아이는 운동 능력이 _____ 무슨 운동이든 다 잘한다.

20) 용돈을 _____ 모은 돈으로 아빠의 생신 선물을 샀다.

21) 친구와 이번 주 토요일에 만나기로 약속했는데, 만나는 시간과 장소는 아직 _____ 으로 정해지지 않았다.

22) 부모님은 긴 의논 끝에 나를 집 _____에 있는 학원으로 보내기로 결정하셨다.

23) 나와 전혀 _____ 이 없는 두 친구의 싸움에 괜히 끼어들었다가 나까지 그 싸움에 _____ 이 되고 말았다.

24) 우수한 한글 덕분에 우리나라의 _____ 은 세계에서 가장 낮은 수준이다.

25) 시험 범위가 _____ 넓어서 공부해야 할 분량이 _____ .

26) 자음자 14자와 모음자 10자로 그 _____ 를 갖춘 한글은 모든 소리를 글로 나타낼 수 있다.

27) 한글은 자음 14자와 모음 10자, 총 24자의 낱소리로 이루어진 _____ 이다.

28) 한글의 '아'는 언제나 [아]로만 발음되지만, 영어의 'a'는 각각의 낱말 안에서 여러 가지로 발음되기 때문에, 영어는 _____ 을 배우는 데 상당한 노력을 기울여야 한다.

29) 부모님은 나를 어느 영어 학원에 보낼지 한 시간 넘게 _____ .

30) 조선 왕조의 4대 임금인 세종 대왕은 훈민정음을 _____ .

9. 자랑스러운 한글

주시경 | 교과서 264~269쪽 |

구절
한자 글귀 구 句
마디 절 節

한 •토막의 / 말 · 글
예 책을 읽다가 마음에 쏙 드는 **구절**이 나와서 수첩에 적어 두었다.
•**토막** 　　말 · 글 · 노래 등의 짤막한 한 부분
비 글귀, 문구(文 글월 문, 句 글귀 구), 구

읊다
시 · 글을 / 감정 · 억양을 넣어 / 읽거나 · 외우다
예 선생님이 시 한 구절을 **읊자**, 학생들은 선생님의
말을 따라 **읊었다**.

도무지
아무리 해도
예 친구가 저 멀리서 •손짓을 하는데 무슨 뜻인지 **도무지** 알 수 없었다.
•**손짓** 　　손을 놀려서 어떤 뜻을 나타내는 짓

풀이
문제가 요구하는 / 값 · 해답을 구함 또는 그 과정
예 수학 문제가 너무 어려워서 해답지의 **풀이**를 봐도 •이해가 되지 않았다.
•**이해**(理 다스릴 이, 解 풀 해) 　　말이나 글의 뜻을 깨달아 앎

글귀
한자 글귀 귀 句

몇 글자 또는 몇 낱말로 이루어진 / 짧은 글
예 '우측통행'라는 **글귀**가 복도 벽에 걸려 있었지만, 아이들은 •아랑곳하지 않
고 복도 전체를 •휘젓고 다녔다.
•**아랑곳하다** 　　어떤 일에 나서서 알려고 들거나 참견하다
•**휘젓다** 　　(사람이 공간을) 자기 마음대로 누비고 다니다

탓하다
다른 사람이나 그 태도를 •핑계 삼아 / 잘못을 •지적하여 말하다 또는 마음에
들지 않아 / •불평을 품고 미워하다
예 토요일에 만나기로 한 약속이 깨진 원인에 대해
나는 친구를 **탓했고**, 친구는 나를 **탓했다**.
•**핑계** 　　잘못된 일에 대해 다른 일의 탓으로 둘러대는 변명
•**지적하다**(指 가리킬 지, 摘 들추어낼 적) 　　(잘못이나 실수 따위를) 드러내어 꼭 집
어 말하다
•**불평**(不 아닐 불, 平 평평할 평) 　　마음에 들지 아니하여 못마땅하게 여김. 또는 못
마땅한 것을 말이나 행동으로 드러냄

1 문장을 읽고, 알맞은 낱말을 써 넣어 봅시다.

1) 한 토막의 말·글 ☐☐

2) 시·글을 감정·억양을 넣어 읽거나 외우다 ☐☐

3) 아무리 해도 ☐☐☐

4) 문제가 요구하는 값·해답을 구함 또는 그 과정 ☐☐

5) 몇 글자 또는 몇 낱말로 이루어진 짧은 글 ☐☐

6) 다른 사람이나 그 태도를 핑계 삼아 잘못을 지적하여 말하다
또는 마음에 들지 않아 불평을 품고 미워하다 ☐☐☐

19주
1일

2 밑줄 친 곳에 알맞은 낱말을 써 넣어 문장을 완성해 봅시다.

1) 책을 읽다가 마음에 쏙 드는 _____ 이 나와서 수첩에 적어 두었다.

2) 선생님이 시 한 구절을 _____, 학생들은 선생님의 말을 따라 _____ .

3) 친구가 저 멀리서 손짓을 하는데 무슨 뜻인지 _____ 알 수 없었다.

4) 수학 문제가 너무 어려워서 해답지의 _____ 를 봐도 이해가 되지 않았다.

5) '우측통행'라는 _____ 가 복도 벽에 걸려 있었지만, 아이들은 아랑곳하지
않고 복도 전체를 휘젓고 다녔다.

6) 토요일에 만나기로 한 약속이 깨진 원인에 대해 나는 친구를 _____, 친구는
나를 _____ .

2일

9. 자랑스러운 한글

학 교 진 도 시 기
6월 2, 3, 4주

주차명 | 교과서 264~269쪽 |

골똘히
한 가지 일에 / *온 정신을 쏟아 / 딴생각이 없이

㉠ 아이는 엄마가 자신을 부르는 소리도 듣지 못할 만큼 골똘히 책을 읽었다.

* 온　　전부의. 모두의

잠기다
한 가지 일 · 생각에 / 온 정신을 쏟다

㉠ *문득 작년 *이맘때 일들을 떠올라 한참 생각에 **잠겼다**.

* 문득　　생각이나 느낌 따위가 갑자기 떠오르는 모양
* 이맘때　　이만한 정도에 이른 때

비 몰두하다(沒 빠질 몰, 頭 머리 두), 몰입하다(入 들 입), 빠지다, 열중하다(熱 더울 열, 中 가운데 중), 골똘하다, 젖다

본디
한자 근본 본 本
사물 · 현상이 / 만들어지거나 · 생겨난 / 그 *처음

㉠ 고유어란 '봄, 하늘, 꿈, 사랑'처럼 우리말에 **본디**부터 있던 낱말을 말한다.

* 처음　　일의 과정에서 (시간적으로 · 순서상으로) 맨 앞에 놓이는 부분

비 본래(來 올 래), 원래(元 으뜸 원), 본시(是 옳을 시)

답답하다
일이 / 뜻대로 되지 않거나 · *후련하지 않아 / 애가 타고 · 안타깝다

㉠ 일주일 동안 나눗셈을 공부한 아이가 여전히 나눗셈을 어려워하자 엄마는 무척 **답답했다**.

* 후련하다　　갑갑하거나 답답하던 가슴속이 시원하다

철퍼덕
갑자기 힘없이 / 넘어지거나 · 툭 주저앉는 / 소리 또는 그 모양

㉠ 길을 잃은 아이는 한 시간 동안 *사방을 *헤매다가 *맥이 빠져 바닥에 **철퍼덕** 주저앉았다.

* 사방(四 넉 사, 方 모 방)　　모든 곳 또는 여러 곳
* 헤매다　　목적하는 것을 찾아 이리저리 돌아다니다
* 맥(이)빠지다(脈 줄기 맥)　　의욕이 떨어지거나 실망하여 기운이 없어지다

끼적이다
글씨 · 그림 따위를 / 아무렇게나 / 쓰거나 · 그리다

㉠ 아이는 철퍼덕 주저앉아서 흙바닥에 글자와 숫자를 **끼적였다**.

1 문장을 읽고, 알맞은 낱말을 써 넣어 봅시다.

1) 한 가지 일에 온 정신을 쏟아 딴생각이 없이 ☐☐☐

2) 한 가지 일·생각에 온 정신을 쏟다 ☐☐☐

3) 사물·현상이 만들어지거나·생겨난 그 처음 ☐☐

4) 일이 뜻대로 되지 않거나·후련하지 않아 애가 타고·안타깝다 ☐☐☐

5) 갑자기 힘없이 넘어지거나·툭 주저앉는 소리 또는 그 모양 ☐☐☐

6) 글씨·그림 따위를 아무렇게나 쓰거나 그리다 ☐☐☐

19주
2일

2 밑줄 친 곳에 알맞은 낱말을 써 넣어 문장을 완성해 봅시다.

1) 아이는 엄마가 자신을 부르는 소리도 듣지 못할 만큼 _____ 책을 읽었다.

2) 문득 작년 이맘때 일들을 떠올라 한참 생각에 _____ .

3) 고유어란 '봄, 하늘, 꿈, 사랑'처럼 우리말에 _____ 부터 있던 낱말을 말한다.

4) 일주일 동안 나눗셈을 공부한 아이가 여전히 나눗셈을 어려워하자 엄마는 무척
_____ .

5) 길을 잃은 아이는 한 시간 동안 사방을 헤매다가 맥이 빠져 바닥에 _____
주저앉았다.

6) 아이는 철퍼덕 주저앉아서 흙바닥에 글자와 숫자를 _____ .

주차 | 초등교과 264~269쪽

입학하다
한자 들 입 入
   배울 학 學

학교에 / 들어가다

예 올해 언니는 초등학교를 졸업하고 중학교에 **입학했다.**

다지다

기초 · 기본 · 바탕을 / 단단하고 · 튼튼하게 / 하다

예 운동의 시작은 기초 *체력을 **다지는** 것이고, 공부의 시작은 기본 개념을 **다지는** 것이다.

*체력(體 몸 체, 力 힘 력)   육체적 활동을 할 수 있는 몸의 힘

마련하다

필요한 것을 / *갖추다

예 그는 형편이 어려워 밤낮으로 일해서 생활에 필요한 돈을 **마련했다.**

*갖추다   (있어야 할 것을) 미리 골고루 준비하다

비 장만하다, 준비하다(準 준할 준, 備 갖출 비)

문법
한자 글월 문 文
   법 법 法

*언어를 / 구성하고 · 사용하는 / 규칙

예 주시경이 쓴 「대한 국어 **문법**」이라는 책에는 한글과 우리말을 바르게 사용하기 위한 규칙인 **문법**이 실려 있다.

*언어(言 말씀 언, 語 말씀 어)   인간의 생각과 감정을 표현하고, 의사를 소통하기 위한 소리나 문자

마음먹다

일을 어떻게 하겠다고 / 마음속으로 단단히 / *작정하다

예 당시 우리나라에는 우리말 문법책이 없었기에 주시경은 우리말 문법책을 쓰기로 **마음먹었다.**

*작정하다(作 지을 작, 定 정할 정)   행동이나 태도를 분명하게 정하다

*두루   일반적으로 널리

마다하다

*거절하다 또는 싫다고 말하다

예 엄마가 동생에게 옷을 사주겠다고 하셨는데, 동생은 괜찮다며 **마다했다.**

*거절하다(拒 막을 거, 絕 끊을 절)   상대편의 요구 · 제안 · 선물 · 부탁 따위를 받아들이지 않고 물리치다

1 　문장을 읽고, 알맞은 낱말을 써 넣어 봅시다.

1) 　학교에 들어가다

2) 　기초 · 기본 · 바탕을 단단하고 · 튼튼하게 하다

3) 　필요한 것을 갖추다

4) 　언어를 구성하고 · 사용하는 규칙

5) 　일을 어떻게 하겠다고 마음속으로 단단히 작정하다

6) 　거절하다 또는 싫다고 말하다

2 　밑줄 친 곳에 알맞은 낱말을 써 넣어 문장을 완성해 봅시다.

1) 　올해 언니는 초등학교를 졸업하고 중학교에 _____ .

2) 　운동의 시작은 기초 체력을 _____ 것이고, 공부의 시작은 기본 개념을
_____ 것이다.

3) 　그는 형편이 어려워 밤낮으로 일해서 생활에 필요한 돈을 _____ .

4) 　주시경이 쓴 「대한 국어 문법」이라는 책에는 한글과 우리말을 바르게 사용하기
위한 규칙인 _____ 이 실려 있다.

5) 　당시 우리나라에는 우리말 문법책이 없었기에 주시경은 우리말 문법책을 쓰기로
_____ .

6) 　엄마가 동생에게 옷을 사주겠다고 하셨는데, 동생은 괜찮다며 _____ .

자료

한자 재물 자 資
헤아릴 료 料

연구 · 조사 따위의 / 바탕이 되는 / 재료

예 우리 지역의 역사적 인물을 소개하는 발표 **자료** 만들기 위해 인터넷으로 관련 **자료**를 조사했다.

일일이

한자 한 일 一
한 일 一

하나씩 하나씩

예 엄마는 올해 초등학교에 입학한 동생의 가방과 준비물을 **일일이** 챙겨주셨다.

베끼다

글 · 그림 따위를 원본 그대로 / 옮겨 쓰다 또는 그리다

예 미술 시간에 무슨 그림을 그려야 할지 고민하다가 미술 책에 나와 있는 그림을 **베끼었다.**

비 복사하다(複 겹칠 복, 寫 베낄 사), 필사하다(筆 붓 필)

학자

한자 배울 학 學
놈 자 者

학문에 *능통한 사람 또는 학문을 연구하는 사람

예 인류 역사상 가장 위대한 **학자**는 아인슈타인이라고 생각한다.

***능통하다**(能 능할 능, 通 통할 통)　어떤 일을 막힘이 없이 잘하고 모르는 것 없이 다 알다

부탁하다

한자 줄 부 付
부탁할 탁 託

어떤 일을 해 달라고 / *청하다 또는 *맡기다

예 선생님은 반장에게 과학실에 가서 실험 도구를 챙겨 오라고 **부탁했고,** 반장은 나에게 과학실에 같이 가자고 **부탁했다.**

***청하다**(請 청할 청)　(어떤 일을 이루기 위하여) 남에게 원하다 · 바라다 · 요청하다

***맡기다**　다른 사람에게 일을 시키어 책임지게 하다

비 청탁하다, 위탁하다(委 맡길 위), 요청하다(要 요긴할 요), 간청하다(懇 간절할 간), 의뢰하다(依 의지할 의, 賴 의뢰할 뢰)

보따리

한자 포대기 보 褓

*보자기에 / 물건을 싸서 꾸린 / *뭉치

예 할머니가 시골에서 갖고 오신 **보따리**에는 갖가지 물건이 들어 있었다.

***보자기**　물건을 싸서 들고 다닐 수 있도록 네모지게 만든 작은 천

***뭉치**　한데 똘똘 말리거나 뭉치어서 이룬 덩이

1 문장을 읽고, 알맞은 낱말을 써 넣어 봅시다.

1) 연구·조사 따위의 바탕이 되는 재료 ☐☐

2) 하나씩 하나씩 ☐☐☐

3) 글·그림 따위를 원본 그대로 옮겨 쓰다 또는 그리다 ☐☐☐

4) 학문에 능통한 사람 또는 학문을 연구하는 사람 ☐☐

5) 어떤 일을 해 달라고 청하다 또는 맡기다 ☐☐☐☐

6) 보자기에 물건을 싸서 꾸린 뭉치 ☐☐☐

2 밑줄 친 곳에 알맞은 낱말을 써 넣어 문장을 완성해 봅시다.

1) 우리 지역의 역사적 인물을 소개하는 발표 _____ 만들기 위해 인터넷으로 관련 _____ 를 조사했다.

2) 엄마는 올해 초등학교에 입학한 동생의 가방과 준비물을 _____ 챙겨주셨다.

3) 미술 시간에 무슨 그림을 그려야 할지 고민하다가 미술 책에 나와 있는 그림을 _____ .

4) 인류 역사상 가장 위대한 _____ 는 아인슈타인이라고 생각한다.

5) 선생님은 반장에게 과학실에 가서 실험 도구를 챙겨 오라고 _____ , 반장은 나에게 과학실에 같이 가자고 _____ .

6) 할머니가 시골에서 갖고 오신 _____ 에는 갖가지 물건이 들어 있었다.

주시경 | 교과서 264~269쪽 |

차려입다

잘 *갖추어 / 입다

㉠ 우리 가족은 옷을 **차려입고** 이모의 결혼식에 갔다.

*갖추다 있어야 할 것을 갖거나 차리다(해야 할 일에 준비를 갖추다)

두루마기

외출할 때 겉옷 위에 *외투로 입는 / 우리나라 *고유의 *웃옷

㉠ 주시경은 늘 **두루마기**를 차려입고 옆구리에 커다란 보따리를 들고 다녀서 '주 보따리'라는 별명이 붙었다.

*외투(外 바깥 외, 套 씌울 투) 추위를 막기 위해 겉옷 위에 입는 옷

*고유(固 굳을 고, 有 있을 유) 그것만 특별히 있거나 본래부터 갖고 있음

*웃옷 맨 겉에 입는 옷

못지않다
(못지아니하다)

무엇에 / 뒤떨어지지 않다 또는 못하지 않다

㉠ 독서는 영어, 수학 공부에 **못지않게** *중요하다.

*중요하다(重 무거울 중, 要 구할·원할 요) 매우 소중(귀중)하고 꼭 필요하다

한글을 빛낸 사람들(주시경) | 교과서 270~273쪽 |

간판

한자 볼 간 看
널빤지 판 板

*상점의 이름·전화번호 등을 써서 / 사람들의 눈에 잘 띄는 곳에 걸어 놓은 / *표지판

㉠ 학교 주변에 있는 가게들의 **간판**을 조사해 보니 영어로 된 **간판**이 많았다.

*상점(商 장사 상, 店 가게 점) 물건을 파는 곳

*표지판(標 표할 표, 識 적을 지, 板 널빤지 판) 어떤 사실을 알리기 위해 그 내용을 적거나 그려 놓은 판

분류하다

한자 나눌 분 分
무리 류 類

사물을 / *종류에 따라 / *가르다

㉠ 퇴적암은 알갱이의 크기에 따라 이암, 사암, 역암으로 **분류한다**.

*종류(種 씨 종, 類 무리 류) 사물의 부문을 나누는 갈래

*가르다 따로따로 나누어 서로 구분을 짓다

비 구별하다(區 구분할 구, 別 나눌 별), 구분하다, 나누다

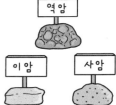

동아리

취미·목적이 같은 사람들이 / 모여서 만든 / *모임

㉠ 친구들과 함께 피구 **동아리**를 만들어서 점심시간 때마다 피구를 했다.

*모임 같은 목적을 가진 사람들이 모여서 만든 조직·단체

1 문장을 읽고, 알맞은 낱말을 써 넣어 봅시다.

1) 잘 갖추어 입다

2) 외출할 때 겉옷 위에 외투로 입는 우리나라 고유의 웃옷

3) 무엇에 뒤떨어지지 않다 또는 못하지 않다

4) 상점의 이름 · 전화번호 등을 써서 사람들의 눈에 잘 띄는 곳에 걸어 놓은 표지판

5) 사물을 종류에 따라 가르다

6) 취미 · 목적이 같은 사람들이 모여서 만든 모임

19주
5일

2 밑줄 친 곳에 알맞은 낱말을 써 넣어 문장을 완성해 봅시다.

1) 우리 가족은 옷을 _____ 이모의 결혼식에 갔다.

2) 주시경은 늘 _____ 를 차려입고 옆구리에 커다란 보따리를 들고 다녀서 '주 보따리'라는 별명이 붙었다.

3) 독서는 영어, 수학 공부에 _____ 중요하다.

4) 학교 주변에 있는 가게들의 _____ 을 조사해 보니 영어로 된 _____ 이 많았다.

5) 퇴적암은 알갱이의 크기에 따라 이암, 사암, 역암으로 _____ .

6) 친구들과 함께 피구 _____ 를 만들어서 점심시간 때마다 피구를 했다.

1 문장을 읽고, 알맞은 낱말을 써 넣어 봅시다.

1) 무엇에 뒤떨어지지 않다 또는 못하지 않다 _____

2) 한 가지 일 · 생각에 온 정신을 쏟다 _____

3) 아무리 해도 _____

4) 취미 · 목적이 같은 사람들이 모여서 만든 모임 _____

5) 글 · 그림 따위를 원본 그대로 옮겨 쓰다 또는 그리다 _____

6) 하나씩 하나씩 _____

7) 언어를 구성하고 · 사용하는 규칙 _____

8) 일이 뜻대로 되지 않거나 · 후련하지 않아 애가 타고 안타깝다 _____

9) 거절하다 또는 싫다고 말하다 _____

10) 몇 글자 또는 몇 낱말로 이루어진 짧은 글 _____

11) 학문에 능통한 사람 또는 학문을 연구하는 사람 _____

12) 한 가지 일에 온 정신을 쏟아 딴생각이 없이 _____

13) 어떤 일을 해 달라고 청하다 또는 맡기다 _____

14) 상점의 이름 · 전화번호 등을 써서 사람들의 눈에 잘 띄는 곳에 걸어 놓은 표지판 _____

15) 갑자기 힘없이 넘어지거나 · 툭 주저앉는 소리 또는 그 모양 _____

16) 보자기에 물건을 싸서 꾸린 뭉치 _____

17) 사물을 종류에 따라 가르다 _____

18) 학교에 들어가다 _____

19) 연구 · 조사 따위의 바탕이 되는 재료 _____

20) 필요한 것을 갖추다 _____

21) 글씨 · 그림 따위를 아무렇게나 쓰거나 그리다 _____

22) 일을 어떻게 하겠다고 마음속으로 단단히 작정하다 _____

23) 한 토막의 말 · 글 _____

24) 시 · 글을 감정 · 억양을 넣어 읽거나 외우다 _____

25) 잘 갖추어 입다 _____

26) 문제가 요구하는 값 · 해답을 구함 또는 그 과정 _____

27) 외출할 때 겉옷 위에 외투로 입는 우리나라 고유의 웃옷 _____

28) 다른 사람이나 그 태도를 핑계 삼아 잘못을 지적하여 말하다
또는 마음에 들지 않아 불평을 품고 미워하다 _____

29) 사물 · 현상이 만들어지거나 · 생겨난 그 처음 _____

30) 기초 · 기본 · 바탕을 단단하고 튼튼하게 하다 _____

2 밑줄 친 곳에 알맞은 낱말을 써 넣어 문장을 완성해 봅시다.

1) 문득 작년 이맘때 일들을 떠올라 한참 생각에 _____ .

2) 미술 시간에 무슨 그림을 그려야 할지 고민하다가 미술 책에 나와 있는 그림을 _____ .

3) 수학 문제가 너무 어려워서 해답지의 _____ 를 봐도 이해가 되지 않았다.

4) 주시경은 늘 _____ 를 차려입고 옆구리에 커다란 보따리를 들고 다녀서 '주보따리'라는 별명이 붙었다.

5) '우측통행'라는 _____ 가 복도 벽에 걸려 있었지만, 아이들은 아랑곳하지 않고 복도 전체를 휘젓고 다녔다.

6) 독서는 영어, 수학 공부에 _____ 중요하다.

7) 우리 지역의 역사적 인물을 소개하는 발표 _____ 만들기 위해 인터넷으로 관련 _____ 를 조사했다.

8) 주시경이 쓴 「대한 국어 문법」이라는 책에는 한글과 우리말을 바르게 사용하기 위한 규칙인 _____ 이 실려 있다.

9) 우리 가족은 옷을 _____ 이모의 결혼식에 갔다.

10) 엄마가 동생에게 옷을 사주겠다고 하셨는데, 동생은 괜찮다며 _____ .

11) 올해 언니는 초등학교를 졸업하고 중학교에 _____ .

12) 인류 역사상 가장 위대한 _____ 는 아인슈타인이라고 생각한다.

13) 엄마는 올해 초등학교에 입학한 동생의 가방과 준비물을 _____ 챙겨주셨다.

14) 선생님은 반장에게 과학실에 가서 실험 도구를 챙겨 오라고 _____ , 반장은 나에게 과학실에 같이 가자고 _____ .

15) 아이는 엄마가 자신을 부르는 소리도 듣지 못할 만큼 _____ 책을 읽었다.

16) 퇴적암은 알갱이의 크기에 따라 이암, 사암, 역암으로 _____ .

17) 그는 형편이 어려워 밤낮으로 일해서 생활에 필요한 돈을 _____ .

18) 당시 우리나라에는 우리말 문법책이 없었기에 주시경은 우리말 문법책을 쓰기로 _____ .

19주 평가

19) 고유어란 '봄, 하늘, 꿈, 사랑'처럼 우리말에 _____ 부터 있던 낱말을 말한다.

20) 책을 읽다가 마음에 쏙 드는 _____ 이 나와서 수첩에 적어 두었다.

21) 친구들과 함께 피구 _____ 를 만들어서 점심시간 때마다 피구를 했다.

22) 친구가 저 멀리서 손짓을 하는데 무슨 뜻인지 _____ 알 수 없었다.

23) 운동의 시작은 기초 체력을 _____ 것이고, 공부의 시작은 기본 개념을 _____ 것이다.

24) 일주일 동안 나눗셈을 공부한 아이가 여전히 나눗셈을 어려워하자 엄마는 무척 _____ .

25) 토요일에 만나기로 한 약속이 깨진 원인에 대해 나는 친구를 _____ , 친구는 나를 _____ .

26) 길을 잃은 아이는 한 시간 동안 사방을 헤매다가 맥이 빠져 바닥에 _____ 주저앉았다.

27) 선생님이 시 한 구절을 _____ , 학생들은 선생님의 말을 따라 _____ .

28) 아이는 철퍼덕 주저앉아서 흙바닥에 글자와 숫자를 _____ .

29) 할머니가 시골에서 갖고 오신 _____ 에는 갖가지 물건이 들어 있었다.

30) 학교 주변에 있는 가게들의 _____ 을 조사해 보니 영어로 된 _____ 이 많았다.

1일 10. 인물의 마음을 알아봐요

화끈화끈하다	부끄러움 · 노여움 등으로 갑자기 / 얼굴이 발그레해지다 또는 몸이 뜨거워지다
	예 선생님의 질문에 틀린 답을 말해서 얼굴이 **화끈화끈했다**.

망신 한자 망할 망 亡 몸 신 身	말 · 행동을 잘못하여 / 자신의 명예 · 체면 따위를 / 망침
	예 아이는 문방구에서 물건을 *슬쩍하다 걸려서 **망신**을 당했다.
	*슬쩍하다 남의 물건을 몰래 재빨리 가로채거나 훔치다

굳어지다	긴장하거나 · 유쾌하지 못하여 / 표정 · 태도가 / 딱딱하게 되다
	예 수업 시간에 선생님이 갑자기 내 이름을 부르는 바람에 얼굴이 **굳어졌다**.

두근두근	몹시 놀라거나 · *불안하여 / 자꾸 가슴이 뛰는 모양
	예 내 발표 차례가 되자 가슴이 **두근두근** 뛰었다.
	*불안하다(不 아닐 불, 安 편안 안) (걱정스럽거나 초조하여) 마음이 편하지 않고 조마조마하다

탐험대 한자 찾을 탐 探 험할 험 險 무리 대 隊	잘 알려지지 않은 어떤 곳을 / 위험을 *무릅쓰고 찾아가 / *조사할 목적으로 만들어진 / *무리
	예 **탐험대**가 들어간 동굴 천장에는 박쥐들이 *우글우글 매달려 있었다.
	*무릅쓰다 힘들고 어려운 일을 참고 견디다
	*조사하다(調 고를 조, 査 조사할 사) (일이나 사실 따위를 확실하게 알기 위하여) 자세히 살펴보거나 찾아보다
	*무리 여럿이 모여 한 동아리를 이룬 사람들
	*우글우글 많이 모여 자꾸 움직이다

과장하다 한자 자랑할 과 誇 베풀 장 張	실제보다 / 크거나 · 대단한 것으로 / 부풀려서 나타내다
	예 인물의 표정이나 행동을 약간 **과장해서** 표현하면 인물의 마음을 더 *실감나게 표현할 수 있다. 
	*실감나다(實 열매 실, 感 느낄 감) 실제로 보고 듣고 겪은 것 같은 느낌이 들다

1 문장을 읽고, 알맞은 낱말을 써 넣어 봅시다.

1)　부끄러움 · 노여움 등으로 갑자기 얼굴이
　　발그레해지다 또는 몸이 뜨거워지다

2)　말 · 행동을 잘못하여 자신의 명예 · 체면 따위를 망침

3)　긴장하거나 · 유쾌하지 못하여 표정 · 태도가
　　딱딱하게 되다

4)　몹시 놀라거나 · 불안하여 자꾸 가슴이 뛰는 모양

5)　잘 알려지지 않은 어떤 곳을 위험을 무릅쓰고 찾아가
　　조사할 목적으로 만들어진 무리

6)　실제보다 크거나 · 대단한 것으로 부풀려서 나타내다

20주
1일

2 밑줄 친 곳에 알맞은 낱말을 써 넣어 문장을 완성해 봅시다.

1)　선생님의 질문에 틀린 답을 말해서 얼굴이 _____.

2)　아이는 문방구에서 물건을 슬쩍하다 걸려서 _____ 을 당했다.

3)　수업 시간에 선생님이 갑자기 내 이름을 부르는 바람에 얼굴이 _____.

4)　내 발표 차례가 되자 가슴이 _____ 뛰었다.

5)　_____ 가 들어간 동굴 천장에는 박쥐들이 우글우글 매달려 있었다.

6)　인물의 표정이나 행동을 약간 _____ 표현하면 인물의 마음을 더 실감나게
　　표현할 수 있다.

절대로(절대) 한자 끊을 절 絕 대할 대 對	무슨 일이 있어도 반드시 또는 어떠한 일이 있더라도 꼭	

예 친구의 비밀을 **절대로** 다른 사람에게 말하지 않겠다고 약속했다.

비 결코(決 결단할 결), 결단코(斷 끊을 단)

저절로

다른 힘을 빌리지 아니하고 / 제 스스로 또는 *자연적으로

예 며칠 푹 쉬었더니 감기가 **저절로** 나았다.

비 자연히, 절로

*자연적(自 스스로 자, 然 그럴 연, 的 과녁 적) 특별한 노력 없이도 저절로 되는 (것)

순전히
한자 순수할 순 純
온전할 전 全

*순수하고 · *완전하게

예 이번 시험에서 백점을 맞을 수 있었던 이유는 **순전히** 노력 덕분이다.

*순수하다(純 순수할 순, 粹 순수할 수)   전혀 다른 것의 섞임이 없다

*완전하다(完 완전할 완, 全 온전할 전)   (부족함이나 흠이 없이) 필요한 것이 모두 갖추어져 있다

동력
한자 움직일 동 動
힘 력 力

전력(전기의 힘) · 수력(물의 힘) · 풍력(바람의 힘) 따위로 / 기계를 움직이게 하는 / 힘

예 자동차는 기계의 **동력**으로 움직이고, 자전거는 사람의 동력으로 움직인다.

마법
한자 마귀 마 魔
법 법 法

사람의 능력을 뛰어넘는 이상한 힘으로 / *불가사의한 일을 / *행하는 것

예 해리포터 이야기에는 놀랍고 *신비한 **마법**이 많이 나온다.

*불가사의하다(不 아닐 불, 可 옳을 가, 思 생각 사, 議 의논할 의)

사람의 생각으로는 미루어 헤아릴 수 없이 묘하고 이상하다

*행하다(行 다닐 행)   어떤 일을 실제로 해 나가다

*신비하다(神 귀신 신, 祕 숨길 비)

(일이나 현상 따위가) 도저히 이해할 수 없을 만큼 신기하고 묘하다

1 문장을 읽고, 알맞은 낱말을 써 넣어 봅시다.

1) 무슨 일이 있어도 반드시 또는 어떠한 일이 있더라도 꼭 ☐☐☐

2) 다른 힘을 빌리지 아니하고 제 스스로 또는 자연적으로 ☐☐☐

3) 순수하고 · 완전하게 ☐☐☐

4) 전력(전기의 힘) · 수력(물의 힘) · 풍력(바람의 힘) 따위로 기계를 움직이게 하는 힘 ☐☐

5) 사람의 능력을 뛰어넘는 이상한 힘으로 불가사의한 일을 행하는 것 ☐☐

20주 2일

2 밑줄 친 곳에 알맞은 낱말을 써 넣어 문장을 완성해 봅시다.

1) 친구의 비밀을 _____ 다른 사람에게 말하지 않겠다고 약속했다.

2) 며칠 푹 쉬었더니 감기가 _____ 나았다.

3) 이번 시험에서 백점을 맞을 수 있었던 이유는 _____ 노력 덕분이다.

4) 자동차는 기계의 _____ 으로 움직이고, 자전거는 사람의 _____ 으로 움직인다.

5) 해리포터 이야기에는 놀랍고 신비한 _____ 이 많이 나온다.

1 문장을 읽고, 알맞은 낱말을 써 넣어 봅시다.

1) 잘 알려지지 않은 어떤 곳을 위험을 무릅쓰고 찾아가
조사할 목적으로 만들어진 무리 _____

2) 다른 힘을 빌리지 아니하고 제 스스로 또는 자연적으로 _____

3) 말·행동을 잘못하여 자신의 명예·체면 따위를 망침 _____

4) 무슨 일이 있어도 반드시 또는 어떠한 일이 있더라도 꼭 _____

5) 순수하고 완전하게 _____

6) 실제보다 크거나·대단한 것으로 부풀려서 나타내다 _____

7) 전력(전기의 힘)·수력(물의 힘)·풍력(바람의 힘) 따위로
기계를 움직이게 하는 힘 _____

8) 긴장하거나·유쾌하지 못하여 표정·태도가
딱딱하게 되다 _____

9) 사람의 능력을 뛰어넘는 이상한 힘으로 불가사의한
일을 행하는 것 _____

10) 몹시 놀라거나·불안하여 자꾸 가슴이 뛰는 모양 _____

11) 부끄러움·노여움 등으로 갑자기 얼굴이
발그레해지다 또는 몸이 뜨거워지다 _____

2 밑줄 친 곳에 알맞은 낱말을 써 넣어 문장을 완성해 봅시다.

1)   해리포터 이야기에는 놀랍고 신비한 _____ 이 많이 나온다.

2)   아이는 문방구에서 물건을 슬쩍하다 걸려서 _____ 을 당했다.

3)   며칠 푹 쉬었더니 감기가 _____ 나았다.

4)   수업 시간에 선생님이 갑자기 내 이름을 부르는 바람에 얼굴이 _____ .

5)   친구의 비밀을 _____ 다른 사람에게 말하지 않겠다고 약속했다.

6)   _____ 가 들어간 동굴 천장에는 박쥐들이 우글우글 매달려 있었다.

7)   내 발표 차례가 되자 가슴이 _____ 뛰었다.

8)   인물의 표정이나 행동을 약간 _____ 표현하면 인물의 마음을 더 실감나게 표현할 수 있다.

9)   선생님의 질문에 틀린 답을 말해서 얼굴이 _____ .

10) 자동차는 기계의 _____ 으로 움직이고, 자전거는 사람의 _____ 으로 움직인다.

11) 이번 시험에서 백점을 맞을 수 있었던 이유는 _____ 노력 덕분이다.

1 **문장을 읽고, 알맞은 낱말을 써 넣어 봅시다.**

1) 일정한 원리에 따라 낱낱의 부분이 잘 짜여서 조화를
   이룬 전체   (   )

2) 앞으로 얼마 안 가서   (   )

3) 실제적이고 · 세밀한 부분까지 담고 있는 (것)   (   )

4) 어떤 지역 · 지점 · 사물 · 사람을 중심으로 가까운 곳   (   )

5) 죄를 짓다 또는 잘못을 하다   (   )

6) 외출할 때 겉옷 위에 외투로 입는 우리나라 고유의 웃옷   (   )

7) 몸을 바닥에 바짝 붙이고 냉큼 엎드리는 모양   (   )

8) 한 가지 일에 온 정신을 쏟아 딴생각이 없이   (   )

9) 전에 없던 것을 처음으로 만들다   (   )

10) 한 나라 안의 전체 사람들 중에서 글을 읽지 못하거나 ·
    쓰지 못하는 사람의 수   (   )

11) 정도가 매우 심함을 나타내는 말   (   )

12) 사물 · 현상이 만들어지거나 · 생겨난 그 처음   (   )

13) 잘 알려지지 않은 어떤 곳을 위험을 무릅쓰고 찾아가
    조사할 목적으로 만들어진 무리   (   )

14) 조선 세종 28년(1446년)에 훈민정음 스물여덟 자를 세상에
    알릴 때 나뭇조각에 새긴 글씨를 찍어 낸 원본   (   )

15) 시 · 글을 감정 · 억양을 넣어 읽거나 외우다   (   )

16) 순수하고 완전하게 (　　　　　)

17) 글자를 새로 만듦 (　　　　　)

18) 하나의 문자 기호가 한 개의 음소(낱소리)를 나타내는
　　 문자 체계 (　　　　　)

19) 자신의 가치 · 능력을 믿고 당당히 여기는 마음 (　　　　　)

20) 글씨 · 그림 따위를 아무렇게나 쓰거나 그리다 (　　　　　)

21) 예전에 없던 것을 처음으로 만들어 내거나 · 생각해 내는 성질 (　　　　　)

22) 나라 · 세상이 안정되어 평안하다 (　　　　　)

23) 취미 · 목적이 같은 사람들이 모여서 만든 모임 (　　　　　)

24) 속속들이 꿰뚫어 깊은 구석구석까지 빈틈없이 (　　　　　)

25) 몹시 놀라거나 · 불안하여 자꾸 가슴이 뛰는 모양 (　　　　　)

26) 덕이 적은 사람이라는 뜻으로 임금이 자기 자신을 낮추어
　　 부르던 말 (　　　　　)

27) 음소가 모여서 이루어진 소리를 낼 수 있는 가장 작은 덩어리 (　　　　　)

28) 다른 힘을 빌리지 아니하고 제 스스로 또는 자연적으로 (　　　　　)

29) 궁궐 안에서 임금이나 임금의 가족이 걸린 병을 치료하던
　　 의원 (　　　　　)

30) 글씨 · 그림에서 연필 · 붓 따위로 한 번 그은 선 또는 점 (　　　　　)

2 밑줄 친 곳에 알맞은 낱말을 써 넣어 문장을 완성해 봅시다.

1) 독서는 영어, 수학 공부에 _____ 중요하다.

2) 임금님께서 농사 잘 지으라고 책을 만드셨다는데, 글을 읽지 못하니 무슨 _____ 이람?

3) 주시경이 쓴 「대한 국어 문법」이라는 책에는 한글과 우리말을 바르게 사용하기 위한 규칙인 _____ 이 실려 있다.

4) 강낭콩이 날이 갈수록 시들어 가는 것으로 미루어 보아 교실은 식물을 기르기에 _____ 환경이 아닌 것 같다.

5) 세종 대왕은 오랜 세월 동안 _____ 연구한 끝에 훈민정음 스물여덟 자를 완성했다.

6) 쉬운 문제는 답이 금방 나오지만, 어려운 문제는 _____ 생각해야 겨우 풀린다.

7) 친구가 단톡방에 올린 사진들로 _____ 봤을 때 친구는 가족과 함께 바닷가로 여행을 간 것 같다.

8) 수학 문제가 너무 어려워서 해답지의 _____ 를 봐도 이해가 되지 않았다.

9) 수학 시간에 삼각형을 투명 종이 위에 _____ 그린 후에 위쪽, 아래쪽, 왼쪽, 오른쪽으로 뒤집어 보았다.

10) 한글의 '아'는 언제나 [아]로만 발음되지만, 영어의 'a'는 각각의 낱말 안에서 여러 가지로 발음되기 때문에, 영어는 _____ 을 배우는 데 상당한 노력을 기울여야 한다.

11) 삼 년 동안 다녔던 피아노 학원을 _____ 그만둘 것 같다.

12) 친구가 저 멀리서 손짓을 하는데 무슨 뜻인지 _____ 알 수 없었다.

13) 자신의 역할에 최선을 다하지 않고 게으름을 피우는 것은 부모님의 기대에 어긋나는 _____ 이다.

14) 아이는 학교가 끝나면 곧장 학원에 가서 해질 _____ 에 집에 들어간다.

15) 할머니가 시골에서 갖고 오신 _____ 에는 갖가지 물건이 들어 있었다.

16) 해리포터 이야기에는 놀랍고 신비한 _____ 이 많이 나온다.

17) 반장이 한 학기 동안 _____ 을 톡톡히 해서 선생님께 칭찬을 받았다.

18) 엄마가 동생에게 옷을 사주겠다고 하셨는데, 동생은 괜찮다며 _____.

19) 휴대 전화의 한글 자판은 한글의 자음과 모음의 획을 더하는 원리에 기초하여 _____ .

20) 동생이 잘못한 일로 나까지 싸잡아 혼나서 _____ .

21) 선생님이 시 한 구절을 _____ , 학생들은 선생님의 말을 따라 _____ .

22) 엄마는 올해 초등학교에 입학한 동생의 가방과 준비물을 _____ 챙겨주셨다.

23) 교과서를 모르는 내용이 하나도 없을 때까지 _____ 읽은 후에 문제집 한 권을 틀리는 문제가 하나도 없을 때까지 _____ 풀면 어떤 과목이라도 백점을 받을 수 있다.

24) 아이는 문방구에서 물건을 슬쩍하다 걸려서 _____ 을 당했다.

25) 아무에게도 말하지 않는 남모를 _____ 은 누구에게나 하나씩 있다.

26) 한 젊은 선비가 _____ 를 보기 위해 달포 전에 한양으로 떠났다.

27) 아이는 운동 능력이 _____ 무슨 운동이든 다 잘한다.

28) 국가의 _____ 은 국민이고, 학교의 _____ 은 학생이다.

29) 인물의 표정이나 행동을 약간 _____ 표현하면 인물의 마음을 더 실감나게 표현할 수 있다.

30) 아이는 해가 중천에 떠 있을 때 굼적굼적 일어날 만큼 _____ .

💡 **문장을 읽고, 알맞은 낱말을 써 넣어 봅시다.**

1) 일정한 원리에 따라 낱낱의 부분이 잘 짜여서 조화를
   이룬 전체 ( )

2) 여러 겹으로 겹쳐 있게 ( )

3) 성질·솜씨·행동 따위가 매우 자세하고 꼼꼼하고
   차분하다 ( )

4) 사람·말·소 따위에게 일을 시키다 ( )

5) 어떤 물품이 널리 일상적으로 쓰이게 되다 ( )

6) 이전까지의 불안이 사라져서 또는 어떤 일이 잘
   진행되어서 마음을 놓다 ( )

7) 여러 대를 이어서 계속 ( )

8) 주어의 행동을 서술하는 말 ( )

9) 동식물·광석 따위를 찾거나·캐거나·잡아서 모으다 ( )

10) 액체 상태의 어떤 물질이 그 표면에서 기체 상태로 변하다 ( )

11) 순수하고 완전하게 ( )

12) 알려지지 않은 것을 샅샅이 찾아보고·자세히 알아보다 ( )

13) 생각·감정이 들어 있다 ( )

14) 함께 들어 있다 또는 함께 넣다 ( )

15) 높은 지역에 위치한 넓고 평평한 땅 ( )

16) 규칙에 의하여 일정한 한도를 정하다 또는
    정한 한도를 넘지 못하게 막다 ( )

17) 쓰고 난 후 남은 것(나머지)　　　　　　　　(　　　)

18) 물건의 아래쪽 부분 또는 식물의 뿌리(에 가까운) 부분　(　　　)

19) 많은 사람이 한곳에 모여 수선스럽게 움직이다　　(　　　)

20) 어떤 자극을 받아 반응을 일으킴　　　　　　(　　　)

21) 솜씨·기술이 빈틈이 없고 자세하다　　　　　(　　　)

22) 지구의 표면(지표)에 있는 바위·돌·모래 따위가 빗물·
　　강물·파도·빙하·바람 등에 의하여 깎여 나가는 것　(　　　)

23) 가난하여 옷이 헐어 벗다시피 하다　　　　　(　　　)

24) 하나씩 하나씩 차례대로 바꾸어서　　　　　(　　　)

25) 절차에 따라 정리하다 또는 끝맺다　　　　　(　　　)

26) 깊은 속까지 샅샅이 자세하다　　　　　　　(　　　)

27) 해가 곧 지려고 산이나 지평선 너머로 조금씩 넘어가는
　　모양　　　　　　　　　　　　　　　　(　　　)

28) 무엇을 몇 가지 중에서 골라 뽑다　　　　　(　　　)

29) 솜·누에고치·털 따위에서 섬유질을 뽑아 실을 만들어
　　천을 짜 내기까지의 모든 일　　　　　　　(　　　)

30) 사물을 이루는 본디의 바탕　　　　　　　　(　　　)

31) 곡식을 담기 위해 나무로 만든 네모난 통　　　(　　　)

32) 사실·이치에 조금도 어긋남이 없이 정말로　　(　　　)

33) 가늘고 긴 막대를 줄로 엮거나·줄 따위를 여러 개
　　나란히 늘어뜨려 만든 물건　　　　　　　　(　　　)

34) 어떤 천체가 다른 천체의 둘레를 돌면서 그리는
    일정한 곡선의 길   (   )

35) 그림, 액면가, 발행연도 따위의 무늬를 새기기 전
    상태의 동전   (   )

36) 사람에게 권리·명예·임무 따위를 지니도록 해 주다 또는
    사물·일에 가치·의의 따위를 붙여 주다   (   )

37) 재료의 성질에서 느껴지는 독특한 느낌   (   )

38) 식량·물건 따위를 보관하는 곳   (   )

39) 바위·동굴 벽에 그리거나·새겨놓은 그림   (   )

40) 발·다리를 잇따라 높이 들어 크게 걸음을 내딛는 모양 (   )

41) 산과 산 사이의 좁고 험한 골짜기   (   )

42) 단정적으로 딱 잘라서 말할 수는 없으나 어느 정도
    짐작하거나·그럴 가능성이 큰 말 앞에서 거의·대부분의
    뜻으로 쓰이는 말   (   )

43) 꽤 무겁다   (   )

44) 남보다 훨씬 뛰어나다   (   )

45) 어떤 장소가 쓸쓸하고 으스스하다   (   )

46) 감정 따위가 마음속으로 천천히 은밀하게   (   )

47) 자신의 이익만을 꾀하는 마음   (   )

48) 실·끈 따위를 구멍·틈의 한쪽에 넣어 다른 쪽으로 내다 (   )

49) 일이 벌어지기 전에 앞으로 어찌될지 미리 생각해 보다 (   )

50) 한 종류의 생물이 완전히 없어지는 것   (   )

51) 우두커니 한곳만 바라보는 모양   (   )

52) 무엇에 뒤떨어지지 않다 또는 못하지 않다   (   )

53) 숨을 가쁘고 거칠게 몰아쉬는 모양   (   )

54) 하나의 문자 기호가 한 개의 음소(낱소리)를 나타내는
     문자 체계   (   )

55) 회의에서 어떤 안건에 대하여 찬성, 반대 의견을
     표시하여 결정함   (   )

56) 사람 · 물건을 일정한 자리에 알맞게 나누어 두다   (   )

57) 일이 뜻대로 되지 않거나 · 후련하지 않아
     애가 타고 안타깝다   (   )

58) 고려 · 조선 시대에 지배층을 이루던 상류 계급에 속한 사람 (   )

59) 사물 · 현상이 만들어지거나 · 생겨난 그 처음   (   )

60) 옳다고 인정받도록 도움을 주다   (   )

61) 마음에 들지 않아 기분이 좋지 않다   (   )

62) 확실하게 알다   (   )

63) 매 따위를 심하게 맞는 모양   (   )

64) 눈이 어두워 똑똑히 보이지 않고 흐릿하다   (   )

65) 우물 둘레의 작은 둑 모양으로 된 곳   (   )

66) 누구도 부정하거나 · 의심할 여지가 없이 아주 뚜렷하게   (   )

67) 상대방이 처한 상황을 살펴 생각하다   (   )

68) 적당히 따뜻해지다 (　　　　　)

69) 눈을 크게 뜨고 이쪽저쪽을 자꾸 둘러보다 (　　　　　)

70) 이미 사거나 바꾼 물건을 원래 주인에게 돌려주고
돈이나 물건을 되찾다 (　　　　　)

71) 비웃는 태도로 자꾸 얄밉게 놀리다 (　　　　　)

72) 취미 · 목적이 같은 사람들이 모여서 만든 모임 (　　　　　)

73) 어울리지 않게 으쓱거리며 뽐내다 (　　　　　)

74) 마음을 부드럽게 할 만큼 따뜻하다 (　　　　　)

75) 약하게 느낄 수 있을 만큼 (　　　　　)

76) 아무 말없이 조용히 (　　　　　)

77) 임금의 얼굴을 그린 그림 또는 찍은 사진 (　　　　　)

78) 무서운 말 · 행동으로 겁을 주다 (　　　　　)

79) 이미 있는 것을 본보기로 삼아 그것과 똑같이 만들다 (　　　　　)

80) 조금도 축나거나 · 변하지 않고 그대로 온전한 상태로 (　　　　　)

81) 사람 · 기계 따위가 들인 힘 · 노력 · 에너지에 대하여
실제로 얻은 효과의 정도 (　　　　　)

82) 여러모로 깊이 생각하는 모양 (　　　　　)

83) 어떤 대상(A)을 다른 대상(B)이라고 인정하다
또는 생각하다 (　　　　　)

84) 눈 · 비가 조용히 듬성듬성 내리는 모양 (　　　　　)

85) 땅바닥으로 벋거나 · 다른 것에 감겨 오르는 식물의 줄기 　（　　　　　）

86) 연료 · 에너지 · 돈 · 물품 · 시간 따위를 들이는 양 또는
　　　써서 없애는 양 　（　　　　　）

87) 균형을 잃고 한쪽으로 기울어지면서 몰리다 　（　　　　　）

88) 정부 · 단체 · 개인 등이 정치적인 목적을 실현하거나 ·
　　　사회적인 문제를 해결하기 위하여 취하는 방향 · 방법 　（　　　　　）

89) 글씨 · 그림에서 연필 · 붓 따위로 한 번 그은 선 또는 점 　（　　　　　）

90) 생물이 오랜 기간 동안 여러 세대를 거치면서 환경에
　　　적응하여 몸의 구조와 생김새가 변하다 　（　　　　　）

91) 붉은 진흙으로 빚은 후에 볕에 말리거나 · 약간 구운 다음
　　　윤이 나도록 하는 잿물을 입혀 다시 구운 그릇 　（　　　　　）

92) 음소가 모여서 이루어진 소리를 낼 수 있는
　　　가장 작은 덩어리 　（　　　　　）

93) 글씨 · 그림 따위를 아무렇게나 쓰거나 그리다 　（　　　　　）

94) 속속들이 꿰뚫어 깊은 구석구석까지 빈틈없이 　（　　　　　）

95) 말의 소리 · 뜻을 적는 데 사용하는 시각적 기호 　（　　　　　）

96) 몇 글자 또는 몇 낱말로 이루어진 짧은 글 　（　　　　　）

97) 사물이 지니고 있는 값 · 쓸모 　（　　　　　）

98) 외출할 때 겉옷 위에 외투로 입는 우리나라 고유의 웃옷 　（　　　　　）

99) 실제적이고 · 세밀한 부분까지 담고 있는 (것) 　（　　　　　）

100) 사물 · 현상의 근본이 되는 이치 · 방법 · 순서 　（　　　　　）

힘들고 지칠 때
색칠놀이

국단어
완전 정복

바른 답 및 색인

4·1

오리진
에듀

초등 학습법 전문가
전위성 선생님과 함께 하는

10641 **프로젝트**

🐦 매일 **10**분씩 공부하고   국어 교과서 낱말 완전 정복하자!

🐦 하루 **6**개씩 공부하고   어휘력, 독해력, 논술력 완성하자!

🐦 초등 **4**년 동안 공부하고   상위 **1**퍼센트 우등생이 되자!

국단어
완전 정복
바른 답 및 색인

4·1

1일

1 1) 밤새 2) 깜박깜박 3) 몰래 4) 빠끔 5) 얄밉다 6) 굽다

2 1) 밤새 2) 깜박깜박 3) 몰래 4) 빠끔 5) 얄밉다 6) 굽은

2일

1 1) 구부리다 2) 얼른 3) 내밀다 4) 짓다 5) 도령 6) 가훈

2 1) 구부러져서 2) 얼른 3) 내미는 4) 지었다 5) 도령 6) 가훈

3일

1 1) 뜻 2) 담기다 3) 석 4) 대대로 5) 곳간 6) 어마어마하다

2 1) 뜻 2) 담긴 3) 석 4) 대대로 5) 곳간 6) 어마어마하게, 어마어마하게

4일

1 1) 부리다 2) 하인 3) 대감마님 4) 북적이다 5) 사랑채 6) 안채

2 1) 부리는 2) 하인 3) 대감마님 4) 북적였다 5) 사랑채 6) 안채

5일

1 1) 함부로 2) 야단맞다 3) 들키다 4) 뉘엿뉘엿 5) 뒤지다 6) 빼곡히

2 1) 함부로 2) 야단맞았다 3) 들켜서 4) 뉘엿뉘엿 5) 뒤졌지만 6) 빼곡히

1주 주말평가

1 1) 뒤지다 2) 빠끔 3) 부리다 4) 야단맞다 5) 하인 6) 대대로 7) 대감마님 8) 빼곡히 9) 북적이다 10) 함부로 11) 석 12) 안채 13) 밤새 14) 구부리다 15) 깜박깜박 16) 뉘엿뉘엿 17) 굽다 18) 몰래 19) 얄밉다 20) 얼른 21) 사랑채 22) 뜻 23) 어마어마하다 24) 담기다 25) 가훈 26) 도령 27) 들키다 28) 내밀다 29) 곳간 30) 짓다

2 1) 들켜서 2) 밤새 3) 구부러져서 4) 어마어마하게, 어마어마하게 5) 지었다 6) 하인 7) 담긴 8) 뉘엿뉘엿 9) 깜박깜박 10) 뒤졌지만 11) 빠끔 12) 빼곡히 13) 가훈 14) 대감마님 15) 얄밉다 16) 사랑채 17) 석 18) 얼른 19) 굽은 20) 내미는 21) 함부로 22) 도령 23) 야단맞았다 24) 뜻 25) 북적였다 26) 안채 27) 대대로 28) 부리는 29) 곳간 30) 몰래

1일

1 1) 새근새근 2) 헐레벌떡 3) 애쓰다 4) 야속하다 5) 틈 6) 내팽개치다

2 1) 새근새근 2) 헐레벌떡 3) 애써 4) 야속했다 5) 틈 6) 내팽개치고

2일

1 1) 타다 2) 흉년 3) 헐값 4) 허다하다 5) 낫 6) 헐벗다

2 1) 타 2) 흉년 3) 헐값 4) 허다했다 5) 낫 6) 헐벗고

3일

1 1) 연일 2) 우쭐하다 3) 문득 4) 이맘때 5) 호되다 6) 제값

2 1) 연일 2) 우쭐한 3) 문득 4) 이맘때 5) 호되게 6) 제값

4일

1 1) 장사치 2) 슬며시 3) 제사 4) 영문 5) 절 6) 양반

2 1) 장사치 2) 슬며시 3) 제사 4) 영문 5) 절 6) 양반

5일

1 1) 리 2) 희한하다 3) 뒤주 4) 오히려 5) 의심 6) 어쩌다가

2 1) 리, 리 2) 희한한 3) 뒤주 4) 오히려 5) 의심 6) 어쩌다가

2주 주말평가

1 1) 뒤주 2) 헐벗다 3) 영문 4) 헐레벌떡 5) 흉년 6) 리 7) 헐값 8) 희한하다 9) 새근새근 10) 이맘때 11) 슬며시 12) 어쩌다가 13) 야속하다 14) 타다 15) 절 16) 장사치 17) 연일 18) 호되다 19) 오히려 20) 내팽개치다 21) 허다하다 22) 애쓰다 23) 의심 24) 우쭐하다 25) 틈 26) 문득 27) 낫 28) 제사 29) 제값 30) 양반

2 1) 호되게 2) 장사치 3) 헐값 4) 제사 5) 연일 6) 야속했다 7) 리, 리 8) 틈 9) 이맘때 10) 낫 11) 영문 12) 희한한 13) 제값 14) 절 15) 우쭐한 16) 뒤주 17) 타 18) 오히려 19) 새근새근 20) 문득 21) 헐레벌떡 22) 의심 23) 애써 24) 양반 25) 헐벗고 26) 슬며시 27) 내팽개치고 28) 흉년 29) 허다했다 30) 어쩌다가

1일

1 1) 아무리 2) 흘리다 3) 우물둔덕 4) 연기 5) 모퉁이 6) 여전히

2 1) 아무리 2) 흘리고 3) 우물둔덕 4) 연기 5) 모퉁이 6) 여전히

2일

1 1) 선선히 2) 거짓부렁 3) 도랑 4) 을러메다 5) 캐묻다 6) 가끔씩

2 1) 선선히 2) 거짓부렁 3) 도랑 4) 을러메는 5) 캐물었다 6) 가끔씩

3일

1 1) 단단히 2) 콘크리트 3) 수평 4) 반듯하다 5) 살림집 6) 그냥

2 1) 단단히 2) 콘크리트 3) 수평 4) 반듯해졌다 5) 살림집 6) 그냥

4일

1 1) 화실 2) 널빤지 3) 쓸모 4) 분수 5) 못마땅하다 6) 파르스름하다

2 1) 화실 2) 널빤지 3) 쓸모, 쓸모 4) 분수 5) 못마땅한 6) 파르스름하게

5일

1 1) 휘 2) 뼘 3) 걸리적거리다 4) 으스대다 5) 금 6) 묘목

2 1) 휘 2) 뼘, 뼘 3) 걸리적거리니까 4) 으스대지 5) 금 6) 묘목

1 1) 걸리적거리다 2) 휘 3) 단단히 4) 으스대다 5) 수평 6) 선선히 7) 캐묻다 8) 도랑 9) 그냥 10) 뺨 11) 널빤지 12) 살림집 13) 쓸모 14) 화실 15) 분수 16) 아무리 17) 을러메다 18) 연기 19) 우물둔덕 20) 모퉁이 21) 흘리다 22) 여전히 23) 못마땅하다 24) 반듯하다 25) 파르스름하다 26) 콘크리트 27) 금 28) 거짓부렁 29) 가끔씩 30) 묘목

2 1) 연기 2) 화실 3) 캐물었다 4) 살림집 5) 아무리 6) 쓸모, 쓸모 7) 단단히 8) 파르스름하게 9) 콘크리트 10) 흘리고 11) 선선히 12) 못마땅한 13) 거짓부렁 14) 수평 15) 뺨, 뺨 16) 을러메는 17) 널빤지 18) 가끔씩 19) 반듯해졌다 20) 그냥 21) 분수 22) 도랑 23) 우물둔덕 24) 휘 25) 모퉁이 26) 걸리적거리니까 27) 묘목 28) 금 29) 여전히 30) 으스대지

4주 54~63쪽

1일

1 1) 오지 2) 화초 3) 가닥 4) 꼬다 5) 듬뿍 6) 뭉근해지다

2 1) 오지 2) 화초 3) 가닥 4) 꼬아서 5) 듬뿍 6) 뭉근해진

2일

1 1) 마디 2) 발 3) 부슬부슬 4) 물끄러미 5) 창턱 6) 매듭짓다

2 1) 마디 2) 발, 발 3) 부슬부슬 4) 물끄러미 5) 창턱 6) 매듭지었다

3일

1 1) 일기 2) 예보 3) 전개 4) 성대 5) 부위 6) 위협하다

2 1) 일기 2) 예보 3) 전개 4) 성대 5) 부위 6) 위협하고

4일

1 1) 발음 2) 움푹 3) 부레 4) 근육 5) 수축 6) 막

2 1) 발음, 발음 2) 움푹 3) 부레 4) 근육 5) 수축 6) 막

5일

1 1) 진동 2) 저마다 3) 그늘 4) 볕 5) 총각 6) 채

2 1) 진동, 진동 2) 저마다 3) 그늘 4) 볕 5) 총각 6) 채

1 1) 부레 2) 막 3) 일기 4) 창턱 5) 부슬부슬 6) 수축 7) 듬뿍 8) 뭉근해지다 9) 볕 10) 성대 11) 움푹 12) 부위 13) 진동 14) 위협하다 15) 채 16) 오지 17) 총각 18) 화초 19) 마디 20) 근육 21) 그늘 22) 예보 23) 발 24) 저마다 25) 매듭짓다 26) 전개 27) 가닥 28) 꼬다 29) 물끄러미 30) 발음

2 1) 부슬부슬 2) 진동, 진동 3) 일기 4) 총각 5) 부레 6) 전개 7) 창턱 8) 성대 9) 가닥 10) 위협하고 11) 예보 12) 그늘 13) 발음, 발음 14) 저마다 15) 화초 16) 수축 17) 근육 18) 막 19) 볕 20) 마디 21) 듬뿍 22) 발, 발 23) 뭉근해진 24) 채 25) 오지 26) 물끄러미 27) 움푹 28) 부위 29) 매듭지었다 30) 꼬아서

월 말 평 가 1~4주

1 1) 북적이다 2) 뒤주 3) 가훈 4) 호되다 5)

걸리적거리다 6) 함부로 7) 부레 8) 대대로 9) 으스대다 10) 헐레벌떡 11) 을러메다 12) 담기다 13) 우물둔덕 14) 오지 15) 파르스름하다 16) 의심 17) 마디 18) 뉘엿뉘엿 19) 양반 20) 슬며시 21) 묘목 22) 문득 23) 못마땅하다 24) 위협하다 25) 곳간 26) 발 27) 전개 28) 얄밉다 29) 물끄러미 30) 도랑

2 1) 북적였다 2) 뉘엿뉘엿 3) 캐물었다 4) 호되게 5) 을러메는 6) 아무리 7) 애써 8) 빠끔 9) 가닥 10) 굽은 11) 헐값 12) 헐벗고 13) 부리는 14) 야속했다 15) 막 16) 사랑채 17) 흘리고 18) 수축 19) 영문 20) 이맘때 21) 으스대지 22) 함부로 23) 수평 24) 밤새 25) 모퉁이 26) 뭉근해진 27) 우쭐한 28) 부슬부슬 29) 새근새근 30) 움푹

5주 74~83쪽

1일

1 1) 버럭버럭 2) 허락 3) 부스스 4) 당연히 5) 기막히다 6) 솔깃하다

2 1) 버럭버럭 2) 허락 3) 부스스 4) 당연히 5) 기가 막혔다 6) 솔깃했다

2일

1 1) 멍청하다 2) 억지로 3) 무르다 4) 냥 5) 벌렁 6) 슬슬

2 1) 멍청하다 2) 억지로 3) 물렀다 4) 냥 5) 벌렁 6) 슬슬

3일

1 1) 성큼성큼 2) 휘두르다 3) 부글부글 4) 속이끓다 5) 안방 6) 얼른

2 1) 성큼성큼 2) 휘두르며 3) 부글부글 4) 속이 끓었다 5) 안방 6) 얼른

4일

1 1) 달달볶다 2) 골리다 3) 사정사정하다 4) 꾸리다 5) 절약하다 6) 에너지

2 1) 달달 볶았다 2) 골렸고, 골렸다 3) 사정사정한다 4) 꾸리기, 꾸렸다 5) 절약했다 6) 에너지

5일

1 1) 자원 2) 가전제품 3) 한없이 4) 수입하다 5) 실천하다 6) 효율

2 1) 자원 2) 가전제품 3) 한없이 4) 수입한다 5) 실천하고 6) 효율

5주 주말평가

1 1) 성큼성큼 2) 실천하다 3) 허락 4) 부스스 5) 멍청하다 6) 한없이 7) 부글부글 8) 억지로 9) 버럭버럭 10) 달달볶다 11) 벌렁 12) 안방 13) 자원 14) 속이끓다 15) 사정사정하다 16) 얼른 17) 당연히 18) 슬슬 19) 절약하다 20) 냥 21) 에너지 22) 무르다 23) 휘두르다 24) 효율 25) 솔깃하다 26) 기막히다 27) 가전제품 28) 골리다 29) 수입하다 30) 꾸리다

2 1) 안방 2) 부글부글 3) 물렀다 4) 성큼성큼 5) 속이 끓었다 6) 자원 7) 휘두르며 8) 얼른 9) 수입한다 10) 가전제품 11) 실천하고 12) 달달 볶았다 13) 멍청하다 14) 골렸고, 골렸다 15) 버럭버럭 16) 슬슬 17) 한없이 18) 꾸리기, 꾸렸다 19) 당연히 20) 허락 21) 사정사정한다 22) 부스스 23) 효율 24) 기가 막혔다 25) 절약했다 26) 에너지 27) 솔깃했다 28) 억지로 29) 벌렁 30) 냥

1일

1 1) 조명 2) 냉방기 3) 난방 4) 굳다 5) 소감 6) 공손하다

2 1) 조명 2) 냉방기 3) 난방 4) 굳은 5) 소감 6) 공손하게

2일

1 1) 배려하다 2) 설명하다 3) 설득하다 4) 감정 5) 고려하다 6) 시절

2 1) 배려하여 2) 설명했다 3) 설득했다 4) 감정 5) 고려해 6) 시절, 시절

3일

1 1) 우르르 2) 채집하다 3) 널리다 4) 이용하다 5) 농사 6) 생산

2 1) 우르르 2) 채집해서 3) 널려 4) 이용하면 5) 농사 6) 생산

4일

1 1) 개발되다 2) 발전하다 3) 수확하다 4) 잉여 5) 처리하다 6) 고민

2 1) 개발되면서 2) 발전하고 3) 수확하는 4) 잉여 5) 처리하는 6) 고민, 고민

5일

1 1) 물물교환 2) 거래 3) 매기다 4) 장신구 5) 꿰다 6) 보조

2 1) 물물 교환 2) 거래 3) 매겨서 4) 장신구 5) 꿰어 6) 보조

1 1) 채집하다 2) 조명 3) 잉여 4) 공손하다 5) 매기다 6) 보조 7) 냉방기 8) 배려하다 9) 꿰다 10) 고민 11) 장신구 12) 설득하다 13) 우르르 14) 소감 15) 널리다 16) 개발되다 17) 감정 18) 발전하다 19) 설명하다 20) 처리하다 21) 물물교환 22) 이용하다 23) 수확하다 24) 난방 25) 농사 26) 거래 27) 생산 28) 고려하다 29) 시절 30) 굳다

2 1) 수확하는 2) 물물 교환 3) 거래 4) 개발되면서 5) 이용하면 6) 우르르 7) 매겨서 8) 소감 9) 채집해서 10) 발전하고 11) 농사 12) 꿰어 13) 설명했다 14) 조명 15) 생산 16) 보조 17) 시절, 시절 18) 난방 19) 처리하는 20) 널려 21) 공손하게 22) 잉여 23) 감정 24) 배려하여 25) 장신구 26) 굳은 27) 냉방기 28) 고민, 고민 29) 고려해 30) 설득했다

1일

1 1) 유목민 2) 수단 3) 불과하다 4) 가치 5) 방적 6) 정교하다

2 1) 유목민 2) 수단 3) 불과했다 4) 가치 5) 방적 6) 정교했다

2일

1 1) 낙면 2) 인쇄 3) 위조 4) 방지하다 5) 특이하다 6) 제조

2 1) 낙면 2) 인쇄 3) 위조 4) 방지하기 5) 특이한 6) 제조

3일

1 1) 수준 2) 소전 3) 광고 4) 녹색교통 5) 주민자치
6) 실현되다

2 1) 수준, 수준 2) 소전 3) 광고 4) 녹색 교통 5) 주민
자치 6) 실현되고

4일

1 1) 정책 2) 철수하다 3) 활용하다 4) 합의하다 5)
토론하다 6) 태양열

2 1) 정책 2) 철수했다 3) 활용하여 4) 합의했다 5)
토론했다 6) 태양열

5일

1 1) 손실 2) 최소화하다 3) 공동주택 4) 대중교통 5)
인근 6) 전력

2 1) 손실 2) 최소화해야 3) 공동 주택 4) 대중교통 5)
인근 6) 전력

7주 주말평가

1 1) 주민자치 2) 가치 3) 유목민 4) 태양열 5) 수단 6)
합의하다 7) 인쇄 8) 정교하다 9) 소전 10) 대중교통
11) 광고 12) 공동주택 13) 특이하다 14) 녹색교통
15) 전력 16) 불과하다 17) 정책 18) 제조 19)
철수하다 20) 토론하다 21) 낙면 22) 실현되다 23)
방지하다 24) 수준 25) 방적 26) 손실 27) 활용하다
28) 최소화하다 29) 인근 30) 위조

2 1) 대중교통 2) 손실 3) 가치 4) 특이한 5) 낙면 6)
합의했다 7) 불과했다 8) 최소화해야 9) 녹색 교통
10) 방지하기 11) 제조 12) 공동 주택 13) 토론했다
14) 인쇄 15) 인근 16) 전력 17) 정책 18) 방적 19)
활용하여 20) 수준, 수준 21) 주민 자치 22) 수단 23)

소전 24) 유목민 25) 위조 26) 정교했다 27) 광고 28)
철수했다 29) 실현되고 30) 태양열

8주
116~125쪽

1일

1 1) 활발하다 2) 머무르다 3) 생기 4) 스산하다 5)
자원순환 6) 실감나다

2 1) 활발하게 2) 머물렀다 3) 생기 4) 스산한 5) 자원
순환 6) 실감났다

2일

1 1) 사실 2) 대상 3) 의견 4) 전시하다 5) 평소 6) 철

2 1) 사실, 사실 2) 대상 3) 의견 4) 전시했다 5) 평소
6) 철

3일

1 1) 텃새 2) 휴식처 3) 화산섬 4) 묵직하다 5) 초충도
6) 병풍

2 1) 텃새 2) 휴식처 3) 화산섬 4) 묵직하다 5) 초충도
6) 병풍

4일

1 1) 폭 2) 작품 3) 섬세하다 4) 필체 5) 세련되다 6)
색감

2 1) 폭, 폭, 폭, 폭 2) 작품 3) 섬세한 4) 필체 5)
세련된 6) 색감

5일

1 1) 돋보이다 2) 구도 3) 핵심 4) 배치하다 5) 주변
6) 당당하다

2 1) 돋보인다 2) 구도 3) 핵심, 핵심 4) 배치했는데

5) 주변 6) 당당히

8주 주말평가

1 1) 대상 2) 활발하다 3) 주변 4) 묵직하다 5) 병풍 6) 휴식처 7) 스산하다 8) 사실 9) 섬세하다 10) 색감 11) 전시하다 12) 텃새 13) 평소 14) 필체 15) 돋보이다 16) 배치하다 17) 구도 18) 머무르다 19) 의견 20) 당당하다 21) 화산섬 22) 생기 23) 작품 24) 초충도 25) 철 26) 자원순환 27) 폭 28) 실감나다 29) 핵심 30) 세련되다

2 1) 배치했는데 2) 구도 3) 폭, 폭, 폭, 폭 4) 텃새 5) 의견 6) 전시했다 7) 휴식처 8) 실감났다 9) 돋보인다 10) 묵직하다 11) 초충도 12) 스산한 13) 머물렀다 14) 병풍 15) 섬세한 16) 생기 17) 색감 18) 핵심, 핵심 19) 사실, 사실 20) 화산섬 21) 대상 22) 필체 23) 작품 24) 당당히 25) 활발하게 26) 세련된 27) 자원 순환 28) 평소 29) 철 30) 주변

월 말 평 가   5~8주

1 1) 채집하다 2) 돋보이다 3) 수단 4) 처리하다 5) 묵직하다 6) 부스스 7) 텃새 8) 장신구 9) 효율 10) 스산하다 11) 공동주택 12) 부글부글 13) 의견 14) 잉여 15) 핵심 16) 거래 17) 솔깃하다 18) 고려하다 19) 성큼성큼 20) 불과하다 21) 자원 22) 방적 23) 수입하다 24) 우르르 25) 유목민 26) 벌렁 27) 낙면 28) 배려하다 29) 세련되다 30) 가치

2 1) 굳은 2) 솔깃했다 3) 공손하게 4) 배치했는데 5) 물렀다 6) 당당히 7) 수확하는 8) 위조 9) 한없이 10) 손실 11) 구도 12) 매겨서 13) 합의했다 14) 실현되고

15) 핵심, 핵심 16) 거래 17) 정책 18) 시절, 시절 19) 철 20) 당연히 21) 대중교통 22) 휘두르며 23) 효율 24) 최소화해야 25) 소전 26) 실천하고 27) 돋보인다 28) 꿰어 29) 휴식처 30) 자원순환

9주   136~145쪽

 1일

1 1) 덩굴줄기 2) 우아하다 3) 한복판 4) 가로지르다 5) 인상적 6) 묘사

2 1) 덩굴줄기 2) 우아한 3) 한복판 4) 가로지르는 5) 인상적 6) 묘사

2일

1 1) 대비 2) 시선 3) 표면 4) 화목 5) 상징하다 6) 밑동

2 1) 대비 2) 시선 3) 표면 4) 화목 5) 상징하고, 상징한다 6) 밑동

3일

1 1) 생명체 2) 파먹다 3) 은근히 4) 단연 5) 생동감 6) 부여하다

2 1) 생명체 2) 파먹다가 3) 은근히 4) 단연 5) 생동감 6) 부여하는

4일

1 1) 율동감 2) 치우치다 3) 단조로움 4) 극복하다 5) 재능 6) 감각

2 1) 율동감 2) 치우쳤다 3) 단조로움 4) 극복하고 5) 재능, 재능 6) 감각, 감각

5일

1 1) 바탕 2) 평가하다 3) 정확하다 4) 기사 5) 편집 6) 처마

2 1) 바탕 2) 평가했다 3) 정확한 4) 기사 5) 편집 6) 처마

9주 주말평가

1 1) 단조로움 2) 덩굴줄기 3) 율동감 4) 기사 5) 시선 6) 은근히 7) 표면 8) 상징하다 9) 재능 10) 생동감 11) 부여하다 12) 우아하다 13) 밑동 14) 파먹다 15) 극복하다 16) 정확하다 17) 감각 18) 단연 19) 한복판 20) 가로지르다 21) 바탕 22) 생명체 23) 편집 24) 치우치다 25) 처마 26) 대비 27) 인상적 28) 평가하다 29) 묘사 30) 화목

2 1) 기사 2) 바탕 3) 은근히 4) 율동감 5) 단조로움 6) 덩굴줄기 7) 편집 8) 극복하고 9) 가로지르는 10) 파먹다가 11) 표면 12) 묘사 13) 재능, 재능 14) 정확한 15) 우아한 16) 생명체 17) 평가했다 18) 화목 19) 시선 20) 인상적 21) 처마 22) 한복판 23) 감각, 감각 24) 치우쳤다 25) 밑동 26) 단연 27) 부여하는 28) 생동감 29) 상징하고, 상징한다 30) 대비

10주　150~159쪽

1일

1 1) 파악하다 2) 사건 3) 흐름 4) 허름하다 5) 차지하다 6) 우두머리

2 1) 파악하는 2) 사건 3) 흐름 4) 허름한 5) 차지하려고 6) 우두머리

2일

1 1) 온통 2) 한참 3) 첩첩이 4) 완주하다 5) 덜컥 6) 화창하다

2 1) 온통 2) 한참 3) 첩첩이 4) 완주하는 5) 덜컥 6) 화창해서

3일

1 1) 경사지다 2) 뻐근하다 3) 어질어질하다 4) 현기증 5) 일다 6) 격려하다

2 1) 경사진 2) 뻐근하다 3) 어질어질하다 4) 현기증 5) 일었다 6) 격려해

4일

1 1) 안도하다 2) 무리하다 3) 고스란히 4) 징검다리 5) 주제 6) 감쪽같이

2 1) 안도했다 2) 무리하게 3) 고스란히 4) 징검다리 5) 주제 6) 감쪽같이

5일

1 1) 잔뜩 2) 기회 3) 영영 4) 아마 5) 따지다 6) 비아냥거리다

2 1) 잔뜩 2) 기회 3) 영영 4) 아마 5) 따졌다 6) 비아냥거렸다

10주 주말평가

1 1) 따지다 2) 현기증 3) 파악하다 4) 징검다리 5) 우두머리 6) 고스란히 7) 한참 8) 주제 9) 일다 10) 뻐근하다 11) 완주하다 12) 아마 13) 덜컥 14) 기회 15) 화창하다 16) 사건 17) 비아냥거리다 18) 흐름 19) 감쪽같이 20) 허름하다 21) 경사지다 22) 무리하다 23) 격려하다 24) 차지하다 25) 안도하다

26) 잔뜩 27) 첩첩이 28) 어질어질하다 29) 온통 30) 영영

2 1) 고스란히 2) 잔뜩 3) 차지하려고 4) 완주하는 5) 무리하게 6) 따졌다 7) 아마 8) 경사진 9) 우두머리 10) 흐름 11) 안도했다 12) 감쪽같이 13) 현기증 14) 온통 15) 징검다리 16) 영영 17) 첩첩이 18) 덜컥 19) 기회 20) 한참 21) 사건 22) 화창해서 23) 일었다 24) 파악하는 25) 허름한 26) 뻐근하다 27) 격려해 28) 어질어질하다 29) 비아냥거렸다 30) 주제

11주   164~173쪽

 1일

1 1) 심통 2) 장면 3) 주제 4) 회의 5) 절차 6) 규칙
2 1) 심통 2) 장면 3) 주제 4) 회의 5) 절차 6) 규칙

2일

1 1) 참석자 2) 결과 3) 참여자 4) 역할 5) 사회자 6) 기록자
2 1) 참석자 2) 결과 3) 참여자 4) 역할 5) 사회자, 사회자 6) 기록자

3일

1 1) 개회 2) 회의록 3) 제안하다 4) 선정하다 5) 찬성하다 6) 표결
2 1) 개회 2) 회의록 3) 제안합니다 4) 선정했다 5) 찬성하는 6) 표결

4일

1 1) 토의 2) 예방하다 3) 벌점 4) 조심하다 5) 피해 6) 규제하다

2 1) 토의 2) 예방하려면 3) 벌점 4) 조심해야 5) 피해 6) 규제하고

5일

1 1) 장점 2) 단점 3) 채택하다 4) 폐회 5) 제시하다 6) 공통
2 1) 장점 2) 단점 3) 채택했다 4) 폐회 5) 제시하셨다 6) 공통

11주 주말평가

1 1) 피해 2) 제안하다 3) 규칙 4) 예방하다 5) 폐회 6) 공통 7) 조심하다 8) 토의 9) 규제하다 10) 장면 11) 참석자 12) 벌점 13) 절차 14) 채택하다 15) 참여자 16) 찬성하다 17) 역할 18) 선정하다 19) 기록자 20) 주제 21) 개회 22) 회의록 23) 심통 24) 장점 25) 사회자 26) 단점 27) 결과 28) 제시하다 29) 표결 30) 회의

2 1) 공통 2) 장점 3) 장면 4) 단점 5) 토의 6) 개회 7) 폐회 8) 회의록 9) 회의 10) 제안합니다 11) 규제하고 12) 결과 13) 표결 14) 예방하려면 15) 기록자 16) 벌점 17) 제시하셨다 18) 피해 19) 채택했다 20) 참석자 21) 사회자, 사회자 22) 조심해야 23) 선정했다 24) 참여자 25) 심통 26) 절차 27) 찬성하는 28) 주제 29) 규칙 30) 역할

12주   178~187쪽

 1일

1 1) 관심 2) 근거 3) 뒷받침하다 4) 당황하다 5) 가로채다 6) 골고루

2 1) 관심 2) 근거 3) 뒷받침하는 4) 당황했다 5) 가로채서 6) 골고루

 2일

1 1) 존중하다 2) 요약하다 3) 내세우다 4) 화성 5) 삭막하다 6) 군데군데

2 1) 존중하는 2) 요약하는 3) 내세울 4) 화성 5) 삭막했다 6) 군데군데

3일

1 1) 고원 2) 협곡 3) 짐작하다 4) 창호지 5) 벽지 6) 갱지

2 1) 고원 2) 협곡 3) 짐작했다 4) 창호지 5) 벽지, 벽지 6) 갱지

4일

1 1) 한지공예 2) 최첨단 3) 일반화되다 4) 생활필수품 5) 보급되다 6) 예상하다

2 1) 한지 공예 2) 최첨단 3) 일반화되었다 4) 생활필수품 5) 보급되었다 6) 예상했다

5일

1 1) 대신하다 2) 여기다 3) 소비량 4) 특유 5) 질감 6) 매력

2 1) 대신하여 2) 여겨서 3) 소비량 4) 특유 5) 질감 6) 매력

12주 주말평가

1 1) 질감 2) 뒷받침하다 3) 한지공예 4) 골고루 5) 생활필수품 6) 요약하다 7) 고원 8) 삭막하다 9) 화성 10) 관심 11) 벽지 12) 특유 13) 소비량 14) 군데군데 15) 일반화되다 16) 대신하다 17) 보급되다

18) 내세우다 19) 가로채다 20) 협곡 21) 존중하다 22) 짐작하다 23) 근거 24) 당황하다 25) 창호지 26) 최첨단 27) 매력 28) 갱지 29) 예상하다 30) 여기다

2 1) 가로채서 2) 뒷받침하는 3) 여겨서 4) 고원 5) 짐작했다 6) 관심 7) 일반화되었다 8) 근거 9) 예상했다 10) 벽지, 벽지 11) 삭막했다 12) 협곡 13) 골고루 14) 창호지 15) 보급되었다 16) 내세울 17) 갱지 18) 특유 19) 대신하여 20) 질감 21) 화성 22) 매력 23) 한지 공예 24) 당황했다 25) 최첨단 26) 요약하는 27) 생활필수품 28) 존중하는 29) 소비량 30) 군데군데

 월 말 평 가 ── 9~12주

1 1) 제안하다 2) 치우치다 3) 역할 4) 표면 5) 격려하다 6) 고스란히 7) 현기증 8) 규칙 9) 상징하다 10) 심통 11) 규제하다 12) 질감 13) 편집 14) 고원 15) 당황하다 16) 표결 17) 따지다 18) 절차 19) 영영 20) 덩굴줄기 21) 협곡 22) 묘사 23) 결과 24) 바탕 25) 징검다리 26) 요약하다 27) 밑동 28) 예상하다 29) 비아냥거리다 30) 뒷받침하다

2 1) 첩첩이 2) 은근히 3) 공통 4) 대비 5) 규제하고 6) 평가했다 7) 뻐근하다 8) 채택했다 9) 인상적 10) 여겨서 11) 부여하는 12) 율동감 13) 일반화되었다 14) 군데군데 15) 단연 16) 당황했다 17) 잔뜩 18) 안도했다 19) 근거 20) 처마 21) 매력 22) 고스란히 23) 주제 24) 존중하는 25) 묘사 26) 토의 27) 벌점 28) 일었다 29) 허름한 30) 가로채서

1일

1 1) 매체 2) 용도 3) 품질 4) 극비 5) 공상과학영화 6) 감응

2 1) 매체 2) 용도 3) 품질 4) 극비 5) 공상 과학 영화 6) 감응

2일

1 1) 기능 2) 유지하다 3) 특수 4) 원격 5) 지면 6) 신호

2 1) 기능 2) 유지해 3) 특수 4) 원격 5) 지면 6) 신호

3일

1 1) 전자 신호 2) 무선 3) 상용화되다 4) 즉석 5) 봉사 6) 요양원

2 1) 전자 신호 2) 무선 3) 상용화되면서 4) 즉석 5) 봉사 6) 요양원

4일

1 1) 두리번거리다 2) 손짓 3) 침침하다 4) 문학소녀 5) 사양하다 6) 글썽이다

2 1) 두리번거리며 2) 손짓 3) 침침해서 4) 문학소녀 5) 사양했다 6) 글썽였다

5일

1 1) 포함하다 2) 속담 3) 중세 4) 탐사하다 5) 관측하다 6) 천체

2 1) 포함해서 2) 속담 3) 중세 4) 탐사한 5) 관측하기 6) 천체

13주 주말평가

1 1) 포함하다 2) 품질 3) 두리번거리다 4) 천체 5) 손짓 6) 봉사 7) 기능 8) 즉석 9) 유지하다 10) 매체 11) 상용화되다 12) 용도 13) 전자 신호 14) 중세 15) 관측하다 16) 공상과학영화 17) 감응 18) 특수 19) 글썽이다 20) 지면 21) 침침하다 22) 속담 23) 문학소녀 24) 원격 25) 신호 26) 무선 27) 극비 28) 요양원 29) 사양하다 30) 탐사하다

2 1) 탐사한 2) 천체 3) 봉사 4) 원격 5) 지면 6) 침침해서 7) 공상 과학 영화 8) 요양원 9) 사양했다 10) 문학소녀 11) 글썽였다 12) 속담 13) 전자 신호 14) 관측하기 15) 품질 16) 무선 17) 상용화되면서 18) 두리번거리며 19) 즉석 20) 중세 21) 기능 22) 감응 23) 유지해 24) 매체 25) 신호 26) 용도 27) 포함해서 28) 특수 29) 극비 30) 손짓

1일

1 1) 착륙하다 2) 궤도 3) 진입하다 4) 상세하다 5) 태양계 6) 화산지형

2 1) 착륙했다 2) 궤도, 궤도 3) 진입했다 4) 상세하게 5) 태양계 6) 화산 지형, 화산 지형

2일

1 1) 암석 2) 침식 3) 퇴적 4) 작용 5) 증거 6) 반복하다

2 1) 암석 2) 침식 3) 퇴적 4) 작용 5) 증거 6) 반복해서

3일

1 1) 번갈아 2) 증발하다 3) 적도 4) 부근 5) 준비하다

6) 예정

2 1) 번갈아 2) 증발하면 3) 적도 4) 부근 5) 준비했다
6) 예정

4일

1 1) 종종 2) 하찮다 3) 마치 4) 엄연히 5) 일정하다
6) 포유동물

2 1) 종종 2) 하찮은 3) 마치 4) 엄연히 5) 일정한 6)
포유동물, 포유동물

5일

1 1) 조상 2) 주민 3) 자연계 4) 공경하다 5) 문화 6)
무시하다

2 1) 조상 2) 주민, 주민 3) 자연계 4) 공경하는 5)
문화 6) 무시해서, 무시했다

14주 주말평가

1 1) 하찮다 2) 상세하다 3) 주민 4) 궤도 5) 침식 6)
작용 7) 증발하다 8) 반복하다 9) 적도 10) 화산지형
11) 공경하다 12) 종종 13) 일정하다 14) 준비하다
15) 조상 16) 부근 17) 예정 18) 자연계 19) 착륙하다
20) 마치 21) 문화 22) 퇴적 23) 번갈아 24) 포유동물
25) 무시하다 26) 암석 27) 증거 28) 엄연히
진입하다 30) 태양계

2 1) 자연계 2) 조상 3) 종종 4) 준비했다 5) 마치
6) 궤도, 궤도 7) 화산 지형, 화산 지형 8) 일정한 9)
주민, 주민 10) 반복해서 11) 번갈아 12) 상세하게
13) 증발하면 14) 포유동물, 포유동물 15) 적도 16)
무시해서, 무시했다 17) 부근 18) 엄연히 19) 착륙했다
20) 예정 21) 진입했다 22) 태양계 23) 문화 24) 작용
25) 공경하는 26) 암석 27) 퇴적 28) 하찮은 29) 증거
30) 침식

1일

1 1) 지긋하다 2) 험하다 3) 흠씬 4) 가지 5) 진화하다
6) 우연히

2 1) 지긋하신 2) 험해서 3) 흠씬 4) 가지 5) 진화해
6) 우연히

2일

1 1) 종 2) 능력 3) 지능 4) 분명 5) 발견하다 6) 흔히

2 1) 종 2) 능력 3) 지능 4) 분명 5) 발견했다 6) 흔히

3일

1 1) 쳐주다 2) 이기심 3) 넘어서다 4) 가르다 5) 기준
6) 삼다

2 1) 쳐주고 2) 이기심 3) 넘어선다 4) 갈라서 5) 기준
6) 삼기도

4일

1 1) 동료 2) 떠받치다 3) 방해하다 4) 허파 5)
훈훈하다 6) 잠기다

2 1) 동료 2) 떠받치며 3) 방해하지 4) 허파 5)
훈훈하게 6) 잠겼다

5일

1 1) 아무런 2) 차마 3) 서럽다 4) 때로 5) 신선하다
6) 도중

2 1) 아무런 2) 차마 3) 서러웠다 4) 때로 5) 신선한
6) 도중

1 1) 이기심 2) 흠씬 3) 아무런 4) 지긋하다 5) 차마 6) 동료 7) 신선하다 8) 떠받치다 9) 우연히 10) 방해하다 11) 잠기다 12) 분명 13) 허파 14) 능력 15) 도중 16) 쳐주다 17) 발견하다 18) 가지 19) 가르다 20) 삼다 21) 서럽다 22) 지능 23) 흔히 24) 때로 25) 넘어서다 26) 훈훈하다 27) 종 28) 기준 29) 험하다 30) 진화하다

2 1) 능력 2) 지긋하신 3) 갈라서 4) 흠씬 5) 종 6) 분명 7) 잠겼다 8) 진화해 9) 지능 10) 기준 11) 쳐주고 12) 때로 13) 이기심 14) 차마 15) 신선한 16) 훈훈하게 17) 험해서 18) 흔히 19) 가지 20) 동료 21) 넘어선다 22) 방해하지 23) 떠받치며 24) 발견했다 25) 허파 26) 아무런 27) 삼기도 28) 도중 29) 우연히 30) 서러웠다

16주 240~249쪽

 1일

1 1) 참으로 2) 한숨 3) 숱하다 4) 멸종 5) 위기 6) 다채롭다

2 1) 참으로 2) 한숨, 한숨 3) 숱한, 숱한 4) 멸종 5) 위기 6) 다채로운

2일

1 1) 풍성하다 2) 온갖 3) 우쭐하다 4) 겸손 5) 실망하다 6) 흩어지다

2 1) 풍성한 2) 온갖 3) 우쭐했다 4) 겸손 5) 실망하실 6) 흩어졌다

3일

1 1) 속상하다 2) 짜임 3) 어찌하다 4) 어떠하다 5) 과속 6) 위치

2 1) 속상하다 2) 짜임 3) 어찌하다, 어찌하다 4) 어떠하다 5) 과속 6) 위치

4일

1 1) 드러나다 2) 강조하다 3) 전달 4) 발표하다 5) 뿌듯하다 6) 긴장

2 1) 드러나야 2) 강조하고, 강조하셨다 3) 전달한, 전달되어 4) 발표했다 5) 뿌듯했다 6) 긴장

5일

1 1) 우수성 2) 발명하다 3) 문자 4) 기록하다 5) 암각화 6) 벽화

2 1) 우수성 2) 발명하고 3) 문자, 문자 4) 기록했다 5) 암각화 6) 벽화

1 1) 우쭐하다 2) 위치 3) 기록하다 4) 어찌하다 5) 드러나다 6) 숱하다 7) 전달 8) 온갖 9) 속상하다 10) 참으로 11) 긴장 12) 한숨 13) 뿌듯하다 14) 위기 15) 짜임 16) 발표하다 17) 우수성 18) 어떠하다 19) 풍성하다 20) 멸종 21) 다채롭다 22) 겸손 23) 강조하다 24) 암각화 25) 흩어지다 26) 과속 27) 실망하다 28) 발명하다 29) 벽화 30) 문자

2 1) 우수성 2) 풍성한 3) 흩어졌다 4) 암각화 5) 문자, 문자 6) 드러나야 7) 우쭐했다 8) 과속 9) 위기 10) 전달한, 전달되어 11) 벽화 12) 발표했다 13) 뿌듯했다 14) 속상하다 15) 실망하실 16) 짜임 17) 겸손 18) 어찌하다, 어찌하다 19) 참으로 20) 숱한,

숱한 21) 강조하고, 강조하셨다 22) 발명하고 23) 한숨 24) 다채로운 25) 어떠하다 26) 멸종 27) 위치 28) 긴장 29) 기록했다 30) 온갖

월 말 평 가 ━━━ **13~16주**

1 1) 퇴적 2) 상세하다 3) 엄연히 4) 지긋하다 5) 침침하다 6) 포함하다 7) 우쭐하다 8) 떠받치다 9) 탐사하다 10) 다채롭다 11) 종 12) 유지하다 13) 숱하다 14) 삼다 15) 종종 16) 짜임 17) 진화하다 18) 암석 19) 상용화되다 20) 이기심 21) 감응 22) 자연계 23) 암각화 24) 천체 25) 가지 26) 흩어지다 27) 신호 28) 훈훈하다 29) 문자 30) 번갈아
2 1) 침식 2) 궤도, 궤도 3) 드러나야 4) 기능 5) 아무런 6) 하찮은 7) 암석 8) 글썽였다 9) 증발하면 10) 조상 11) 도중 12) 어찌하다, 어찌하다 13) 사양했다 14) 뿌듯했다 15) 온갖 16) 반복해서 17) 쳐주고 18) 서러웠다 19) 멸종 20) 매체 21) 기준 22) 험해서 23) 특수 24) 흔히 25) 적도 26) 흠씬 27) 원격 28) 긴장 29) 무선 30) 전달한, 전달되어

17주 260~269쪽

1일

1 1) 근본 2) 평안하다 3) 억울하다 4) 태평하다 5) 불효 6) 효행
2 1) 근본, 근본 2) 평안하다 3) 억울했다 4) 태평한 5) 불효 6) 효행

2일

1 1) 저지르다 2) 깨우치다 3) 암만 4) 소용 5) 제구실 6) 사신
2 1) 저질러서 2) 깨우쳤다 3) 암만 4) 소용 5) 제구실 6) 사신

3일

1 1) 학문 2) 과인 3) 기울이다 4) 안정 5) 어진 6) 철저히
2 1) 학문 2) 과인 3) 기울였다 4) 안정 5) 어진 6) 철저히, 철저히

4일

1 1) 비밀 2) 자부심 3) 어의 4) 납작 5) 조만간 6) 시력
2 1) 비밀 2) 자부심 3) 어의 4) 납작 5) 조만간 6) 시력

5일

1 1) 만물 2) 원리 3) 발음기관 4) 본뜨다 5) 묵묵히 6) 훈민정음해례본
2 1) 만물, 만물 2) 원리 3) 발음 기관 4) 본떠서 5) 묵묵히 6) 훈민정음해례본

17주 주말평가

1 1) 자부심 2) 묵묵히 3) 평안하다 4) 저지르다 5) 효행 6) 발음기관 7) 억울하다 8) 암만 9) 학문 10) 불효 11) 태평하다 12) 기울이다 13) 과인 14) 사신 15) 안정 16) 훈민정음해례본 17) 철저히 18) 소용 19) 비밀 20) 어의 21) 어진 22) 조만간 23) 근본 24) 시력 25) 제구실 26) 만물 27) 원리 28) 납작 29)

본뜨다 30) 깨우치다

2 1) 시력 2) 훈민정음해례본 3) 근본, 근본 4) 효행 5) 납작 6) 암만 7) 억울했다 8) 묵묵히 9) 태평한 10) 저질러서 11) 학문 12) 조만간 13) 과인 14) 제구실 15) 기울였다 16) 불효 17) 안정 18) 깨우쳤다 19) 철저히, 철저히 20) 원리 21) 소용 22) 사신 23) 발음 기관 24) 평안하다 25) 비밀 26) 어의 27) 만물, 만물 28) 어진 29) 본떠서 30) 자부심

18주 274~283쪽

1일

1 1) 위대하다 2) 우수하다 3) 인정하다 4) 독창성 5) 덕분 6) 문맹률

2 1) 위대한 2) 우수한 3) 인정하자 4) 독창성 5) 덕분에 6) 문맹률

2일

1 1) 창제하다 2) 구체적 3) 체계 4) 제자 5) 획 6) 음소문자

2 1) 창제했다 2) 구체적 3) 체계 4) 제자 5) 획 6) 음소문자

3일

1 1) 음절 2) 절약하다 3) 연관 4) 미루다 5) 상당하다 6) 발음법

2 1) 음절 2) 절약해서 3) 연관, 연관 4) 미루어 5) 상당히, 상당하다 6) 발음법

4일

1 1) 표현하다 2) 적합하다 3) 탁월하다 4) 설계되다

5) 성취 6) 특성

2 1) 표현했다 2) 적합한 3) 탁월해서 4) 설계되었다 5) 성취 6) 특성

5일

1 1) 과거 2) 게을리하다 3) 무렵 4) 곰곰이 5) 의논하다 6) 근처

2 1) 과거 2) 게을렀다 3) 무렵 4) 곰곰이 5) 의논하셨다 6) 근처

18주 주말평가

1 1) 곰곰이 2) 연관 3) 체계 4) 문맹률 5) 적합하다 6) 탁월하다 7) 표현하다 8) 의논하다 9) 설계되다 10) 음소문자 11) 위대하다 12) 성취 13) 특성 14) 독창성 15) 우수하다 16) 창제하다 17) 덕분 18) 구체적 19) 발음법 20) 인정하다 21) 무렵 22) 음절 23) 제자 24) 절약하다 25) 미루다 26) 과거 27) 획 28) 게을리하다 29) 근처 30) 상당하다

2 1) 제자 2) 미루어 3) 무렵 4) 과거 5) 표현했다 6) 설계되었다 7) 위대한 8) 덕분에 9) 인정하자 10) 적합한 11) 독창성 12) 획 13) 성취 14) 특성 15) 우수한 16) 게을렀다 17) 곰곰이 18) 음절 19) 탁월해서 20) 절약해서 21) 구체적 22) 근처 23) 연관, 연관 24) 문맹률 25) 상당히, 상당하다 26) 체계 27) 음소문자 28) 발음법 29) 의논하셨다 30) 창제했다

19주 288~297쪽

1일

1 1) 구절 2) 읊다 3) 도무지 4) 풀이 5) 글귀 6)

탓하다

2 1) 구절 2) 읊자, 읊었다 3) 도무지 4) 풀이 5) 글귀 6) 탓했고, 탓했다

2일

1 1) 골똘히 2) 잠기다 3) 본디 4) 답답하다 5) 철퍼덕 6) 끼적이다

2 1) 골똘히 2) 잠겼다 3) 본디 4) 답답했다 5) 철퍼덕 6) 끼적였다

3일

1 1) 입학하다 2) 다지다 3) 마련하다 4) 문법 5) 마음먹다 6) 마다하다

2 1) 입학했다 2) 다지는, 다지는 3) 마련했다 4) 문법 5) 마음먹었다 6) 마다했다

4일

1 1) 자료 2) 일일이 3) 베끼다 4) 학자 5) 부탁하다 6) 보따리

2 1) 자료, 자료 2) 일일이 3) 베끼었다 4) 학자 5) 부탁했고, 부탁했다 6) 보따리

5일

1 1) 차려입다 2) 두루마기 3) 못지않다 4) 간판 5) 분류하다 6) 동아리

2 1) 차려입고 2) 두루마기 3) 못지않게 4) 간판, 간판 5) 분류한다 6) 동아리

19주 주말평가

1 1) 못지않다 2) 잠기다 3) 도무지 4) 동아리 5) 베끼다 6) 일일이 7) 문법 8) 답답하다 9) 마다하다 10) 글귀 11) 학자 12) 골똘히 13) 부탁하다 14) 간판 15)

철퍼덕 16) 보따리 17) 분류하다 18) 입학하다 19) 자료 20) 마련하다 21) 끼적이다 22) 마음먹다 23) 구절 24) 읊다 25) 차려입다 26) 풀이 27) 두루마기 28) 탓하다 29) 본디 30) 다지다

2 1) 잠겼다 2) 베끼었다 3) 풀이 4) 두루마기 5) 글귀 6) 못지않게 7) 자료, 자료 8) 문법 9) 차려입고 10) 마다했다 11) 입학했다 12) 학자 13) 일일이 14) 부탁했고, 부탁했다 15) 골똘히 16) 분류한다 17) 마련했다 18) 마음먹었다 19) 본디 20) 구절 21) 동아리 22) 도무지 23) 다지는, 다지는 24) 답답했다 25) 탓했고, 탓했다 26) 철퍼덕 27) 읊자, 읊었다 28) 끼적였다 29) 보따리 30) 간판, 간판

20주 302~305쪽

1일

1 1) 화끈화끈하다 2) 망신 3) 굳어지다 4) 두근두근 5) 탐험대 6) 과장하다

2 1) 화끈화끈했다 2) 망신 3) 굳어졌다 4) 두근두근 5) 탐험대 6) 과장해서

2일

1 1) 절대로 2) 저절로 3) 순전히 4) 동력 5) 마법

2 1) 절대로 2) 저절로 3) 순전히 4) 동력, 동력 5) 마법

20주 주말평가

1 1) 탐험대 2) 저절로 3) 망신 4) 절대로 5) 순전히 6) 과장하다 7) 동력 8) 굳어지다 9) 마법 10) 두근두근 11) 화끈화끈하다

2 1) 마법 2) 망신 3) 저절로 4) 굳어졌다 5) 절대로
6) 탐험대 7) 두근두근 8) 과장해서 9) 화끈화끈했다
10) 동력, 동력 11) 순전히

17~20주

1 1) 체계 2) 조만간 3) 구체적 4) 근처 5) 저지르다 6)
두루마기 7) 납작 8) 골똘히 9) 창제하다 10) 문맹률
11) 암만 12) 본디 13) 탐험대 14) 훈민정음해례본
15) 읊다 16) 순전히 17) 제자 18) 음소문자 19)
자부심 20) 끼적이다 21) 독창성 22) 태평하다 23)
동아리 24) 철저히 25) 두근두근 26) 과인 27) 음절
28) 저절로 29) 어의 30) 획

2 1) 못지않게 2) 소용 3) 문법 4) 적합한 5) 묵묵히
6) 곰곰이 7) 미루어 8) 풀이 9) 본떠서 10) 발음법 11)
조만간 12) 도무지 13) 불효 14) 무렵 15) 보따리 16)
마법 17) 제구실 18) 마다했다 19) 설계되었다 20)
억울했다 21) 읊자, 읊었다 22) 일일이 23) 철저히,
철저히 24) 망신 25) 비밀 26) 과거 27) 탁월해서 28)
근본, 근본 29) 과장해서 30) 게을렀다

학 기 말 평 가

1) 체계 2) 첩첩이 3) 섬세하다 4) 부리다 5) 상용화되다
6) 안도하다 7) 대대로 8) 어찌하다 9) 채집하다 10)
증발하다 11) 순전히 12) 탐사하다 13) 담기다 14)
포함하다 15) 고원 16) 규제하다 17) 잉여 18) 밑동 19)
북적이다 20) 감응 21) 정교하다 22) 침식 23) 헐벗다

24) 번갈아 25) 처리하다 26) 상세하다 27) 뉘엿뉘엿
28) 채택하다 29) 방적 30) 근본 31) 뒤주 32) 참으로
33) 발 34) 궤도 35) 소전 36) 부여하다 37) 질감 38)
곳간 39) 암각화 40) 성큼성큼 41) 협곡 42) 아마 43)
묵직하다 44) 탁월하다 45) 스산하다 46) 슬며시 47)
이기심 48) 꿰다 49) 예상하다 50) 멸종 51) 물끄러미
52) 못지않다 53) 헐레벌떡 54) 음소문자 55) 표결
56) 배치하다 57) 답답하다 58) 양반 59) 본디 60)
뒷받침하다 61) 못마땅하다 62) 파악하다 63) 흠씬
64) 침침하다 65) 우물둔덕 66) 엄연히 67) 고려하다
68) 뭉근해지다 69) 두리번거리다 70) 무르다 71)
비아냥거리다 72) 동아리 73) 으스대다 74) 훈훈하다
75) 은근히 76) 묵묵히 77) 어진 78) 을러메다 79)
본뜨다 80) 고스란히 81) 효율 82) 곰곰이 83) 삼다
84) 부슬부슬 85) 덩굴줄기 86) 소비량 87) 치우치다
88) 정책 89) 획 90) 진화하다 91) 오지 92) 음절 93)
끼적이다 94) 철저히 95) 문자 96) 글귀 97) 가치 98)
두루마기 99) 구체적 100) 원리

4학년 1학기
색인(찾아보기)

ㄱ

가	14
가격	30
가공하다	104
가구(세대)	110
가끔씩	42
가능성	158
가닥	54
가득하다	246
가들막가들막	60
가로지르다	136
가로채다	178
가르다	230, 296
가쁘다	26
가슴이 내려앉다	152
가운데	136
가장자리	124
가전제품	82
가정	44
가지	226
가치	30, 102
가훈	14
각각	62
간격	42
간곡히	80
간추리다	58
간판	296
갈아끼우다	88
감각	142
감격	246

감상	14
감응	198
감정	90
감쪽같이	156
감탄하다	240
값	28
값어치	28
강력히	172
강조하다	246
갖추다	216, 292, 296
개발되다	94
개울	42
개회	168
갱지	182
거두어들이다	94
거듭하다	40
거래	96
거북하다	154
거슬리다	12, 48
거실	44
거절하다	90, 292
거짓부렁	42
거처하다	78
걸리적거리다	48
검색하다	244
검토	170
겁	42
겁나다	244
게시판	122
게을리하다	282
격려하다	154

격하다	78
견주다	278
결과	166
결말	166
결실	242
결정하다	282
겸손	242
겸손하다	88, 220
겹	152
겹치다	152
경계	60
경기	92
경보	62
경사지다	154
경우	158
계획하다	82
고가	28
고려하다	90
고민	94
고비	240
고상하다	136
고스란히	156
고원	182
고유	296
고정되다	218
고집	164
고함	42
곡선	212
곡식	34
곤히	26
곧잘	274
골고루	178
골고루(고루고루)	184
골나다	80
골똘히	290
골리다	80
골짜기	182
곰곰이	282

곳간	16
공경	32
공경하다	220
공급	60
공기주머니	60
공동 주택	110
공상 과학 영화	198
공상적	198
공손하다	88
공양미	16
공장	104
공통	172
과거	282
과속	244
과인	264
과장되다	138
과장하다	302
관광	154
관련	166
관리	282
관상용	54
관심	178
관찰하다	206
관측하다	206
광고	106
광석	92
광활하다	230
괭이	94
교내(학내)	118
교통	110
교통 체계	106
교훈	206
구도	124
구부리다	14
구분하다	118
구성하다	214
구원하다	240
구절	288

구체적	138, 276	기록	166	나들이	152	농작물	28
군데군데	180	기록자	166	나타내다	280	누에고치	102
굳다	88, 182	기록하다	248	낙담하다	154	눈짓	16
굳어지다	302	기본	124	낙면	104	눈초리	34
굼적굼적	282	기부하다	28	난방	88	뉘엿뉘엿	20
굽다	12	기분	232	남모르다	266	느긋이	246
궁리하다	102	기사	144	납작	266	늘어놓다	32
궤도	212	기상	58	낫	28	능력	228
귀	180	기억	136	낮잡다	32	능통하다	294
규제하다	170	기와집	62	낱낱	54, 276		
규칙	164	기울다	44	내내	120		
균형	124	기울어지다	154	내다보다	56	**ㄷ**	
그냥	44	기울이다	264	내닫다	92	다그치다	144
그늘(음영)	62	기울임	178	내리쏟아지다	42	다듬다	96
그만두다	26	기준	230	내리쬐다(내리쪼이다)	54	다지다	292
그중	118, 168	기체	40	내밀다	14	다채롭다	240
극복하다	142	기초	144	내부	60	단단히	44
극비(극비밀)	198	기타	198	내세우다	180	단연	140
극소수	184	기호	248	내용	16	단점	172
근거	178	기회	26, 158	내젓다	140	단조로움	142
근본	144, 260	긴장	246	내키다	76	단톡방	278
근원	226	긴장하다	88	내팽개치다	26	달달 볶다	80
근육	60	길쌈	102	냉난방기	110	달포	282
근처	282	까닭	178	냉방기	88	담기다	16
글귀	288	깜박깜박	12	냉큼	266	담임	186
글썽이다	204	깨우치다	262	냥	76	답답하다	290
금	48	꼬다	54	너머	20	당당하다	124
금방	282	꽤	120	넉넉하다	242	당당히	266
급속히	94	꾀하다	230	넋(혼)	32	당선되다	242
급식	14	꾸리다	80	널리다	92	당연히	74
긍정적	90	꾸지람(꾸중)	20, 178	널빤지	46	당황하다	178
기(가)막히다	74	꿰다	96	넘어서다	230	대	16
기(가)차다	40	끝맺다	94	노리다	26	대감	18
기간	90	끼적이다	290	녹색 교통	106	대감마님	18
기관	58, 60			논리	58	대다수	158
기기	82			논하다	108	대단하다	16
기능	200	**ㄴ**		농사	92	대대로	16
기대	34	나뒹굴다	92	농산물	94	대비	138

대상	118	뒷받침하다	178	만물	268	무릅쓰다	302
대수롭다	218	드넓다	182	만유인력	228	무리	302
대신	226	드러나다	246	말귀	76	무리하다	76, 156
대신하다	186	드러눕다	76	말썽	232	무선	202
대중교통	110	드론	200	망설이다	42	무성하다	28
대표하다	244	들이다	82, 186	망신	302	무시하다	220
덕분	274	들키다	20	맞닥뜨리다	154	무정하다	26
덜컥	152	듬뿍	54	맡기다	294	무한하다	230
덧붙이다	178	듬성듬성	56	매기다	96	묵묵히	268
덩굴줄기	136	따지다	158	매듭짓다	56	묵직하다	120
덩어리	278	때로	234	매력	186	문득	30, 290
도달하다	108	떠맡다	186	매이다	18	문맹률	274
도랑	42	떠받치다	232	매체	198	문법	292
도령	14	떠오르다	30	맥(이) 풀리다	152	문자	248
도리	260	떼쓰다	12	맥(이)빠지다	290	문지방	56
도무지	288	뛰어나다	274	맺다	156	문학 작품	164
도중	234	뜻	16	머무르다	116	문학소녀	204
도통	16	띠다	262	먹어 치우다	14	문화	220
독창성	274			먹잇감	266	묻다	42
독특하다	182			멍청하다	76	물끄러미	56
돋보이다(도두보이다)	124	**ㄹ**		멸종	240	물물 교환	96
돌출되다	144	리	34	명예	170	물품	96
동력	304			모임	166, 296	물품 화폐(상품 화폐)	102
동료	232			모퉁이	40	뭉근해지다	54
동아리	232, 296	**ㅁ**		목적	102	뭉치	294
동안	12	마구	46, 78	몫	150	미루다	278
되받아치다	74	마님	18	몰래	12	민감하다	142
두근두근	302	마다	62	몰리다	92, 142	민족	102
두드러지다	246	마다하다	292	몰아쉬다	26	밑동	138
두루	106, 292	마디	56	몸가짐	260		
두루마기	296	마땅히	262	몸치장	96		
두리번거리다	204	마련하다	292	못마땅하다	46	**ㅂ**	
둑	40	마법	304	못지않다	296	바	88
둘러대다	264	마음먹다	292	묘목	48	바깥주인(바깥양반)	18
둘러보다	48, 204	마치	218	묘사	136	바람에	18, 62
둘레	124	막	60	무디다	76	바르다	182
뒤주	34	막대	56	무렵	282	바탕	144
뒤지다	20	막대하다	110	무르다	76	반듯하다	44

반복하다	214	벽화	248
반사하다	180	변덕	58
반응	198	변하다	226
반응하다	142	변화	142
발	56	병풍	120
발견하다	228	볕(햇볕)	62
발명하다	248	보관하다	16
발음	60, 278	보급되다	184
발음 기관	268	보따리	294
발음근	60	보살피다	232
발음막	60	보유하다	184
발음법	278	보자기	294
발전하다	94	보조	96
발표하다	246	보통	104
발휘하다	110	본국	108
밤새(밤사이)	12	본디	260, 290
방법	58	본뜨다	268
방수	200	본받다	230
방적	102	본보기	268
방적 공장	104	본척만척(본체만체)	220
방지하다	104	봉사	202
방해	48	부근	216
방해하다	232	부글부글	78
배려하다	90	부담되다	166
배열	138	부레	60
배출량	106	부리다	18
배치하다	124	부분	56
버럭버럭	74	부스스	74
번갈아	216	부슬부슬	14, 56
번듯하다	124	부여하다	140
벋다(뻗다)	136	부위	58
벌러덩	218	부정하다	218
벌렁(벌러덩)	76	부족하다	172
벌어지다	116	부주의	40
벌점	170	부치다	156
베끼다	294	부탁하다	294
벼슬아치	18	부피	220
벽지	182	부호	200

북적이다	18	사로잡다	186
분류하다	228, 296	사방	290
불리하다	80	사신(사개)	262
분명	228	사실	118
분수	46	사양하다	204
분야	264	사절	262
분출물	120	사정사정하다	80
불가사의하다	304	사회자	166
불공정하다	260	삭막하다	180
불과하다	102	살림집	44
불안하다	302	살피다	20, 90
불평	288	삼다	230
불효	260	상당하다	278
붐비다	110	상당히	152
블루투스(Bluetooth)	202	상대	118
비꼬다	140	상류 계급	32
비뚤다	44	상세하다	212
비로소	76	상용화되다	202
비롯하다	212	상전	18
비밀	198, 266	상점	296
비바람(풍우)	178	상징하다	138
비아냥거리다	158	상쾌하다	234
비유적	150	상품	82
비추다	88, 182	샅샅이	20, 206
빗다	54	새근새근	26
빠끔	12	새기다	248
빼곡히	20	새로	182
뻐근하다	154	색감	122
뼘	48	색실(색사)	54
뽐내다	242	생기	116
뽑아내다	180	생동감	140
뿌듯하다	246	생명체	140
		생태계	228
		생산	82, 92
ㅅ		생성	214
사건	150	생활필수품	184
사고방식	220	생활하다	18, 44
사랑채	18	서관장	262

서럽다	234	속(이) 끓다	78	시선	138	안건	168
서술어	244	속(이)상하다	244	시작하다	76	안도	240
서술하다	244	속담	206	시절	90	안도하다	156
서식하다	228	속되다	42	식량(양식)	16	안방	78
석	16	속상하다	262	신경쓰다	170	안정	264
선비	282	속속들이(미주알고주알)	264	신기하다	34	안정되다	260
선사 시대	248	손길	44	신령	32	안주인	78
선선히	42	손실	110	신분	46	안채	18
선정하다	168	손을 놓다	26	신비하다	304	안타깝다	240
선행	232	손짓	204, 288	신선도	200	알람	62
설계되다	280	솔깃하다	74	신선하다	234	알리다	246
설득하다	90	솜씨	102	신하	262	암각화(바위그림)	248
설명하다	90	수단	102	신호	200	암만(아무리)	262
섬	120	수사자	150	실감나다	116, 302	암석	214
섬기다	260	수상자	200	실내	88	암초	120
섬세하다	122	수선스럽다	18	실력	144	압도적	242
섬유질	102	수월하다	94	실망하다	242	애쓰다	26, 156
섭섭하다	26	수입하다	82	실시하다	282	액면가	106
성대	58	수준	106	실제로	118	액체	216
성인	62	수축	60	실제적	276	야단맞다	20
성적	262	수평	44	실천하다	82	야속하다	26
성질	198	수확량	28	실현되다	106	야외	62
성취	280	수확하다	94	실화	144	약	34
성큼성큼	78	순수하다	304	심통	164	약(을) 올리다	80
성화	76	순순히	274	싸잡다	260	약속	164
세대	220	순위	96	쏘아붙이다	48	얄밉다	12, 74, 158
세련되다	122	순전히	304	쓸모	46	양반	32
세밀하다	136	순환	116	쓸쓸하다	116	어둡다	204
세상모르다	26	숱하다	240			어떠하다	244
소감	88	스산하다	116			어리둥절하다	32
소녀	204	스스럼없이	266	**ㅇ**		어리석다	76
소란스럽다	62	슬며시	32			어린나무(유목)	48
소비량	186	슬슬	76	아랑곳하다	288	어마어마하다	16
소생하다	268	슬쩍하다	302	아마(아마도)	158	어의	266
소용	262	시각적	248	아무런	234	어지간하다	278
소전	106	시들다	280	아무리	40	어지럽다	154
소행성	212	시력	266	아우성치다	90	어진	264
속(을) 태우다	94	시름	232	악을 쓰다	74	어질어질하다	154
				악화	240		

색인

어쩌다가	34	오히려	34	웃자라다	28	의논하다	282
어찌하다	244	온	290	유통기한	92	의심	34
억울하다	234, 260	온갖	242	원격	200	의욕	154
억제하다	116	온실가스	106	원료	82	의원	266
억지로	76	온전하다	156	원리	268	이기심	230
언어	292	온통	152	원망스럽다	234	이롭다	92
언짢다	26, 74	옷감	104	원목	186	이루다	44
얼른	14, 78	옹기종기	136	원본	268	이루어지다	116
엄연히	218	완성하다	268	원시 시대	92	이르다	30
엄청나다	16	완전하다	304	원인	166	이맘때	290
업적	274	완주하다	152	위기	240	이맘때(요맘때)	30
엇갈다	54	왕조	276	위대하다	274	이상	172
에너지	80	외계	140	위성	206	이색적	212
여기다	34, 180, 186	외모	104	위조	104	이용하다	28, 92
여러모로	282	외식하다	234	위치	244	이웃하다	110
여럿	164, 172	외투	296	위치하다	78	이익	230
여전히	40	요약하다	180	위협하다	58	이해	288
여행	80	요양	202	유목민	102	이해하다	228
역할	166	요양원(요양소)	202	유일하다	274	익숙하다	122
연관	278	용도	120, 198	유지하다	200	인공적	88
연기	40	용서하다	274	유행	184	인근	110
연세	226	우글우글	302	윤(윤기)	54	인류	226
연일	30	우기다	230	율동감	142	인명	110
엽전	76	우두머리	150	으뜸	140, 150	인물	274
영문	32	우두커니	56	으스대다	48	인상적	136
영영(영)	158	우르르	92	으스스하다	116	인쇄	104
영원히	158	우물	40	으쓱거리다	48	인위적	88
예방하다	170	우물둔덕	40	은근히	140	인정받다	178
예보	58	우선	140	은밀하다	32	인정하다	274
예상	34	우수성	248	을러메다	42	일기	58
예상하다	184	우수하다	274	읊다	288	일다	154
예의	220	우아하다	136	음소 문자	276	일반화되다	184
예정	216	우연히	226	음소(낱소리)	276	일상생활	184
오곡백과	242	우연히(뜻밖에)	34	음식	44	일상적	202
오그라들다	60	우쭐하다	30, 242	음절	278	일일이	294
오르막길	154	운반되다	214	의견	118	일정하다	90, 218
오지	54	움푹	60	의기양양	30, 242	일제히	152
오해	156	웃옷	296	의논	164	일치하다	108

잃다	40	재료	104	정중히	32, 204	주의	178, 234
입에 달다	80	재주	206	정책	108	주장하다	246
입증하다	248	잽싸다	78	정치	108	주저앉다	154
입학하다	292	잿물	54	정하다	164	주제	156, 164
잇따라	78	쟁기	94	정확하다	144	준비하다	216
잉여	94	저마다	62	제값	30	준하다	216
		저물다	20	제구실	262	줄기	56

ㅈ

		저절로	304	제사	32	중세	206
자극	198	저지르다	262	제시하다	172	중심	156, 216
자꾸	158	적도	216	제안	74	중요하다	140, 296
자랑질하다	48	적용하다	228	제안하다	168, 246	중천	282
자료	294	적응하다	226	제자	276	즉석	202
자리	40	적합하다	280	제조	104	증가하다	110
자부심	266	전개	58	제품	82	증거	214
자손	14	전달	246	조각하다	46	증명하다	214
자연계	220	전달하다	198	조만간	266	증발하다	216
자연적	304	전력	110	조명	88	지각	214
자원	82	전문	264	조사하다	302	지긋하다	226
자원 순환	116	전시하다	118	조상	220	지나치다	244
자제하다	62	전자 신호	202	조심하다	20, 170	지내다	116
작가	156	전자 장치	202	조용히	268	지능	228
작동하다	82	전체(전부)	58	조종하다	200	지면	200
작용	214	전파	202	조치	170	지배층	32
작정하다	292	전하	266	조화	276	지적	228
작품	122	전하다	246	족자	122	지적하다	288
잔뜩	158	절	32	존재하다	268	지점	110
잘못	246	절감하다	106	존중하다	180, 242	지평선	20
잠기다	232, 290	절대로(절대)	304	종	228	진동	62
장대비	42	절약하다	80, 278	종류	296	진술하다	144
장면	164	절차	94, 164	종일(온종일)	56	진입하다	212
장사	32	정교하다	102	종종	218	진행되다	150
장사치	32	정당하다	108	주	96	진화하다	226
장식용	120	정리하다	94	주둔하다	108	질감	186
장신구	96	정보	106	주민	106, 220	짐	226
장애	142	정부	108	주민 자치	106	짐작하다	158, 182
장점	172	정성	32	주변	124	집단	220
재능(능)	142	정식	166	주어	244	집채	18
		정온 동물	218	주위	48	짓다	14

색인

징검다리	156
짜다	244
짜임	244
짜임새	124
쨍쨍	54

ㅊ

차려입다	296
차마	234
차분하다	122
차이	178
차지하다	58, 150
차창	14
착각	116
착륙하다	212
찬성하다	168
참석자	166
참여자(참가자)	166
참여하다	166
참으로	240
창작	122
창제	268
창제하다	276
창턱	56
창호지	182
채	62
채집하다	92
채택하다	172
처리하다	94
처마	144
처음	290
처지	46
천체	206
철	118
철수하다	108
철저히	96, 264
철퍼덕	290

첩첩이(첩첩)	152
청	74
청하다	294
체계	276
체계화되다	264
체력	292
체면	170
체험하다	116
쳐주다	230
초조하다	78
초충도	120
촌락	92
총각	62
최소화하다	110
최첨단	184
추상적	138
축나다	156
축적하다	264
출시되다	200
취하다	108, 170
측정하다	206
치료하다	266
치밀다	78
치우치다	142
치장하다	96
침몰하다	206
침식	214
침침하다	204
칭얼거리다	164
칭찬	262

ㅋ

캐묻다	42
캐묻다(캐어묻다)	158
코앞	234
콘크리트	44
쾌활하다	42

퀴즈	264
큰비	30

ㅌ

타고나다	142
타다	28
타원형	142
타인	202
탁월하다	280
탈	260
탐사하다	206
탐지	202
탐험대	302
탓하다	288
태양계	212
태양열	108
태평하다(태강하다)	260
터지다	48
턱	56
텃새	120
토론하다	108
토막	288
토의	170
톡톡히	262
통신	202
퇴적	214
투명	268
트집(을) 잡다	218
특별히	186
특성	248, 280
특수	200
특수하다	280
특유	186
특이하다	104
틈	26
틈타다	28

ㅍ

파국	240
파르스름하다	46
파먹다	140
파악하다	150
판판하다	46
편집	144
평가하다	144
평소(평상시)	118
평안하다	260
평일(평상일)	212
평평하다	44
폐건물	180
폐기물	116
폐회	172
포유동물	218
포장하다	198
포함하다	206
폭	122
표결	168
표면	138
표시하다	168
표준	230
표지판	296
표현하다	136, 280
풀이	288
품질	198
풍년	94
풍성하다	242
풍습	16
피로하다	154
피해	170
필요	92
필체	122
핑계	288

ㅎ

하나같이	240	험하다	182, 226	회의록	168
하소연하다	80	헛소문	246	획	276
하인	18	헤매다	290	효과	82
하찮다	218	헤아리다	278	효성	260
학문	264	혁질	60	효율	82
학자	294	현기증	154	효행	260
한곳	56	현대인	184	후련하다	290
한껏	48	혈관	60	훈민정음해례본	268
한도	46	협곡	182	훈수하다	74
한반도	136	협의	170	훈훈하다	232
한복판	136	형편없다	158	휘	48
한숨	240	혜성	206	휘두르다	78
한없이	82, 234	호되다	20, 30	휘어지다	12
한옥	182	호들갑	198	휘젓다	288
한지	184	호흡	232	휴식처	120
한지 공예	184	혼나다	30	흉년	28
한참	152	홀라당(홀랑)	178	흐름	150
함부로	20	화끈화끈하다	302	흔히	228
합의하다	108	화려하다	240	흘리다	40
해내다	228	화목	138	흠씬	226
해석되다	204	화면	122	흩어지다	92, 242
핵심	124	화분	54	희한하다	34
행동 양식	220	화산 지형	212	힘껏	76
행성	180	화산 활동	212	힘쓰다	26
행하다	304	화산섬	120		
허공	178	화성	180		
허다하다	28	화실	46		
허덕이다	28	화창하다	152		
허락	74	화초(꽃나무 · 화훼)	54		
허름하다	150	화폐	96		
허용하다	108	화해	16		
허파(폐)	232	확실하다	144		
헌신적	202	환경친화적	106		
헐값	28	활발하다	116		
헐다	28	활용하다	108		
헐레벌떡	26	황당하다	34		
헐벗다	28	황폐하다	180		
		회의	164		

국어 교과서 4-1 작품 목록

단원	제제	지은이	나온 곳
1	「아침이 오는 이유」	김자연	『동시마중』, 제31호, 2015
	「꽃씨」	김완기	『100살 동시 내 친구』, 청개구리, 2008
	「등 굽은 나무」	김철순	『사과의 길』, ㈜문학동네, 2014
	「가훈 속에 담긴 뜻」	조은정	『최씨 부자 이야기』, 여원미디어, 2008
	「할아버지 준」	송수연	『경주 최 부잣집 이야기』, 느낌이 있는 책, 2010
	「의심」	현덕	『나비를 잡는 아버지』, ㈜효리원, 2015
	「가끔씩 비 오는 날」	이가을	『가끔씩 비 오는 날』, ㈜창비, 1998
	「어느새」	장승련	『우산 속 둘이서』, 21문학과문화, 2004
2	「동물이 내는 소리」	문희숙	『맛있는 과학-6. 소리와 파동』, 주니어김영사, 2011
	「매미」	류동필	『맴맴 노래하는 매미』, 한국톨스토이, 2015
	「나무 그늘을 산 총각」	권규헌	『나무 그늘을 산 총각』, 춤추는 꼬리연, 2014
3	「돈을 왜 만들었을까?」	김성호	『경제의 핏줄, 화폐』, 미래아이, 2013
	「생태 마을 보봉」	김영숙	『무지개 도시를 만드는 초록 슈퍼맨』, 스콜라, 2015
4	「묵직한 수박 위로 나비가 훨훨!」	이광표	『조선 사람들의 소망이 담겨 있는 신사임당 갤러리』, 도서출판 그린북, 2016
	「한옥지붕」	남궁담	『지붕이 들려주는 건축 이야기』, 현암주니어, 2016

5	「까마귀와 감나무」	김기태 엮음	『쩌우 까우 이야기』, 창작과비평사, 1991
	「아름다운 꼴찌」	이철환	『아름다운 꼴찌』, ㈜알에이치코리아, 2014
	「초록 고양이」	위기철	『초록 고양이』, ㈜사계절출판사, 2016

국어 4-1 나			
7	「최첨단 과학, 종이」	김해보, 정원선	『알고 보니 내 생활이 다 과학!』, ㈜예림당, 2013
	「수아의 봉사 활동」	고수산나	『콩 한 쪽도 나누어요』, 열다출판사, 2014
	「동물 속에 인간이 보여요」	최재천	『생명, 알면 사랑하게 되지요』, 더큰아이, 2015
9	「훈민정음의 탄생」	이은서	『세종대왕, 세계 최고의 문자를 발명하다』, 보물창고, 2014
	「한글이 위대한 이유」	박영순	『세계 속의 한글』, 박이정출판사, 2008
	「주시경」	이은정	『주시경』, ㈜비룡소, 2012
10	「수업 시간에」	박현진	『나 좀 내버려 둬』, 길벗어린이㈜, 2011
	「두근두근 탐험대」	김홍모	『두근두근 탐험대: 1부 모험의 시작』, ㈜도서출판보리, 2008
	「밥 묵자」	민성아	『밥 묵자』, 한국독립애니메이션협회, 2011
	「놓지 마」	홍승우	『비빔툰 9: 끝은 또 다른 시작』, 문학과지성사, 2012

※ 실린 작품의 문장 중 일부를 예시문 등으로 사용한 예가 있음을 밝힙니다.

5~8주

9~12주

9~12주

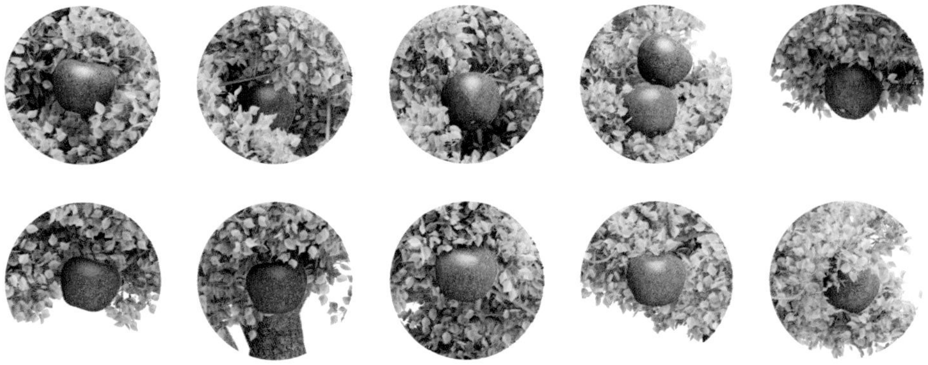

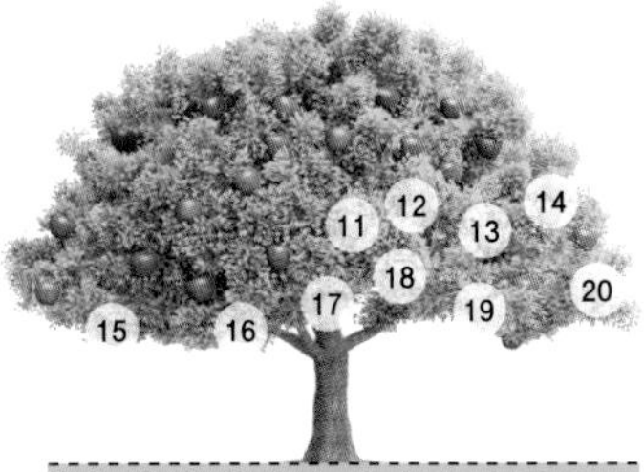

13~16주

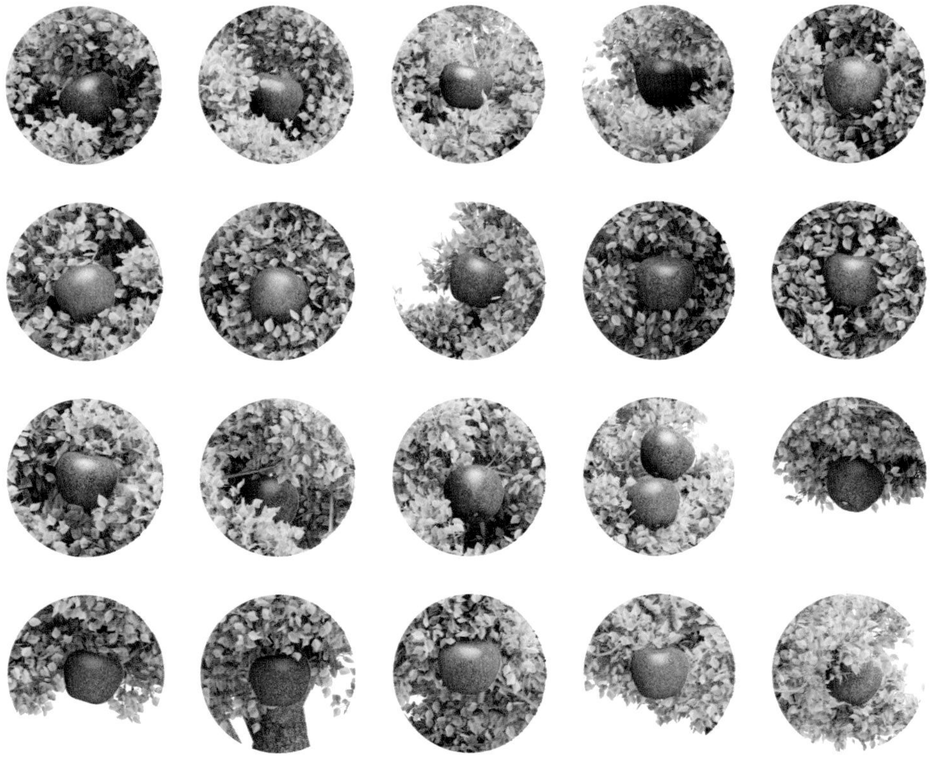

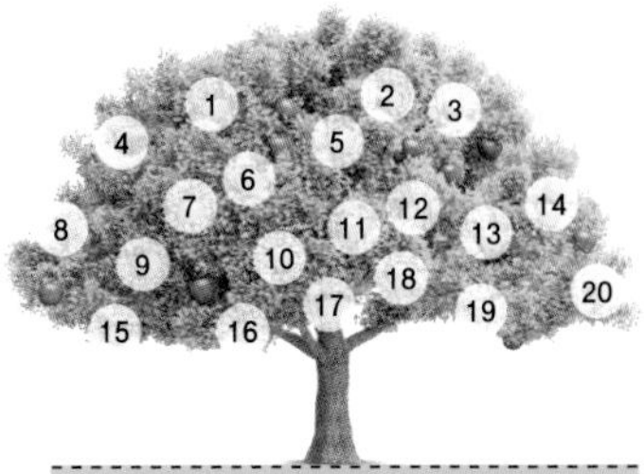

17~20주

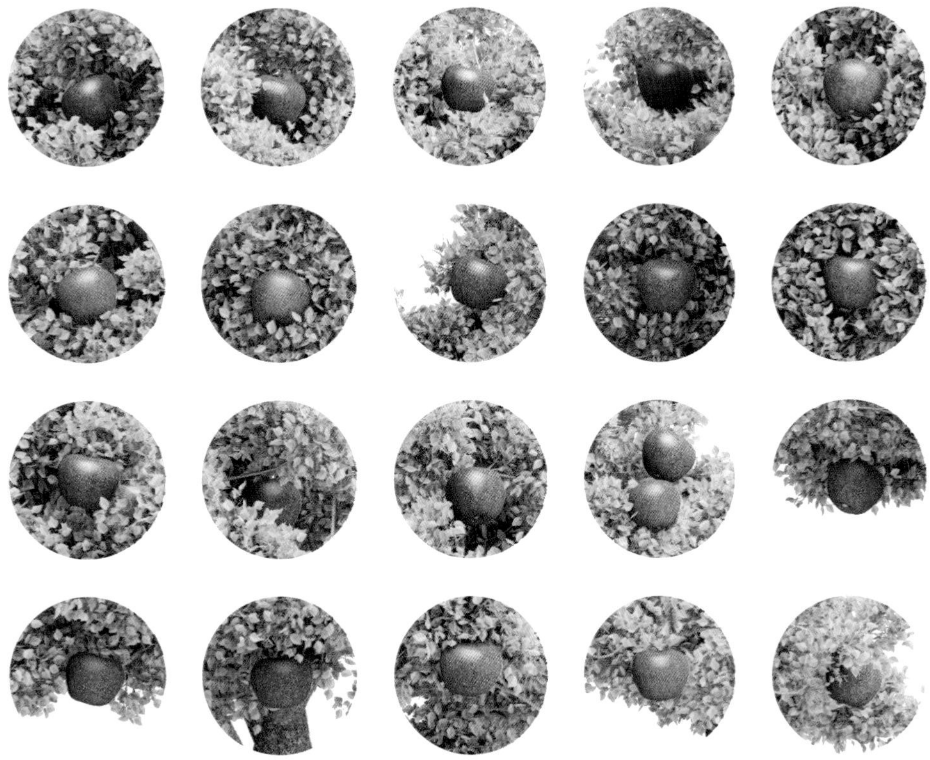

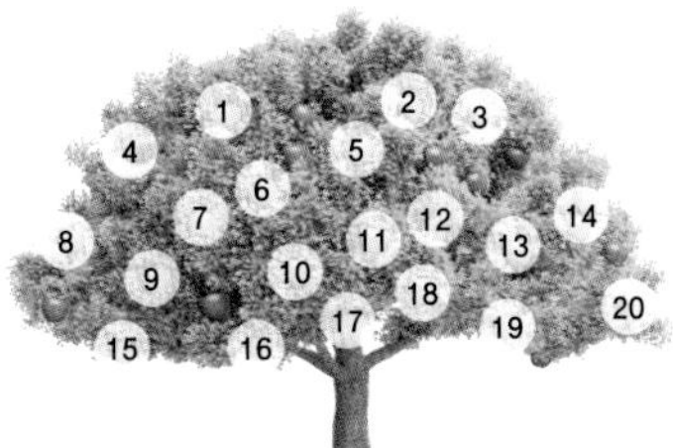

「국단어 완전 정복」 자기주도 활용법

초등 국어 교과서 사전, 국단어 완전 정복 어휘, 독해 완성~!! 이걸로 결정

★★★★★

올해 초등 3학년이 되는 **이는 개학이 연기되고 있지만 담임선생님께서 매일 해야 하는 숙제를
문자로 보내주시는데 책 읽고 단어 찾아보고 짧은 글짓기를 매일 하고 있어요.
국단어 완전 정복은 초등 국어 교과서에 나오는 단어를 다루니까 따로 할 게 아니라 여기에 바로
짧은 글짓기를 하면 효과적이네요. 학교 진도시기에 맞춰서 진행되니 정말 딱 좋지요~!!

널그리다 님

 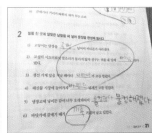 

초등 국어 어휘, 국단어 완전 정복으로 잡아요!

★★★★★

처음에는 교재를 보고 내용을 소리내어 읽고, 다음은 빨간색 책갈피로 빨간색 글씨를 가린 다음
읽어보고 마지막으로 문제풀이를 하는 순서로 알아서 잘 하고 있는 **양~~
초등 고학년이라면 교재를 이렇게 해라 저렇게 해라 하지 않아도 자기에게 맞는 방법을 찾아서
알아서 해주더라고요.

고매와이프 님

국단어 완전 정복을
초등 4년(3~6학년) 동안 꾸준히 공부하면

📖 초등 국어 교과서에 나오는 **모든 어휘를 완벽히 공부**할 수 있습니다.

📖 매학기 **1,250단어**, 초등 4년(8학기) 동안 **총 10,000단어**를 익힐 수 있습니다.

📖 어휘력 독해력 사고력이 완성되고, **상위 1퍼센트 우등생**이 될 수 있습니다.

★ 10641 프로젝트 ★
상위 1퍼센트 우등생이 되는 특급 비법

어휘력 완성 · 독해력 강화 · 사고력 향상